ŒUVRES COMPLÈTES DE J. MICHELET

LE PRÊTRE

LES JÉSUITES

ÉDITION DÉFINITIVE, REVUE ET CORRIGÉE

PARIS
ERNEST FLAMMARION, ÉDITEUR
26, RUE RACINE, PRÈS L'ODÉON

Tous droits réservés.

LE PRÊTRE

LA FEMME ET LA FAMILLE

—

LES JÉSUITES

IMPRIMERIE E. FLAMMARION, 26, RUE RACINE, PARIS.

ŒUVRES COMPLÈTES DE J. MICHELET

LE PRÊTRE

LA FEMME ET LA FAMILLE

LES JÉSUITES

ÉDITION DÉFINITIVE, REVUE ET CORRIGÉE

PARIS
ERNEST FLAMMARION, ÉDITEUR
26, RUE RACINE, PRÈS L'ODÉON

Tous droits réservés.

LE PRÊTRE

LA FEMME ET LA FAMILLE

AVANT-PROPOS

Il s'agit de la famille;

De l'asile où nous voudrions tous, après tant d'efforts inutiles et d'illusions perdues, pouvoir reposer notre cœur. Nous revenons bien las au foyer... Y trouvons-nous le repos?

Il ne faut point dissimuler, mais s'avouer franchement les choses comme elles sont : il y a dans la famille un grave dissentiment, et le plus grave de tous.

Nous pouvons parler à nos mères, à nos femmes, à nos filles des sujets dont nous parlons aux indifférents, d'affaires, de nouvelles du jour, nullement des choses qui touchent le cœur et la vie morale, des choses éternelles, de religion, de l'âme, de Dieu.

Prenez le moment où l'on aimerait à se recueillir avec les siens dans une pensée commune, au repas du soir, à la table de famille; là, chez vous, à votre foyer, hasardez-vous à dire un mot de ces choses. Votre mère secoue tristement la tête; votre femme contredit, votre fille, tout en se taisant, désapprouve... Elles sont d'un côté de la table ; vous de l'autre, et seul.

On dirait qu'au milieu d'elles, en face de vous, siège un homme invisible pour contredire ce que vous direz.

Comment nous étonnerions-nous de cet état de la famille? Nos femmes et nos filles sont élevées, gouvernées *par nos ennemis.*

Ennemis de l'esprit moderne, de la liberté et de l'avenir. Il ne sert de rien de citer tel prédicateur, tel sermon. Une voix pour parler liberté, cinquante mille pour parler contre... Qui croit-on tromper par cette tactique grossière?

Nos ennemis, je le répète, dans un sens plus direct, étant les envieux naturels du mariage et de la vie de famille. Ceci, je le sais bien, est leur faute encore moins que leur malheur. Un vieux système mort, qui fonctionne mécaniquement, ne peut vouloir que des morts. La vie pourtant réclame en eux; ils sentent cruellement qu'ils sont privés de la famille et ne s'en consolent qu'en troublant la nôtre.

Ce qui perdra ce système, c'est la force apparente qu'il a tirée récemment de son unité et la confiance insensée qu'elle lui donne.

Unité morale? Association réelle des âmes? Nullement. Dans un corps mort, tout élément, si vous le laissez à lui-même, s'éloignerait volontiers; mais cela n'empêche pas qu'avec des cadres de fer on ne puisse serrer un corps mort, mieux qu'un corps vivant, en faire une masse compacte, et cette masse, la lancer.

L'esprit de mort, appelons-le de son vrai nom, le jésuitisme, autrefois neutralisé par la vie diverse des ordres, des corporations, des partis religieux, est l'esprit commun que le clergé reçoit maintenant par une éducation spéciale et que ses chefs ne font pas difficulté d'avouer. Un évêque a dit : « Nous sommes jésuites, tous jésuites. » Aucun ne l'a démenti.

La plupart cependant ont moins de franchise; le jésuitisme agit puissamment par ceux qu'on lui croit étrangers, par les sulpiciens qui élèvent le clergé, par les ignorantins qui élèvent le peuple, par les lazaristes qui dirigent six mille sœurs de charité, ont la main dans les hôpitaux, les écoles, les bureaux de bienfaisance, etc.

Tant d'établissements, tant d'argent, tant de chaires pour parler haut, tant de confessionnaux pour parler bas, l'éducation de deux cent mille garçons, de six cent mille filles, la direction de plusieurs millions de femmes, voilà une grande machine. L'unité qu'elle a aujourd'hui pouvait, ce semble, alarmer l'État. Loin de là, l'État, en défendant l'association aux laïques, l'a encouragée chez les ecclésiastiques. Il les a laissés prendre près des classes pauvres la plus dangereuse initiative : réunions d'ouvriers, maisons d'apprentis, associations de domestiques qui rendent compte aux prêtres, etc., etc.

L'unité d'action et le monopole de l'association, certes, ce sont deux grandes forces.

Eh bien, avec tout cela, chose étrange, le clergé est faible. Il y paraîtra demain, dès qu'il n'aura plus l'appui de l'État. Il y paraît dès aujourd'hui.

Armés de ces armes et de celle encore d'une presse active qu'ils y ont jointe nouvellement, travaillant en dessous les salons, les journaux, les Chambres, ils n'ont point avancé d'un pas.

Pourquoi n'avancez-vous point?... Si vous voulez cesser un moment de crier et gesticuler, je vais vous le dire. Vous êtes nombreux et bruyants, vous êtes forts de mille moyens matériels, d'argent, de crédit, d'intrigue, de toutes les armes du monde... Vous n'êtes faibles qu'en Dieu!

Ne vous récriez pas ici. Raisonnons plutôt; essayons, si vous êtes des hommes, de voir ensemble ce que c'est que religion. Hommes spirituels, vous ne la mettez pas apparemment tout entière dans les choses matérielles, dans l'eau bénite et l'encens. Dieu doit être pour vous, comme pour nous, le Dieu de l'esprit, de la vérité, de la charité.

Le *Dieu du Vrai* s'est révélé en ces deux siècles plus qu'il ne l'avait fait dans les dix siècles précédents. Par qui cette révélation s'est-elle accomplie? Non par vous, mais par ceux que vous appelez laïques, et qui ont été les prêtres du Vrai. Vous ne pouvez montrer aucune des grandes découvertes, aucun des travaux durables qui restent sur la voie de la science.

Le *Dieu de la Charité*, de l'équité, de l'humanité,

nous a permis de substituer un droit humain au droit cruel du Moyen-âge. Vous en maintenez la barbarie. Ce droit exclusif ne supprimait la contradiction qu'en tuant le contradicteur. Le nôtre admet les différences; des tons divers il fait l'harmonie; il ne veut pas que l'ennemi meure, mais qu'il devienne ami, qu'il vive... « Sauvez les vaincus[1] », dit Henri IV après la bataille d'Ivry. « Tuez tout », dit le pape Pie V aux soldats qu'il envoie en France avant la Saint-Barthélemy[2].

Votre principe est le vieux principe exclusif et homicide, qui tue ce qui le contredit. Vous parlez fort de charité; elle n'est pas difficile, lorsqu'on a soin, comme vous faites, d'en excepter l'ennemi.

Le Dieu qui a apparu de nos jours dans la lumière des sciences, dans la douceur des mœurs et dans l'équité des lois, pourquoi le méconnaissez-vous?

C'est là que vous êtes faibles, parce que là vous êtes impies; une chose vous manque entre toutes, qui est la religion.

Ce qui fait la gravité de ce temps, j'ose dire sa sainteté, c'est le travail consciencieux, qui avance sans distraction l'œuvre commune de l'humanité et facilite à ses dépens le travail de l'avenir. Nos aïeux ont rêvé beaucoup, disputé beaucoup. Nous, nous sommes des travailleurs, et voilà pourquoi notre sillon a été béni.

---

1. Non seulement les Français, mais les Suisses. *Discours véritable*, publié en 1590 (*Mém. de la Ligue*, IV, 246).
2. En 1569. Il se plaignit, dit le panégyriste, de son général : « Che non avesse il *commendamento* di lui osservato d'AMMAZZAR SUBITO *qualunque heretico* gli fosse venuto alle mani. » Catena, *Vita di Pio V*, p. 85 (éd. de Rome), et p. 55 (éd. de Mantoue).

Le sol que le Moyen-âge nous laissa encore plein de ronces, il a produit par nos efforts une si puissante moisson, qu'elle enveloppe déjà et va cacher tout à l'heure la vieille borne inerte qui crut arrêter la charrue.

Et c'est parce que nous sommes des travailleurs, parce que nous revenons fatigués tous les soirs que nous avons besoin, plus que d'autres, du repos du cœur. Il faut que ce foyer soit vraiment notre foyer, et cette table notre table, et que nous ne trouvions pas, pour repos chez nous, la vieille dispute qui est finie dans la science et dans le monde, que notre femme ou notre enfant ne nous dise pas sur l'oreiller une leçon apprise et les paroles d'un autre homme.

Les femmes suivent volontiers les forts. Comment se fait-il donc ici qu'elles aient suivi les faibles?

Il faut bien qu'il y ait un art pour prêter la force aux faibles. Cet art ténébreux, qui est celui de surprendre la volonté, de la fasciner, de l'assoupir, de l'anéantir, je l'ai cherché dans ce volume. Le dix-septième siècle en eut la théorie; le nôtre en continue la pratique.

Usurpation ne fait pas droit. Ceux-ci, pour une usurpation furtive, ne sont ni plus forts ni meilleurs. Le cœur seul et la raison donnent droit au fort près du faible, non certes pour l'affaiblir, mais bien pour le fortifier.

L'homme moderne, l'homme de l'avenir, ne cédera pas la femme aux influences de l'homme du passé. La *direction* de celui-ci, c'est, comme on va le voir, un

mariage plus puissant que l'autre : mariage spirituel...
mais qui a l'esprit à tout.

Épouser celle dont un autre a l'âme, jeune homme,
souviens-t'en, c'est épouser le divorce.

Cela ne peut aller ainsi. Il faut que le mariage
redevienne le mariage, que le mari s'associe la femme,
dans sa route d'idées et de progrès, plus intimement
qu'il n'a fait jusqu'ici, qu'il la soulève si elle est lasse,
qu'il l'aide à marcher du même pas. L'homme n'est
pas innocent de ce qu'il souffre aujourd'hui, il faut
aussi qu'il s'accuse. Dans ce temps de concurrence
ardente et d'âpres recherches, impatient chaque jour
d'avancer vers l'avenir, il a laissé la femme en arrière.
Il s'est précipité en avant, et elle, elle a reculé... Que
cela n'arrive plus. Voyons, reprenez-vous la main.
N'entendez-vous pas que votre enfant pleure ?... Le
passé et l'avenir, vous l'alliez chercher dans des routes
différentes, mais il est ici; vous trouverez l'un et
l'autre tout ensemble au berceau de cet enfant !

10 janvier 1845.

PRÉFACE DE 1845

Ce livre a produit sur nos adversaires un effet que nous n'avions pas prévu. Il leur a fait perdre toute mesure, le respect d'eux-mêmes; que dis-je? celui du sanctuaire, qu'ils devraient nous enseigner. Voilà qu'en pleine église en chaire, on prêche contre un homme vivant, on le nomme par son nom, on désigne le livre et l'auteur à la haine de ceux qui ne savent pas lire, qui ne liront jamais ce livre... Pour lancer contre nous ces furieux prédicateurs, il faut que les chefs du clergé se soient sentis bien atteints.

Nous avons touché trop juste à ce qu'il paraît... La femme! c'est le point où l'on se trouve sensible. La direction, le gouvernement des femmes, c'est la partie vitale du pouvoir ecclésiastique, qu'on défendra jusqu'à la mort. Frappez, si vous voulez, ailleurs, mais non pas à cette place. Attaquez les dogmes, à la bonne heure, on jouera la violence, on déclamera froidement... Mais si vous vous avisez de toucher ce point réservé, la chose devient sérieuse, ils ne se connaissent plus.

Triste spectacle de voir des pontifes, des anciens du peuple, gesticuler, trépigner, écumer, grincer des dents[1]... Jeunes gens, ne regardez point ; les convulsions épileptiques ont parfois un effet contagieux sur les spectateurs... Laissons-les, éloignons-nous, reprenons notre étude sans perdre le temps ; « l'art est long, la vie est courte. »

Je me rappelle avoir lu dans la correspondance de saint Charles Borromée qu'un de ses amis, personnage d'autorité et de gravité, ayant censuré je ne sais quel jésuite qui aimait trop à confesser les religieuses, celui-ci vint, furieux, lui faire avanie. Le jésuite se sentait fort : prédicateur en vogue, bien en cour, mieux en cour de Rome, il croyait n'avoir rien à ménager. Il se donna toute carrière, fut violent, insolent, tant qu'il voulut ; son grave censeur restait impassible. Alors il ne se connut plus lui-même, il descendit aux plus basses injures... L'autre, ferme et calme, ne répondait rien, il le laissait tout à son aise déclamer, menacer, agiter les bras ; il ne lui regardait

---

[1]. Ceci ne paraîtra pas exagéré à ceux qui ont lu le furieux libelle de l'évêque de Chartres. Un journal me demande comment j'ai pu ne point l'attaquer en diffamation. — Cette violence folle est bien moins coupable que les insinuations doucereuses qu'ils font dans leurs livres et leurs journaux, dans les salons, etc. Tantôt ils m'attribuent tout ce qu'ont pu faire d'autres Michelet, dont je ne suis pas même parent (par exemple, celui du Languedoc, poète et militaire sous la Restauration) ; tantôt ils font semblant de croire, quoique j'aie dit le contraire à la fin de ma préface, que le livre du *Prêtre et de la Femme* est mon cours de 1844. Puis on fait venir de Marseille une petite pétition, pour demander la destitution du professeur.

que les pieds... « Pourquoi donc lui tant regarder les pieds? demanda, quand il fut parti, un témoin de cette scène. — C'est, répondit l'homme grave, que je croyais de moment en moment voir passer la griffe; ce possédé pourrait bien être le Tentateur en jésuite. »

Un prélat pleure d'avance sur le sort des prêtres que nous envoyons au martyre.

Hélas! ce martyre est celui que plusieurs d'entre eux réclament, mais que le grand nombre fuit, *le mariage*. Ils aiment mieux la liberté, le roman.

Nous pensons, sans rappeler les inconvénients trop connus de l'état actuel, nous pensons que si le prêtre doit conseiller la famille, il serait bon qu'il la connût, que marié (ou, mieux encore, veuf), mûr d'âge et d'expérience, ayant aimé, ayant senti, éclairé par les affections domestiques sur les mystères de la vie morale qu'on ne devine jamais, il aurait tout à la fois plus de cœur et de sagesse.

Il est vrai que les défenseurs du clergé ont fait dernièrement une telle peinture du mariage, que peut-être beaucoup de gens craindront désormais de s'y engager. Ils ont enchéri sur tout ce que les romanciers et les socialistes modernes avaient dit de plus terrible contre l'*union légale*. Le mariage, que les amants recherchent imprudemment comme une confirmation de l'amour, ne serait rien qu'une guerre; on se marie pour se battre. Il est impossible de mettre plus bas la vertu du sacrement.

Le sacrement d'union, selon ces docteurs, ne sert à rien, ne fait rien, à moins qu'un tiers ne soit toujours là entre les conjoints, — je veux dire les combattants, — pour les séparer.

On avait cru généralement que pour le mariage il suffisait de deux personnes. Cela est changé. Voici le nouveau système, comme eux-mêmes l'ont exposé ; trois éléments le constituent : 1° *L'homme*, le fort, le violent ; 2° *la femme*, l'être faible de nature ; 3° *le prêtre*, né homme et fort, mais qui veut bien se faire faible, ressembler à la femme, et qui, participant ainsi de l'un et de l'autre, peut s'interposer entre eux.

S'interposer, se mettre entre ceux qui devaient ne faire qu'un !... Cela change infiniment l'idée que, depuis le commencement du monde, on se faisait du mariage.

Mais ce n'est pas tout ; l'on avoue qu'il ne s'agit pas d'une intervention impartiale qui favoriserait alternativement, selon la raison, chacun des conjoints. Non, c'est à la femme uniquement qu'on s'adresse, c'est elle qu'on se charge de protéger contre son protecteur naturel. On lui offre *de se liguer avec elle pour transformer* le mari.

S'il était bien établi que le mariage, au lieu d'être l'unité en deux personnes, est la ligue de l'une des deux avec l'étranger, il deviendrait rare. Deux contre un, la partie semblerait trop forte ; peu de gens seraient assez braves pour affronter cette chance. Les mariages d'argent, déjà trop nombreux, seraient les seuls. Les gens obérés sans doute ne laisseraient pas de se marier toujours, par exemple, le commerçant placé par un créancier impitoyable entre le mariage et la contrainte par corps.

Se transformer, se refaire, se refondre, changer de nature! grande et difficile chose. Mais elle ne serait pas méritoire si elle n'était voulue librement, si elle n'était opérée que par une sorte de persécution domestique, de guerre au foyer.

Avant tout il faut savoir si *transformation* veut dire *amélioration*, s'il s'agit, en se transformant, de monter, de s'élever dans la vie morale, de devenir plus vertueux et plus sage. Pour monter, à la bonne heure; mais quoi? si c'était pour descendre?

Et d'abord la sagesse qu'on nous propose n'implique pas la science. « Science, littérature, qu'importe cela? ce sont des choses de luxe, de vaines et dangereuses parures de l'esprit, et étrangères à l'âme... » — Ne contestons pas, laissons passer cette vaine distinction qui oppose l'esprit à l'âme, comme si l'ignorance était l'innocence, comme si l'on pouvait, avec une littérature pauvre, fade, idiote, avoir les dons de l'âme et du cœur!

Mais le cœur, enfin, où est-il? qu'on le montre un peu. D'où vient que ceux qui se chargent de le développer chez les autres, se dispensent d'en donner des signes?... Cette source vivante du cœur, quand on l'a vraiment en soi, on ne peut pas la cacher. Elle jaillit, quoi qu'on fasse; vous la fermeriez ici, elle percerait à côté. On la contient plus malaisément que la source des grands fleuves.

Vaines images, et bien mal placées, je l'avoue. Dans quelle Arabie déserte il faut que je rentre maintenant, à l'occasion de ceux-ci !

Nous sommes dans une église ; voilà un grand peuple, une foule de gens qui, après avoir erré, entrent ici, altérés, dans l'espoir de trouver quelque rafraîchissement ; ils attendent, la bouche ouverte... Tombera-t-il au moins une pauvre goutte de rosée ?

Non, un homme monte en chaire, décent, convenable, sec ; celui-ci ne touchera pas, il lui suffit de prouver. Grand étalage de raisonnement, hautes prétentions logiques, solennité dans les prémisses... Puis, des conclusions tranchantes ; de moyen terme, jamais : « Ces choses ne se prouvent pas... » Pourquoi donc alors, triste raisonneur, faisiez-vous si grand bruit de preuves ?

Eh bien ! ne prouvez pas ! aimez ! nous vous tiendrons quitte de tout. Dites un mot du cœur qui nourrisse cette foule... Toutes ces têtes, voyez-vous, si serrées autour de la chaire, ces têtes nues, blondes ou noires, ce ne sont pas des blocs de pierre, ce sont autant de vies et d'âmes... Ceux-là, ce sont des jeunes gens, c'est l'avenir, ce sera le monde demain. Natures heureuses, pleines d'élan, neuves et entières, telles que Dieu les fit, indomptées aussi, et qui courent sans regarder sur le bord des précipices... Jeunesse, avenir, péril, espérances pleines de craintes... Quoi ! cela ne vous émeut point ? rien n'ouvre en vous le cœur paternel ?

Plus loin, cette foule brillante, ces femmes et ces

fleurs, tout cet éclat qui réjouit l'œil, il y a là beaucoup de souffrance... Un mot, je vous prie, pour elles... Ce sont vos filles, vous le savez, celles qui, chaque soir, avec tant d'abandon, viennent pleurer à vos pieds. Elles se fient en vous, vous disent tout; vous connaissez leurs blessures. Eh bien! trouvez donc un mot consolant... Cela n'est pas difficile. Quel homme, à voir dans sa main saigner le cœur d'une femme, ne sentirait venir du sien les paroles qui guérissent!... Le muet, au défaut de paroles, trouverait, ce qui vaut mieux, des larmes!

Que dire de ceux qui, devant tant de personnes malades, souffrantes, confiantes, apportent pour tout remède l'esprit académique, des lieux communs brillantés, de vieux paradoxes?... Que sais-je?

Il y a là, il faut l'avouer, une grande sécheresse, une grande pauvreté de cœur.

Ah! vous êtes secs et durs! je le sentais l'autre jour (au mois de décembre dernier), lorsqu'en passant je lus sur les murs un mandement de l'archevêque. Il s'agissait d'un suicide, d'un malheureux qui s'était tué dans l'église de Saint-Gervais. Misère? passion? folie? spleen, défaillance morale, dans cette sombre saison? Rien ne disait les causes! le corps seulement était là et le sang sur les dalles; nulle explication. Par quelle gradation de chagrins, de désappointements, de douleurs, avait-il pu arriver à cet acte contre nature? quels cercles d'enfer moral avait-il descendus pour toucher le fond de l'abîme? qui pouvait le dire? personne. Mais tout homme qui a un peu d'imagination dans le cœur, voit dans ces muettes ténèbres quelque chose qui veut qu'on pleure et qu'on prie.

Cet homme-là n'est pas M. Affre ; lisez le mandement. Il y a de la compassion pour l'église salie, de la pitié pour les pierres souillées ; mais pour la mort, malédiction. Cependant, chrétien ou non, coupable ou non, n'est-ce donc pas un homme, Monseigneur? Ne pouviez-vous, en condamnant le suicide, laisser tomber en passant un mot de pitié?... Non, nul sentiment humain, rien pour la pauvre âme qui, par-dessus son malheur (terrible apparemment, puisqu'elle ne l'a pu supporter), s'en va, toute seule et maudite, tenter cette grande aventure de l'autre vie et du jugement... Ah! j'espère que tant de misère, et cette dureté même[1] au delà de la mort, lui compteront pour quelque chose !

Un autre fait, fort différent, m'avait donné, il y a quelque temps, une impression analogue.

J'étais allé, pour une affaire, chez la vénérable sœur ***. La sœur était absente ; deux personnes, une dame, un prêtre âgé, attendaient, comme moi, dans la petite salle basse. La dame semblait amenée par quelque motif de bienfaisance ; le prêtre, comme ils sont maîtres et seigneurs dans toutes maisons de

---

1. Cette dureté a éclaté dans la conduite de l'archevêque à l'égard de la librairie ecclésiastique de Paris, qui imprime pour toute la France. Les prédécesseurs de M. Affre n'avaient jamais voulu faire valoir contre ces pieuses et anciennes maisons le *strictum jus,* ce monopole qu'une loi semble accorder aux évêques. Ils avaient craint qu'on ne les soupçonnât d'y trouver un énorme bénéfice.

charité, était là comme chez lui, et pour passer le temps faisait sa correspondance sur le bureau de la sœur. A chaque billet fini, il écoutait un moment la dame; celle-ci, douce figure, sur qui la vie avait déjà pesé, offrait un caractère tout particulier de bonté; elle n'eût peut-être pas attiré l'attention, mais il y avait en elle quelque chose qui intéressait... une passion? un chagrin?... J'entendis sans écouter... elle avait perdu son fils.

Un fils unique, plein de cœur, d'élan, de courage, héroïque enfant, qui, sortant de l'École polytechnique, laissa tout, richesse et grande existence, plaisir, bonheur, une telle mère!... et sans regarder ni à droite ni à gauche, courut à Marseille, à Alger, à l'ennemi, à la mort...

La pauvre femme, toute à son idée, saisissait, de temps à autre, un petit moment pour placer un mot; elle avait besoin de parler, de faire appel à la compassion. La scène était infiniment touchante, naturelle, et point mélodramatique. C'étaient des plaintes, des soupirs, sans larmes, et qui attendrissaient par leur modération même.

Visiblement, elle perdait ses paroles. Le prêtre avait l'esprit ailleurs. Il ne pouvait pas ne pas écouter, ni répondre quelque peu (la dame était une personne riche, que sa voiture attendait à la porte), mais il s'en tirait au meilleur marché : « Oui, madame, la Providence nous éprouve... Elle nous frappe pour notre bien... Il y a des choses bien dures », etc., etc. Ces vagues et froides paroles ne décourageaient pas la dame; elle rapprochait sa chaise, croyant se faire mieux entendre : « Ah! comment comprendre un si grand malheur?... » Elle eût fait pleurer un mort.

Avez-vous jamais vu le navrant spectacle du pauvre chien de chasse qui, ayant reçu une balle, se traîne près de son maître, et lui lèche les mains, comme pour le prier de le secourir?... Le rapprochement pourra sembler étrange à ceux qui n'ont pas vu la chose. Cependant, au moment même, il me vint au cœur... Cette femme blessée à mort, mais si douce dans sa douleur, semblait se traîner aux pieds du prêtre et demander compassion.

Je regardais ce prêtre, vulgaire, sec, comme on en voit tant, ni mauvais ni bon; rien n'indiquait un cœur de bronze, mais c'était un homme de bois. Je vis bien que, de tout ce qu'avait reçu son oreille, pas un mot n'était entré. Un sens lui manquait. Pourquoi tourmenter un aveugle à lui parler de couleur? Il répond des choses vagues, parfois il rencontre à peu près; mais que faire? il n'y voit pas.

Ne croyez pas qu'on devine davantage les choses du cœur. L'homme sans femme ni enfant étudierait dix mille ans, dans les livres et dans le monde, les mystères de la famille, qu'il n'en saurait pas un mot. Voyez ceux-ci; ce n'est pas le temps, l'occasion, les facilités qui leur manquent pour savoir; ils passent leur vie avec les femmes qui leur en disent plus qu'à leurs maris; ils savent et ils ne savent pas; en connaissant tout de la femme, ses actes et ses pensées, ils ignorent justement ce qu'elle a de meilleur, de plus intime, ce qui est en elle, la vie de la vie. A grand'peine la comprennent-ils comme amante (de Dieu ou de l'homme), mal comme épouse, point comme mère. Rien de plus pénible que de les voir près d'une femme s'essayer gauchement à caresser son enfant : ils ont près de celui-ci la triste attitude de flatteurs, de courtisans, rien de paternel.

Ce que je plains le plus dans l'homme condamné au célibat, ce n'est pas seulement la privation des plus douces joies du cœur, mais c'est que mille objets du monde naturel et moral sont et seront pour lui lettre close. Plusieurs ont cru, en s'isolant ainsi, donner leur vie à la science, et justement la science n'a jamais son approfondissement dans cette vie sèche et mutilée; elle peut être variée en surface, elle court, elle n'entre pas. Le célibat donne une activité inquiète dans les recherches, dans les intrigues et les affaires, une sorte d'âpreté de chasseur, une aigre subtilité de scolastique et de dispute; c'est du moins l'effet qu'il eut dans son meilleur temps. S'il rend les sens éveillés et faibles à la tentation, certes, il n'attendrit pas le cœur. Nos terroristes du quinzième et du seizième siècle ont été des moines. Les prisons monastiques furent toujours les plus cruelles[1]. Une vie systématiquement négative, une vie de mort, développe dans l'homme les instincts hostiles à la vie; qui souffre, fait volontiers souffrir. Les côtés harmoniques et féconds de notre nature, qui touchent

1. Mabillon, *De l'Emprisonnement monastique*, Œuvres posthumes, II, 327.

d'une part à la bonté, de l'autre au génie, à la haute invention, ils ne résistent guère à ce suicide partiel.

Deux sortes de personnes contractent nécessairement beaucoup d'insensibilité : les chirurgiens, les prêtres. A voir toujours souffrir et mourir, on meurt peu à peu soi-même dans les facultés sympathiques. Remarquons toutefois cette différence que l'insensibilité du chirurgien n'est pas sans utilité; s'il était ému dans son opération, il pourrait trembler. Celle du prêtre, au contraire, demande qu'il soit ému; la sympathie serait le plus souvent, pour guérir l'âme, le remède le plus efficace. Mais, indépendamment de ce que nous venons de dire sur le desséchement naturel de cette vie ingrate, il faut observer que le prêtre, aujourd'hui en contradiction avec une société dont il condamne tout progrès, est moins que jamais bienveillant pour ces pécheurs, pour ces rebelles. Le médecin qui n'aime pas le malade, peut moins qu'un autre le guérir.

Une chose triste à penser, c'est que ces hommes peu sympathiques, et, de plus, aigris par la lutte, se trouvent avoir dans les mains la partie du genre humain la plus douce, celle qui conserve le plus de cœur, qui reste plus près de la nature, qui, dans la corruption même des mœurs, est encore la moins corrompue par l'intérêt et les passions haineuses.

C'est-à-dire que ceux qui aiment le moins gouvernent celles qui aiment le plus.

Pour savoir bien comme ils usent de cette royauté des femmes qu'ils réclament comme leur privilège, il ne faut pas s'arrêter aux formes doucereuses et patelines qu'on a près des dames du monde, mais s'informer des pauvres femmes qu'on n'a pas à ménager, de celles surtout qui, dans les couvents, sont à la merci des supérieurs ecclésiastiques, qu'ils tiennent sous leur clef, et se chargent de protéger seuls.

Nous ne sommes pas très rassuré sur cette protection. Longtemps nous y avons cru ; nous avions la simplicité de nous dire que la Loi n'avait rien à voir dans ce royaume de la Grâce... Et voilà que de ces doux asiles, de ces petits paradis, nous entendons des sanglots...

Je ne parlerai pas ici des couvents qui se font maisons de force, des affaires de Sens, Avignon, Poitiers, ni des suicides qui ont eu lieu, hélas! bien plus près de nous.

Non, je parlerai seulement des plus honorables maisons, des plus saintes religieuses. Comment sont-elles protégées par l'autorité ecclésiastique?

Pour l'âme, d'abord, pour la conscience, ce premier des biens auquel elles font le sacrifice de tous les bonheurs du monde... Est-il vrai que les Sœurs d'hôpital qui passaient pour jansénistes, aient été dans les derniers temps persécutées pour leur faire dénoncer les directeurs secrets qu'on leur supposait, et qu'elles n'aient obtenu trêve que par l'intervention menaçante d'un magistrat (M. Dupin) éminemment gallican?

Et pour le corps, enfin, pour la liberté personnelle que l'esclave gagne dès qu'il touche seulement le sol sacré de la France, l'autorité ecclésiastique l'assuret-elle aux religieuses? Est-il vrai qu'une carmélite, à soixante lieues de Paris, a été tenue *enchaînée* plusieurs mois dans son couvent, puis enfermée *neuf ans parmi des folles?*

Est-il vrai qu'une bénédictine a été mise dans une sorte d'*in pace*, puis dans une chambre de folles, parmi les cris effrayants, les hurlements, les paroles impures des femmes perdues qui d'excès en excès, sont devenues furieuses[1]?

Celle-ci, dont tout le crime est d'avoir de l'esprit, d'aimer à écrire et de dessiner des fleurs, a servi longtemps sa maison comme économe et institutrice; elle a appris à lire à la plupart de ses sœurs. Que demande-t-elle aujourd'hui? la punition de ses ennemies? Non. la consolation de se confesser, de communier, des aliments enfin, dans un âge déjà avancé.

« Mais l'évêque ignorait sans doute?... » L'évêque a tout su; « il a été fort ému... » et il n'a rien fait. Le chapelain de la maison a su qu'on allait mettre une religieuse *in pace*. « Il a soupiré », et il n'a rien fait... Le vicaire général n'a pas soupiré : il a pris parti contre la religieuse; son ultimatum, c'est qu'elle meure de faim ou retourne à son cachot.

Qui s'est montré vraiment évêque en cette affaire?

---

1. Nous aurions peut-être attendu pour parler de ces faits, s'ils n'avaient été déjà divulgués par les journaux et les revues. Au reste, plusieurs magistrats ont déjà exprimé leur opinion sur plusieurs faits analogues de la même localité. Un avocat général écrit au sous-préfet : « J'ai pu me convaincre, *comme vous*, que la dame*** possédait *toute sa raison*. Un plus long séjour n'aurait pu que *la rendre peut-être réellement folle* », etc. Lettre de M. l'avocat général Sorbier, citée dans le *Mémoire de M. Tillard* pour la sœur Marie Lemonnier, p. 65.

le magistrat... Qui s'est montré prêtre? l'avocat, un studieux jeune homme que la science éloignait du barreau, mais qui, voyant cette malheureuse femme abandonnée de tout secours, pour qui personne n'osait ni plaider ni imprimer (sous ce ridicule terrorisme), a pris l'affaire en main, a parlé, agi, écrit, fait les démarches, des voyages en plein hiver, tous les sacrifices d'argent et de temps... six mois de sa vie... Que Dieu le lui rende!

Où est ici le bon Samaritain? Lequel s'est montré le prochain de l'affligée, qui a relevé la victime meurtrie dans le chemin, devant laquelle les pharisiens ont passé... Quel est le vrai prêtre, le père?

Un spirituel écrivain de ce temps appelle *mes pères* les magistrats qui interviennent dans les affaires de l'Église. Il parle par dérision. Mais ce nom, ils le méritent[1]. Qui le leur donne? Les affligés qui sont les membres de Christ, et qui, comme tels, sont aussi l'Église, je pense... Oui, ils les nomment *pères* pour leur équité paternelle.

Trop longtemps leur secourable intervention a été repoussée au seuil des couvents par ces cauteleuses

---

[1]. Ce serait une belle et longue histoire à faire. Il suffit de rappeler qu'en 1629, un arrêt, provoqué par le procureur général, interdit aux moines d'infliger aux leurs la prison perpétuelle, l'*in pace*, etc. Ces cruautés continuèrent, et vers la fin du siècle le bon et savant Mabillon écrivit (pour lui seul, ce semble, pour la consolation de son cœur) le petit traité de l'*Emprisonnement monastique*, qui n'a paru qu'après sa mort. J'y lis que, dès 1350, le parlement (celui de Toulouse, célèbre par sa sévérité) fut obligé de réprimer la cruauté des moines : « Le roi eut de l'horreur de cette inhumanité, et il ordonna que les supérieurs visiteroient ces misérables (*prisonniers*) deux fois par mois, et donneroient deux fois à d'autres religieux, à leur choix, la

paroles : « Qu'allez-vous faire?... Vous entreriez ici, vous iriez troubler la paix de ces pieux asiles, effarouchez ces vierges timides?... » Mais quoi! ce sont elles qui appellent au secours; nous les entendons de la rue!

Laïques, tous tant que nous sommes, magistrats, hommes politiques, écrivains, penseurs solitaires, nous devons aujourd'hui, tout autrement que nous n'avons fait, prendre en main la cause des femmes.

Nous ne pouvons les laisser dans les mains sèches et dures, peu sûres sous plus d'un rapport, où elles se trouvent placées.

Nul plus grand intérêt, ni qui mérite mieux de nous réunir. Entendons-nous là-dessus, je vous prie; c'est la chose sainte entre toutes. Qu'il y ait *trêve de Dieu*. Nous pourrons ensuite, tant que nous voudrons, recommencer nos disputes.

Et d'abord, disons-nous franchement nos vérités à nous-mêmes. Le mal avoué, connu, est plus près d'être

---

permission de les aller voir (c'est-à-dire qu'on les verroit au moins une fois par semaine). Il fit expédier des lettres patentes, et quelques efforts que fissent les religieux mendiants pour faire révoquer cette ordonnance, on les contraignit à l'observer : *Sa Majesté et son conseil estimant que c'est une chose barbare que de priver de toutes consolations de pauvres misérables accablés de chagrins et de douleur.* (Registres du Parlement du Languedoc, année 1350). Certainement, il est bien étrange que des religieux, qui devroient être des modèles de douceur et de compassion, soient obligés d'apprendre des princes et des magistrats séculiers les premiers principes de l'humanité qu'ils devoient pratiquer envers leurs frères. » Mabillon, *De l'Emprisonnement monastique*, Œuvres posthumes, II, 323-326.

guéri. Qui devons-nous accuser dans la situation actuelle?

N'accusons pas les jésuites, qui font leur métier de jésuites.

Non, c'est plutôt nous que nous devons accuser.

Si les morts reviennent en plein jour, si ces revenants gothiques hantent nos rues au grand soleil, c'est que les vivants ont laissé faiblir en eux l'esprit de vie. Déposés par l'histoire à côté des morts plus anciens, dûment inhumés et bénis selon les rites funéraires, comment reparaissent-ils?... Leur vue seule est un grand signe, un grave avertissement.

Cela a été permis, hommes du temps, pour vous rappeler à vous-mêmes, à ce que vous devez être. — Si l'avenir qui est en vous se révélait dans sa lumière, qui donc détournerait les yeux vers l'ombre et la nuit qui s'en vont?

A vous de trouver l'avenir, à vous de le faire. Ce n'est pas une chose toute faite que vous deviez attendre de recevoir un matin. Si l'avenir est déjà en vous comme germe, transmis du plus lointain passé, qu'il y soit donc aussi comme désir de progrès, comme volonté d'amélioration, comme vœu paternel pour le bonheur de ceux qui doivent vous suivre. Aimez d'avance ce fils ignoré qu'on appelle l'Avenir, travaillez pour lui, il naîtra.

Le jour où les vôtres sentiront en vous l'homme d'avenir et de volonté magnanime, la famille est ralliée. La femme vous suivra partout, si elle peut se dire : « Je suis la femme de l'homme fort. »

La force moderne apparaît dans la liberté puissante avec laquelle vous allez dégageant la réalité et la vérité, l'esprit de la lettre morte... Pourquoi ne pas vous révéler à la compagne de votre vie, en ce qui est pour vous la vie même? Elle passe à côté de vous les jours, les années, sans vous voir ni vous connaître. Si elle vous voyait marcher, libre, fort, fécond, dans l'action et dans la science, elle ne resterait pas enchaînée aux idolâtries matérielles, soumise à la lettre sèche; elle s'élèverait à une foi plus libre et plus pure, et vous seriez un dans la foi. Elle vous garderait ce trésor commun de la vie religieuse, vous y puiseriez dans vos sécheresses et lorsque la variété de travaux, d'études et d'affaires, laisse faiblir en vous l'unité vitale, elle vous rapporterait, dans la pensée, dans la vie, Dieu, la vraie, la seule unité.

Je n'essayerai pas de mettre un grand livre dans une petite préface. Je n'ajouterai qu'un mot, qui tout à la fois précise et complète ma pensée.

L'homme doit nourrir la femme. Il doit alimenter spirituellement et matériellement celle qui le nourrit de son amour, de son lait et de son sang.

Nos adversaires donnent aux femmes un mauvais aliment, et nous ne leur donnons aucun aliment.

Aux femmes des classes aisées, à celles qui semblent doucement abritées par la famille, aux brillantes, aux heureuses, nous ne donnons point l'aliment spirituel.

Et les femmes pauvres, isolées, les laborieuses et malheureuses, qui tâchent de gagner leur pain, nous ne les aidons pas à trouver l'aliment matériel.

Ces femmes, qui sont ou seront des mères, nous les laissons jeûner (de l'âme ou du corps), et nous sommes punis, surtout par la géneration qui en vient, de notre négligence à leur donner les soutiens de la vie.

La bonne volonté ne manque pas généralement, j'aime à le croire. Le temps manque et l'attention. On vit pressé, on vit à peine; on suit avec âpreté tel ou tel petit objet et on néglige les grands.

Homme d'étude ou d'affaires, d'énergie, d'ardent travail, le temps vous manque, dites-vous, pour associer votre femme à votre progrès journalier; vous la laissez à son ennui, aux conversations futiles, aux vides prédications, aux livres ineptes; en sorte que, tombant au-dessous d'elle-même, moins que femme et moins qu'enfant, elle n'agira point sur son fils, n'aura ni l'influence ni l'autorité de mère... Eh bien ! vous aurez le temps, à mesure que l'âge viendra, de travailler en vain à refaire ce qui ne se refait point, de courir après un fils qui, du collège aux écoles, des écoles au monde, connaît à peine sa famille, et qui, s'il voyage un peu et vous rencontre au retour, vous demandera votre nom... La mère seule vous eût fait un fils; mais il fallait, pour cela, que vous la fissiez comme femme, il fallait la fortifier de vos sentiments et de vos idées, la nourrir de votre vie.

Si je regarde hors de la famille et des affections domestiques, je trouve que notre négligence à l'égard des femmes ressemble à la dureté ; de cruels effets en résultent, qui retombent même sur nous.

Vous vous croyez bon et homme de cœur ; vous n'êtes pas insensible au sort des femmes pauvres ; la vieille vous rappelle votre mère, et la jeune, votre fille. Mais vous n'avez pas le temps de voir, ni savoir, que la vieille et la jeune meurent littéralement de faim.

Deux machines travaillent incessamment pour leur extermination. Le grand atelier, le couvent, qui fabrique pour peu ou pour rien, ne comptant pas sur son travail pour vivre. Puis le grand magasin en commandite, qui achète au couvent et détruit peu à peu les petites boutiques pour qui travaillait l'ouvrière. A celle-ci restent deux chances, la Seine, ou de trouver le soir un misérable sans cœur qui profite de la faim...

Les hommes reçoivent de la charité publique à peu près autant que les femmes : cela est injuste. Ils ont infiniment plus de ressources. Ils sont plus forts, ils ont des travaux plus variés, plus d'initiative, d'entrain, de locomotion, si l'on peut dire, pour aller chercher du travail. Ils voyagent, s'engagent, émigrent. Sans parler des pays où la main-d'œuvre est très chère, je connais des provinces de France où l'on a peine à trouver des journaliers, des domestiques.

L'homme peut aller et venir. La femme reste là, et meurt.

Qu'elle se traîne, cette ouvrière que la concurrence du couvent a tuée, à la porte du couvent ; peut-elle y trouver asile?... Il lui faudrait, pour cela, au défaut de dot, la protection active d'un prêtre influent, protection réservée aux personnes dévouées, à celles qui ont eu le temps de suivre les Mois de Marie, les Catéchismes de persévérance, etc., etc., à celles qui, de longue date, sont sous la main ecclésiastique. Protection souvent bien chèrement achetée; et pour obtenir de passer sa vie entre quatre murs, à contrefaire la dévotion qu'on n'a pas !... Il vaut bien autant mourir.

Elles meurent sans bruit, décemment, solitairement. On ne les verra jamais descendre de leur grenier dans la rue, pour promener la devise : « Vivre en travaillant, ou mourir en combattant. » Elles ne feront pas d'émeutes; on n'a rien à craindre d'elles...
— Et c'est pour cela justement que nous devons d'autant plus les secourir. N'aurons-nous donc d'entrailles que pour ceux qui nous font peur ?

Hommes d'argent, s'il faut que je vous parle votre langage d'argent, je vous dirai que, dès qu'il y aura un gouvernement économe, il ne craindra pas de dépenser pour les femmes, pour les aider à se soutenir et à travailler[1].

Non seulement ces femmes maladives encombrent les hôpitaux, y vont et reviennent sans cesse; mais

---

1. Ceux qui n'aiment pas les taxes des pauvres en général, ni que l'État soit fabricant, approuveraient peut-être néanmoins des ateliers temporaires, ouverts aux pauvres filles, qui, autrement, sont condamnées à la prostitution. Cette année même, 1845, un de nos hôpitaux a reçu, demi-mortes de faim, deux jeunes filles qui ont persisté à ne point recourir à cette affreuse ressource. — Les *Études sur l'Angleterre*, de M. Léon Faucher, donnent des renseignements curieux, des vues neuves sur les divers essais d'asiles qui pourraient les sauver.

les enfants qui sortent de ces pauvres créatures épuisées, s'ils ne meurent aux Enfants-Trouvés, seront comme leurs mères : ils seront les hôtes habituels des hôpitaux. Une femme misérable, c'est toute une famille de malades en perspective.

Philosophes, physiologistes, économistes, hommes d'État, nous savons tous que l'excellence de la race, la force du peuple, tient surtout au sort de la femme. Celle qui porte l'enfant neuf mois, le fait bien plus que le père. Les mères fortes font les forts.

Nous sommes tous, et nous serons, pour les femmes, éternellement débiteurs. Ce sont des mères, c'est assez dire. Il faudrait être né misérablement et dans la damnation pour marchander sur le travail de celles qui sont toute la joie du présent et le destin de l'avenir. Ce qu'elles font de leurs mains est très secondaire; c'est à nous de travailler. Que font-elles? elles nous font... c'est un travail supérieur. Être aimée, enfanter, puis enfanter moralement, élever l'homme (ce temps barbare ne l'entend pas bien encore), voilà l'affaire de la femme.

« *Fons omnium viventium!* » Qu'est-ce qu'on ajouterait à cette grande parole?

J'ai écrit tout ceci en pensant à une femme dont le ferme et sérieux esprit ne m'eût pas manqué dans ces luttes; je l'ai perdue, il y a trente ans (j'étais enfant alors), et néanmoins, toujours vivante, elle me suit d'âge en âge.

Elle a eu mon mauvais temps, et elle n'a pu profiter de mon meilleur. Jeune, je l'ai contristée, et je ne la consolerai pas... Je ne sais pas seulement où sont ses os : j'étais trop pauvre alors pour lui acheter de la terre.

Et pourtant je lui dois beaucoup... Je me sens profondément le fils de la femme. A chaque instant, dans mes idées, dans mes paroles (sans parler du geste et des traits), je retrouve ma mère en moi. C'est bien le sang de la femme, la sympathie que j'ai pour les âges passés, ce tendre ressouvenir de tous ceux qui ne sont plus.

Qu'est-ce que je pouvais donc lui rendre, moi-même avancé dans la vie, pour tant de choses que je lui dois? une seule, dont elle m'aurait su gré, cette réclamation pour les femmes et pour les mères.

Je l'écris ici en tête d'un livre qu'on croit un livre de disputes. A tort. Plus il ira dans l'avenir, s'il y va, et plus on verra que, malgré l'émotion polémique, ce fut encore un livre d'histoire, un livre de foi, vrai et sincère... Où donc ai-je plus mis mon cœur?

Avril, 1845.

PRÉFACE DE 1861

Mon livre a maintenant d'abondants commentaires et de surabondantes preuves. Je remercie la justice de France, qui, dans son beau réveil, a pris à cœur la défense des mœurs, qui, dans les cent procès commencés à la fois, fait luire une telle lumière sur la question (du reste peu obscure) du célibat ecclésiastique.

Qu'en dites-vous, mères imprudentes, qui, en voyant n'avez pas voulu voir? qui, à chaque fait qu'on vous citait, disiez : « C'est une rare exception. » Si rare que tout département, toute ville (et bientôt tout village) dénonce les mêmes scandales; si rare que les degrés divers de la hiérarchie, les divers ordres religieux, envoient les uns après les autres aux tribunaux leurs spécimens, héros, saints et martyrs, qui préparent pour Toulon la nouvelle Légende dorée.

Toute littérature est écrasée par la réalité. Qu'il est

modéré, faible, doux, mon pauvre petit livre, auprès de l'histoire authentique que nos magistrats eux-mêmes en leurs arrêts nous font des mœurs de ces gens-là! Qui m'empêcherait donc d'en enrichir *le Prêtre*, tout au moins pour montrer combien ce livre a été modeste, et, ce semble, magnanime pour nos ennemis. Le respect de l'art, celui de la morale publique, lui ont fait écarter les détails choquants qui lui auraient donné les plus fortes prises. Il a tiré le rideau sur cent choses où il eût aisément triomphé. Nous n'y reviendrons pas. Nous repoussons de même les faits récents, si forts, qui prouvent notre modération. Tel il parut d'abord, ce livre, tel il revient, décent et grave, lisible à tous. Nos dames, qui, si curieusement suivent tous les procès d'aujourd'hui, si elles lisent *le Prêtre*, n'auront pas à baisser les yeux.

Que disions-nous alors ?

1° Dans l'état nouveau de la société, les abstinences du Moyen-âge sont impossibles et improbables. La foi, le jeûne, jusqu'à un certain point, pouvaient alors garder les mœurs.

2° Les livres destinés à former les jeunes prêtres, les manuels spéciaux qui les préparent à la confession (nous les avons en main) sont infiniment dangereux, propres à leur pervertir l'esprit. Les questions posées d'avance qu'ils adressent à leurs pénitentes sont précisément celles qui peuvent leur apprendre le mal. Avec un tel enseignement, on doit s'attendre aux plus scandaleux résultats.

J'ai laissé quinze années dormir mon livre sans le

réimprimer, bien sûr de voir ces résultats éclater de plus en plus. Je savais que quelqu'un se chargeait d'enrichir *le Prêtre*, de le justifier, de le confirmer. Et qui? le prêtre même par ses œuvres inscrites d'année en année aux gazettes des tribunaux.

Il ne le continue pas seulement, mais infiniment le dépasse. Tant d'années de faveur et de sécurité ont abouti à une audace inattendue. On a bravé les magistrats, imprimé des défenses expresses d'obéir à la loi (affaire Archange). L'individu qui se sentait couvert par un tel corps, n'a daigné cacher rien. En vain, on le priait d'être plus prudent dans ses vices. Des choses incroyables ont été endurées par la famille. Les parents hésitaient à commencer une lutte inégale. Cependant, d'audace en audace, on progressait toujours, par delà les vices vulgaires. Sortir de la morale n'avait plus d'intérêt; on est sorti de la nature.

Le curieux, c'est qu'en cette série de procès, qui éclatent chaque matin, le monstrueux est la règle, la nature l'exception. Et, ce qui est effrayant, ces choses sont commises sans peur et sans précaution, comme sur la place publique, par exemple, au plein jour des écoles. Que fera-t-on donc dans le mystère?... Lorsque dans l'enseignement même, l'enfant, le fils, n'a pas été sacré? allez, mes pieuses dames, faites la sourde oreille, et bravement hasardez vos filles.

Que me fait le livre du *Prêtre?* je n'y ai mis nulle

vanité. Et, aujourd'hui, à quinze ans de distance, je le juge dans un grand calme, comme une œuvre étrangère. Veut-on savoir son défaut ? le voici.

Il est trop littéraire. C'est trop une œuvre d'art, et pas assez une œuvre polémique.

Il donne *l'histoire de la Direction* dans son moment décent, au moment qui lui est le plus favorable, au siècle de Louis XIV, la belle langue d'alors prête aux choses les plus basses son élégance, sa convenance, des teintes adoucies qui les parent. Prendre le sujet à cette époque, c'est faire grâce à l'ennemi. J'y ai suppléé dans l'*Histoire de France*. Là, mon strict devoir m'a obligé de suivre dans sa complète vérité l'histoire du confessionnal, cette puissance secrète qui menait le monde. J'y ai appris ce que je ne savais pas encore, il y a quinze ans, la grossièreté de tout cela aux temps même du Moyen-âge (Voy. Rigaud, un confesseur de saint Louis), la pourriture savante de la casuistique, le matérialisme charnel qui, depuis Marie Alacoque, a rendu cet art moins utile, dispensé la Direction de ses vieilles subtilités.

La beauté, le défaut de la seconde partie du *Prêtre*, c'est la finesse même de l'analyse. Elle a posé le type du genre, tel qu'il fut, et tel qu'il peut être dans un délicat mysticisme. On y voit dans son jeu l'art de surprendre l'âme en ses moments douteux d'ennuis et de langueurs, lorsque, sans être endormie tout à fait, elle n'est pourtant pas éveillée. On y voit la puissance insensible et perfide de l'habitude, qui elle-même est une surprise progressive dont on n'a pas conscience, dont on ne sait ni ne peut se défendre. On y voit la pente invincible où descend la victime, l'âme conquise, annulée, et la fatalité qui fait que celui qui conquit, le maître, n'est pas maître de soi, et qu'il use et abuse de cette volonté qui n'est plus.

C'est le drame intérieur qu'on peut nommer la *mort de l'âme*. Seulement il n'est tel, fin et sinueux à ce point, que s'il s'agit d'une âme honnête qui voudrait se garder. Mais qu'en est-il besoin pour celle qui, d'avance gâtée par le roman, cherche un roman de plus, vient là tout exprès pour périr? A quoi sert-il aussi, quand c'est une jeune âme, endormie d'innocence, qu'une mère livre à ce danger? Dans ces deux cas l'art est bien superflu. La nature grossière et l'audace réussissent bien mieux. Ceux qui ont tous les jours ces succès trop faciles, rient sous cape d'une œuvre où la Direction apparaît dans la fine élégance dont elle a aujourd'hui besoin si rarement. L'un d'eux, brutalement, a dit : « Il n'y faut pas tant de façons. »

Le pouvoir, au Sénat, par sa voix officielle, le procureur général de la Cour de cassation, a signalé l'empire que le clergé a dans l'Empire, son grand royaume souterrain des huit mille associations, l'immense engloutissement de personnes et de capitaux qui se fait là-dedans. Mais tout cela c'est seulement le centre et le corps de la place. Leur grande force répandue sur tout le pays ce sont les quarante mille confessionnaux.

Dans cet empire les couvents sont la *banque;* la confession est leur *police.*

Voilà ce qui leur est cher, voilà le vrai patrimoine de saint Pierre auquel ils tiennent le plus. On pleure d'un œil sur la Rome italienne; on fait semblant de s'émouvoir beaucoup pour la vieille question : peu de croisés, force brochures.

Un curé, l'autre jour, dans un moment d'oubli et de franchise, disait assez gaiement : « Qu'importe au fond qu'on rase quelque peu le catholicisme? il n'en aura que plus de barbe. Le meilleur nous en reste, c'est la confession. »

C'est à cela qu'il ne faut pas toucher. Je ne m'étonne pas des cris épouvantables, de l'immonde torrent d'injures, de calomnies, qui ont accueilli les deux livres où pacifiquement j'avais marqué la voie nouvelle où marchera l'avenir.

Dans *l'Amour,* j'ai commis la grande impiété de vouloir dans sa vérité le sacrement de mariage, de demander si la famille à deux n'était pas suffisante, s'il fallait la famille à trois. Au plat roman des vieilles sociétés, ce livre substituait l'éternelle poésie de nature, la simplicité sainte. Il disait comment au foyer on peut trouver chaque jour un ravivement d'amour et de religion, et l'incessant progrès de l'âme.

Dans *la Femme*, mon crime fut surtout de la défendre enfant contre la légèreté de la famille même, de réclamer le respect de l'enfance, de dire par quelle éducation la fille gardera sa vraie beauté native : *la grâce de pureté*. C'est la suprême fleur, mais la plus vulnérable aussi. Je la compare à ce certain glacé, léger givre ou blanche lueur, dont se trouve parée la délicate robe d'un fruit. Qui osera y toucher, souffler dessus? Un tel velouté! l'haleine la plus douce suffit pour le ternir... La mère retient la sienne, tremble de l'altérer, et, s'il faut l'approcher, ne sait si elle est assez pure.

Qui donc en sera digne? Et quelle est la timidité de cette femme, cet excès de faiblesse, de ne pas donner elle-même à son enfant l'initiation, qui, donnée par un autre, pourra la faner sans retour?

La pureté n'est pas seule nécessaire. Il faut encore une parfaite connaissance de la jeune âme, en savoir le fort et le faible, en pressentir les tendances naissantes. Or tout varie de l'une à l'autre. Ce qui est sain pour celle-ci, à celle-là serait un poison. En médecine, grâce à Dieu, nous sommes sortis des temps grossiers où tout remède se donnait à tout homme. De plus en plus, le caractère spécial de l'individu est respecté de la science. Combien plus ce respect et cette connaissance précise sont nécessaires dans les choses de l'âme, dans l'infinie délicatesse des âmes féminines! La mère seule a ce grand secret; seule au fond de son cœur, elle sait, dans le détail des nuances, tout le complet mystère de la petite personne. Elle le sait, ne peut, ne voudrait même le dire. Elle a cela entre elle et Dieu.

A peine en parle-t-elle au père, qui a bien droit de savoir tout. Elle n'en cache rien, mais se fait rarement cet effort d'en parler. Au fait, c'est difficile. Il y faudrait une langue éthérée, sans mots, langue du ciel, que ne sait pas la terre.

Maintenant qu'un homme, un étranger, se présente intrépidement pour toucher à ce saint des saints, qu'il se juge plus sûr que le père, — et plus pur que la mère! grand Dieu! cela confond d'étonnement. Quel inqualifiable courage! Nous tous, honnêtes gens, nous déclinerions à coup sûr d'affronter ce péril. Le plus digne serait timide ici, et s'écrierait : *Non sum dignus!*

Par quelle épreuve avez-vous donc passé pour manier impunément la flamme? Jadis on obtenait ce privilège étrange par l'extermination calculée de soi-même, une vie voulue de famine, les froids poisons qui glacent le sang, et, par-dessus, la saignée incessante quatre fois par année. Que gardez-vous de tout cela? Avec la vie commune, abondante et charnelle, avec vos faces rouges, osez-vous bien prétendre au droit de ceux qui cherchaient la pureté dans un tel suicide?

Le plus vaillant et le plus sûr de soi doit trembler de sa maladresse, frémir de mettre une main grossière, une épaisse patte d'homme, là où la fine main de la mère ne s'est pas jugée assez délicate. Tout est danger ici. Danger dans la brutalité, qui, par une question imprudente, surprendra et bouleversera la jeune âme. Danger dans les obliquités, les détours invitants qui l'engagent et l'attirent, la rendent curieuse du mal.

Notez que la nature, à ce premier élan, pour être pure infiniment, n'en est pas moins infiniment imaginative, inflammable. L'homme (tel quel, agréable ou non) qui, sur des choses si sensibles, a parlé le premier et cueilli les prémices de l'imagination, aura aussi celles du cœur. Quel triste début pour l'enfant innocente, qu'on lui donne l'occasion d'un premier roman, à douze ans! — Du roman pour la vie. — S'il est changé à dix-huit ou à vingt pour l'amant, le mari, plus tard, quand les illusions baissent, il revient, ce roman d'enfance, plus dangereux, moins imaginatif, moins poétique, fort positif, souvent dans le plus bas réel.

Le merveilleux, c'est que le père sait tout cela, le sait parfaitement. Dans ce pays de France où les femmes de la bourgeoisie, plus riches qu'en aucun autre de l'Europe, pèsent et de leur fortune et de leur caractère, la mère règne en cette question. Le père se résigne, obéit.

« Que faire? Elle le veut ainsi... » — Hélas! pauvres bonshommes, j'ai grand'pitié de vous.

Je comprends que peut-être une femme si brave, qui ne craint rien du tout, vous la laissiez aller. Mais votre fille qui n'a pas tant d'orgueil, qui ne regarde que vous, qui vous aime et vous croit, pour qui vous êtes l'autorité aimée, le prêtre et la loi même, — protégez-la, je vous en prie.

En présence de ces faits énormes, votre femme elle-même doit songer, réfléchir.

« Mais l'exemple? l'usage? Qu'en dira-t-on? »

Ce qu'on dira, c'est que :

Les magistrats, longtemps patients, indulgents, ont fini par ouvrir les yeux;

Et l'État a fini par voir que ces ingrats, tant ménagés, mais outrageusement insolents, ne sont que des ennemis.

Et le peuple? Pour la croisade de Rome, ils ont eu deux cents hommes (dont quatre-vingts Bretons qui ne parlaient pas le français). Ils n'ont aucun appui dans le peuple de France, prudent, au fond rieur, voltairien depuis dix mille ans.

Qui les soutint? un fil, un fil mystérieux, l'idée seule que l'État était pour eux. — Erreur. — Ils n'en ont tenu compte, et le fil a cassé.

*

Paris, 1ᵉʳ mai 1861.

Le sujet de l'ouvrage qu'on va lire, indiqué dans deux ou trois de mes leçons, n'a pu y être traité. Il est de nature trop intime.

Il présentait une difficulté grave, celle de parler avec convenance d'une matière où nos adversaires ont fait preuve d'une incroyable liberté. Omnia munda mundis, je le sais bien. Cependant j'ai mieux aimé souvent les laisser échapper quand je les tenais que de les suivre dans les marais et la vase.

Première partie. — De la direction au dix-septième siècle. — *J'ai pris mes preuves historiques chez les plus purs et les meilleurs de mes adversaires, non chez ceux qui me donnaient plus de prise. Le dix-septième siècle était celui où je pouvais trouver des témoignages écrits; c'est le seul qui n'ait pas craint de mettre en pleine lumière la théorie de la direction.*

Je pouvais multiplier les citations à l'infini. Ceux qui viennent de lire l'Histoire de Louis XI savent le prix que j'attache à la vérité minutieuse du détail. J'ai cité peu, exactement, et soigneusement vérifié. Les falsificateurs que nous prenons en flagrant délit à chaque pas de nos études historiques sont bien hardis de parler d'exactitude. Ils peuvent dire à leur aise; ils ne réussiront jamais à nous faire mettre en face de leurs noms des noms connus pour la loyauté.

Seconde partie. — De la direction en général, et spécialement au dix-neuvième siècle. — *Une sérieuse enquête sur les faits contemporains m'a donné cette seconde partie pour résultat.*

J'ai vu, écouté, interrogé ; j'ai pesé les témoignages et les ai rapprochés d'un grand nombre de faits analogues que je savais depuis longtemps. Ces faits plus anciens et cette enquête nouvelle, j'ai tout contrôlé devant le jury intérieur que je porte en moi.

*T*ROISIÈME PARTIE. — D*E LA FAMILLE*. — *Je n'ai eu nullement la prétention de traiter ce vaste sujet. Je voulais indiquer seulement ce que le mariage et la famille sont dans leur vérité, et comment le foyer, ébranlé par une influence étrangère, peut se raffermir.*

J'ai cru devoir finir par un mot à mes adversaires. J'ai écrit sans haine. Je dirai volontiers (tout au rebours du païen) : « O mes ennemis ! il n'y a pas d'ennemis. » — Si ce livre, sévère pour les prêtres, avait quelque effet dans l'avenir, ce sont eux surtout qu'il aurait servis. Plusieurs d'entre eux en ont jugé ainsi, et ils n'ont pas fait de difficulté de répondre à nos questions... Oui, puisse ce livre, tout faible qu'il est, avancer l'époque où le prêtre, redevenu homme, libre d'un système artificiel (absurde, impossible aujourd'hui), rentrera dans la nature et prendra sa place au milieu de nous.

PREMIÈRE PARTIE

DE LA DIRECTION AU DIX-SEPTIÈME SIÈCLE.

CHAPITRE PREMIER

Réaction dévote de 1600. Influence des jésuites sur les femmes et les enfants. La Savoie, les Vaudois; violence et douceur. Saint François de Sales.

Tout le monde a vu au Louvre le gracieux tableau du Guide qui représente l'Annonciation. Le dessin est incorrect, la couleur fausse, et pourtant l'effet séduisant. N'y cherchez pas la conscience, l'austérité des vieilles écoles[1]; vous n'y trouveriez pas davantage la main jeune et forte des maîtres de la Renaissance. Le seizième siècle a déjà passé, et tout a molli. La figure où le peintre s'est évidemment complu, l'ange, selon les raffinements de cette époque blasée, est un mignon enfant de chœur, un chérubin de sacristie. Il a seize ans, la Vierge dix-huit ou vingt. Cette Vierge,

1. Comparer au musée du Louvre les Annonciations de Giusto di Alamagna, de Lucas de Leyde et de Vasari.

nullement idéale, toute réelle, et d'une réalité faible, n'est qu'une jeune demoiselle italienne que le Guide a prise chez elle, dans son petit oratoire, et sur un prie-Dieu commode, tel que les dames en avaient.

Si le peintre s'est inspiré d'autre chose, ce n'est pas de l'Évangile, mais bien plutôt des romans dévots de l'époque, ou des sermons à la mode que débitaient les jésuites dans leurs coquettes églises. La *Salutation angélique*, la *Visitation*, l'*Annonciation*, étaient le sujet chéri sur lequel on avait dès longtemps épuisé toutes les imaginations de la galanterie séraphique. En voyant ce tableau du Guide, on croit lire le Bernardino ; l'ange parle latin comme un docte jeune clerc ; la Vierge, en demoiselle bien élevée, répond dans son doux italien. (« *O alto signore*, etc.) »

Ce joli tableau est de conséquence comme œuvre caractéristique d'une époque déjà mauvaise, œuvre agréable et délicate, qui n'en fait que mieux sentir la grâce suspecte, le charme équivoque.

Rappelons-nous les formes doucereuses que prit la réaction dévote de ce temps, qui est celui d'Henri IV. On est tout étonné le lendemain du seizième siècle, après les guerres et les massacres, d'entendre partout glapir cette douce petite voix... Les terribles prêcheurs des Seize, les moines qui portaient le mousquet aux processions de la Ligue, s'humanisent tout à coup ; les voilà devenus bénins. C'est qu'il faut bien essayer d'endormir ceux qu'on n'a pas pu tuer. L'entreprise, au reste, n'était pas si difficile. Tout le monde avait sommeil après cette grande fatigue des guerres de religion; chacun était excédé d'une lutte sans résultat, où personne n'était vainqueur; chacun connaissait trop bien son parti et ses amis. Le soir d'une si longue marche, il n'était si bon marcheur qui n'eût envie de reposer; l'infatigable Béarnais, s'endormant comme les autres, ou voulant les endormir, leur donnait l'exemple, et se remettait de bonne grâce aux mains du P. Cotton et de Gabrielle.

Henri IV est le grand-père de Louis XIV, Cotton le grand-oncle du P. La Chaise : deux royautés, deux dynasties, celle des rois, celle des confesseurs jésuites. L'histoire de celle-ci serait fort intéressante. Ils régnèrent pendant tout le siècle, ces aimables Pères, à force d'absoudre, de pardonner, de fermer les yeux, d'ignorer; ils allèrent aux grands résultats par les plus petits moyens, par les petites capitulations, les secrètes transactions, les portes de derrière, les escaliers dérobés.

Les jésuites avaient à dire que, restaurateurs obligés de l'autorité papale, c'est-à-dire médecins d'un mort, ils ne pouvaient guère choisir les moyens. Battus sans retour dans le monde des idées, où pouvaient-ils reprendre la guerre, sinon dans le champ de l'intrigue, de la passion, des faiblesses humaines?

Là, personne ne pouvait les servir plus activement que les femmes. Quand elles n'agirent pas avec les jésuites et pour eux, elles ne leur furent pas moins utiles indirectement, comme instrument et moyen, comme objet de transactions et de compromis journaliers entre le pénitent et le confesseur.

La tactique du confesseur ne différait pas beaucoup de celle de la maîtresse. Son adresse, à lui comme à elle, c'était de refuser parfois, d'ajourner et de faire languir, de sévir, mais mollement, puis enfin de s'attendrir, par trop grande bonté de cœur... Ce petit manège, infaillible près d'un roi galant et dévot, obligé d'ailleurs de communier à jours fixes, mit souvent l'État tout entier dans le confessionnal. Le roi pris et tenu là, il fallait qu'il satisfît, de manière ou d'autre. Il payait ses faiblesses d'homme par des faiblesses politiques, tel amour lui coûtait un secret d'État, tel bâtard une ordonnance. Parfois, on ne le tenait pas quitte à moins de donner des gages ; pour garder telle maîtresse, par exemple, il lui fallait livrer son fils. Combien le P. Cotton en passa-t-il à Henri IV pour obtenir de lui l'éducation du Dauphin[1] !

Dans cette grande entreprise de saisir partout l'homme au moyen de la femme, et par la femme l'enfant, les jésuites rencontraient plus d'un obstacle, un surtout bien grave : leur réputation de jésuites. Ils étaient déjà beaucoup trop connus. On peut lire dans les lettres de saint Charles Borromée, qui les avait établis à Milan et singulièrement favorisés, les caractères qu'il leur donne : intrigants, brouillons, insolents sous formes rampantes. Leurs pénitents mêmes, qui les trouvaient fort commodes, ne laissaient pas par moments d'en prendre dégoût. Les plus simples

---

1. Le chef-d'œuvre du jésuite fut de faire nommer précepteur l'homme le plus léger de France, le poète-berger Des Yvetaux, en se réservant l'éducation morale et religieuse.

voyaient bien que des gens qui trouvaient toute opinion *probable* n'en avaient aucune. Ces fameux champions de la foi, en morale étaient des sceptiques ; moins encore que des sceptiques, car le scepticisme spéculatif pourrait laisser quelque sentiment d'honneur, mais un docteur en pratique, qui sur tel acte dit *oui*, et *oui* sur l'acte contraire, doit aller baissant toujours de moralité et perdre non seulement tout principe, mais, à la longue, le cœur !

Leur mine seule était leur satire. Ces gens, si habiles à s'envelopper, suaient le mensonge ; il était tout autour d'eux, visible et palpable. Comme un laiton mal doré, comme les saints joujoux de leurs églises pimpantes, ils luisaient faux à cent pas : faux d'expression, d'accent, faux de geste et d'attitude, maniérés, exagérés, souvent mobiles à l'excès. Cette mobilité amusait, mais elle mettait en garde. Ils pouvaient bien apprendre une attitude, un maintien ; mais les grâces apprises, les allures savamment obliques, onduleuses et serpentines, ne sont rien moins que rassurantes. Ils travaillaient à se faire simples, humbles, petits, bonnes gens... La grimace les trahissait.

Ces gens à mine équivoque avaient pourtant près des femmes un mérite qui rachetait tout, ils aimaient fort les enfants. Il n'y avait pas de mère, de grand'mère, ni de nourrice qui les flattât davantage, qui trouvât mieux, pour les faire rire, le petit mot caressant. Dans les églises de jésuites, les bons saints de la Société, saint Xavier ou saint Ignace, sont peints souvent en nourrices grotesques, tenant dans leurs bras, berçant et baisant le divin poupon[1]. C'est aussi sur leurs autels, dans leurs chapelles parées, qu'on a commencé de faire ces petits paradis sous verre, où les femmes aiment à voir l'enfant de cire couché dans les fleurs. Les jésuites aimaient tant les enfants qu'ils auraient voulu les élever tous. Nul d'entre eux, si savant qu'il fût, ne dédaignait d'être régent, d'enseigner la grammaire et d'apprendre à décliner.

Cependant il y avait bien des gens, de leurs amis, même de leurs pénitents, de ceux qui leur confiaient leur âme, qui pourtant hésitaient à leur confier leurs fils.

Ils auraient bien moins réussi auprès des enfants et des femmes, si leur bonheur ne leur eût donné pour auxiliaire un grand enfant, fin et sage, qui justement avait tout ce qui leur manquait pour inspirer confiance, une charmante simplicité.

Cet ami des jésuites, qui les servit d'autant mieux qu'il ne se fit pas jésuite, créa naïvement, au profit de ces politiques, ce qu'ils auraient cherché toujours, le genre, le ton, le vrai style de la dévotion aisée. Le faux ne prendrait jamais l'ombre de vie qu'il peut prendre, s'il n'avait eu un moment vrai.

Avant de parler de François de Sales, je dois dire un mot du théâtre où il agit.

Le grand effort de la réaction ultramontaine, vers 1600, était aux Alpes, en Suisse, en Savoie. On travail-

---

[1]. C'est le mot qu'on trouve à chaque page de saint François de Sales, et autres écrivains de l'époque.

lait fortement sur les deux pentes; seulement on y employait des moyens tout autres : on montrait des deux côtés deux visages différents, face d'ange et face de bête; celle-ci, de bête féroce dans le Piémont, contre les pauvres Vaudois. En Savoie et vers Genève, on se faisait ange, ne pouvant guère employer que la douceur contre des populations que les traités garantissaient, et qui auraient été couvertes contre la violence par les lances de la Suisse.

L'agent de Rome, en ces quartiers, fut le célèbre jésuite Antonio Possevino [1], le professeur, l'érudit, le diplomate, le confesseur des rois du Nord. Il organisa lui-même les persécutions contre les Vaudois du Piémont, et il forma, dirigea son élève, François de Sales, à gagner par adresse les protestants de Savoie.

Cette terrible histoire des Vaudois, dois-je en parler ou m'en taire? En parler? Elle est trop cruelle; personne ne la racontera sans que la plume n'hésite, et que l'encre, en écrivant, ne blanchisse de larmes [2]. Si pourtant je n'en dis rien, on ne sentira jamais le plus odieux du système, l'artificieuse politique qui fit employer des moyens tout opposés en des questions semblables : ici la férocité, là une étrange douceur. Un seul mot, et j'en serai quitte. Les bourreaux les

---

1. Voyez sa *Vie*, par Dorigny, p. 505; Bonneville, *Vie de saint François*, p. 19, etc.

2. Lisez la trilogie des grands historiens vaudois : Gilles, Léger, Arnault. — Joignez-y la carte précieuse et l'admirable description du pays qu'on trouve au tome Ier de l'*Histoire* de M. Muston. Quand je reçus chez moi avec tant d'intérêt ce fils des martyrs, j'étais loin de croire que son livre, plein de modération, d'oubli, de pardon, lui coûterait sa patrie.

plus cruels furent des femmes, les pénitentes des jésuites de Turin ; les victimes furent des enfants ! Au seizième siècle, on les détruisait ; il y eut quatre cents enfants de brûlés en une fois dans une caverne ; au dix-septième, on les volait. L'édit de pacification, accordé aux Vaudois en 1655, promet pour grâce singulière qu'on n'enlèvera plus leurs enfants âgés de moins de douze ans ; au-dessus de cet âge, il est permis de les prendre[1].

Ce nouveau genre de persécutions, plus cruel que les massacres, caractérise l'époque où les jésuites entreprirent de s'emparer partout de l'éducation des enfants. Ces *plagiaires*[2] impitoyables, qui les enlevaient à leurs mères, ne voulaient autre chose que les élever à leur guise, leur faire abjurer leur foi, leur faire haïr leur famille, les armer contre les leurs.

Ce fut, comme je l'ai dit, un professeur jésuite, Possevino, qui renouvela la persécution vers le temps qui nous occupe. Le même, enseignant à Padoue, eut pour élève le jeune François de Sales, qui déjà avait passé un an à Paris, au collège de Clermont[3]. Il était d'une de ces familles de Savoie très militaires,

---

1. L'édit porte qu'aucun Vaudois ne pourra être forcé de se faire catholique : « N'ei figliuoli potranno esser tolti alli loro parenti, mentre che sono in età « minore, cioeli maschi di dodici, e le femine di dieci anni. »

2. *Plagiarius*, au sens propre, signifie, comme on sait, *voleur d'homme*.

3. Le beau portrait de Sainte-Beuve, que tout le monde a lu, me permet d'omettre une foule de détails. Seulement j'ai cru devoir indiquer avec précision l'influence que les jésuites exercèrent sur le saint, et la façon dont ils l'exploitèrent. Voyez les biographes : le capucin Bonneville, le feuillant Jean de Saint-François, le minime La Rivière, le jésuite Talon, Longueterre, l'évêque Maupas du Tour, et surtout les Lettres du Saint ; j'ai eu constamment sous les yeux l'édition de 1833.

très dévotes, qui pendant si longtemps ont fait la guerre à Genève. Pour la guerre de séduction qu'on voulait commencer alors, il avait toutes les armes : dévotion tendre et sincère, parole vive et chaude, charme singulier de bonté, de beauté, de gentillesse. Ce charme, qui ne l'a senti dans le sourire des enfants de Savoie, naïfs, mais si avisés?

Toute la grâce du ciel avait plu sur celui-ci, il faut bien le croire, puisque, avec ce mauvais temps, ce mauvais goût, ce mauvais parti, parmi le monde fin et faux qui l'exploita, il resta pourtant saint François de Sales. Tout ce qu'il a dit ou écrit, sans être irréprochable, est charmant, plein de cœur, d'une gentillesse originale d'enfant de génie, qui, tout en faisant sourire, n'attendrit pas moins. Partout ce sont de vives sources qui jaillissent, des fleurs et des fleurs, de petits ruisseaux qui courent, comme par une jolie matinée de printemps après la pluie. Il y a peut-être à dire qu'il s'amuse tant aux fleurettes, que souvent ce n'est plus bouquet de bergère, mais bouquet de bouquetière, comme dirait sa Philothée; il les prend toutes, il en prend trop; il y en a, dans le nombre, de couleurs mal assorties et baroques. C'est le goût du temps, il faut l'avouer; le goût savoyard en particulier ne craint pas le laid; une éducation de jésuite ne fait pas haïr le faux.

Mais quand même il n'eût pas été un si charmant écrivain, l'attrait singulier qui était en sa personne n'eût pas moins agi. Sa blonde et douce figure, qui fut toujours un peu enfantine, ravissait au premier regard; les petits enfants, sur les bras de leurs nourrices, ne pouvaient, dès qu'ils l'avaient vu, en ôter leurs yeux. Lui, il les aimait fort aussi; il leur passait volontiers la main sur leur petite tête. « Voilà mon petit ménage, disait-il, voilà mon petit ménage. » Les enfants allaient après lui, les mères suivaient les enfants.

Petit ménage ? petit manège ? parfois l'un ressemble à l'autre. Enfant d'apparence, au fond le bonhomme était très fin. S'il permet aux religieuses tel et tel petit mensonge[1], faut-il croire qu'il se les soit refusés toujours à lui-même!... Quoi qu'il en soit, le vrai mensonge fut moins dans ses paroles que dans sa position; il fut évêque pour donner l'exemple d'immoler au pape les droits des évêques. Pour l'amour de la paix, pour couvrir les divisions des catholiques d'une apparente union, il rendit aux jésuites le service essentiel de sauver leur Molina accusé à Rome; il obtint que le pape imposât silence aux amis et aux ennemis de la Grâce.

Cet homme, de nature si douce, ne s'en tint pas cependant aux moyens de douceur et de persuasion. Dans son zèle de convertisseur, il appela au secours des moyens moins honorables, l'intérêt, l'argent, les places, enfin l'autorité, la peur; il fit aller le duc de Savoie de village en village, et lui conseilla enfin de chasser les derniers qui refusaient d'abjurer leur

---

[1]. Petits mensonges, petites ruses, petits détours. Voyez, par exemple, Œuvres, t. VIII, p. 196, 223, 342.

foi[1]. L'argent, très puissant dans ce pays pauvre, lui semblait un moyen si naturel et tellement irrésistible, qu'il alla jusque dans Genève marchander le vieux Théodore de Bèze, et lui offrit de la part du pape quatre mille écus de pension.

C'est un spectacle de le voir, évêque et prince titulaire de Genève, tourner autour de la ville, en faire le siège, organiser contre elle, par la Savoie, par la France, une guerre de séduction. L'argent, l'intrigue, n'y suffisaient pas. Il fallait un charme plus doux pour amollir et fondre cet inabordable glacier de logique et de critique. Des couvents de femmes furent fondés, pour attirer, recevoir les *nouvelles converties*, pour leur offrir une amorce puissante d'amour et de mysticisme. Ils sont restés célèbres par les noms de madame de Chantal et de madame Guyon. La première y commença les molles dévotions de la Visitation; la seconde y écrivit son petit livre des *Torrents*, qui semble inspiré des Charmettes, de Meillerie, de Clarens, comme la *Julie* de Rousseau, moins dangereuse à coup sûr.

---

1. *Nouvelles Lettres* inédites, publiées par M. Datta, 1835, t. I, p. 247. Voir aussi, sur l'intolérance de saint François, les p. 130, 131, 136, 141, et t. IX des *Œuvres*, p. 335, l'obligation pour les rois de frapper du glaive tous les ennemis du pape.

CHAPITRE II

*Saint François de Sales et madame de Chantal. Visitation.
Quiétisme. Résultats de la direction dévote.*

Saint François de Sales était fort populaire en France, et surtout dans les Bourgognes, qui gardaient, depuis la Ligue, un puissant levain de passions religieuses. Le parlement de Dijon le pria d'y venir prêcher. Il fut reçu par son ami André Frémiot, qui, d'abord conseiller au Parlement, était devenu archevêque de Bourges. Fils d'un président fort estimé à Dijon, il était frère de madame de Chantal, et par conséquent grand-oncle de madame de Sévigné, petite-fille de celle-ci[1].

Les biographes de saint François et de madame de Chantal, pour rendre la rencontre romanesque et merveilleuse, supposent, avec peu de vraisemblance, qu'ils ne se connaissaient point, qu'ils avaient à peine entendu parler l'un de l'autre; ils s'étaient vus seu-

---

1. Voyez les biographes de madame de Chantal (le jésuite Fichet, l'évêque Maupas), et surtout ses *Lettres*, malheureusement incomplètes. 3 vol. in-12, 1753.

lement dans leurs songes ou leurs visions. Au carême que le saint prêcha à Dijon, il la remarqua entre toutes les dames, et, descendant de la chaire : « Quelle est donc, dit-il, cette jeune veuve qui écoutoit si attentivement la parole de Dieu? — C'est ma sœur, dit l'archevêque, la baronne de Chantal. »

Elle avait alors (en 1604) trente-deux ans; saint François en avait trente-sept. Elle était née par conséquent en 1572, l'année de la Saint-Barthélemy. Elle apporta en naissant quelque chose d'austère, mais de passionné, de violent. Elle n'avait que six ans; un gentilhomme huguenot lui donne des bonbons, et elle les jette au feu. « Monsieur, voilà comme les hérétiques brûleront en enfer, parce qu'ils ne croient pas ce que Notre-Seigneur a dit. Si vous donniez un démenti au Roi, mon papa vous feroit pendre; qu'est-ce donc de donner tant de démentis à Notre-Seigneur? »

Avec toute sa dévotion et sa passion, c'était un esprit positif. Elle avait très bien gouverné la maison et la fortune de son mari. Elle administra sagement celles de son père et de son beau-père. Elle demeurait chez ce dernier, qui autrement n'eût pas laissé son bien aux jeunes enfants de madame de Chantal.

C'est un enchantement de lire les vives et charmantes lettres par lesquelles s'ouvre la correspondance de saint François de Sales avec « sa chère sœur et sa chère fille ». Rien de plus pur, de plus chaste, mais aussi, pourquoi ne le dirions-nous pas? rien de plus ardent. Il est curieux d'observer l'art innocent, les caresses, les tendres et ingénieuses flatteries dont il enveloppe les deux familles de Frémiot et de Chantal; le père d'abord, le bon président Frémiot, qui, dans sa bibliothèque, commence à faire de pieuses lectures et songe au salut; le frère ensuite, l'ex-conseiller, archevêque de Bourges; il écrit tout exprès pour lui un petit traité sur la manière de prêcher. Il ne néglige nullement le beau-père, le rude baron de Chantal, vieux débris des guerres de la Ligue, qui est la croix de sa belle-fille. Mais de tous, les petits enfants sont ceux auxquels il fait le mieux sa cour; il a pour eux mille tendresses, mille caresses pieuses, telles qu'un cœur de femme, de mère, les eût à peine trouvées. Il prie pour eux, et il veut que ces petits le mettent dans leurs prières.

Une seule personne est difficile à apprivoiser dans cette maison, le confesseur de madame de Chantal. Il faut apprendre, dans cette lutte du directeur contre le confesseur, tout ce qu'il peut y avoir d'adresse, de ménagements habiles, de ruse, dans une ardente volonté. Ce confesseur était un dévot personnage, mais borné, de petit esprit, de petites pratiques. Le saint veut être son ami; il soumet d'avance à ses lumières les conseils qu'il pourra donner. Il rassure habilement madame de Chantal, qui n'était pas sans scrupule sur son infidélité spirituelle, et qui, se sentant sur une pente si douce, craignait d'avoir abandonné la rude voie du salut. Il ménage ce scrupule pour mieux le lever; doit-elle l'avouer au confesseur, il lui fait entendre finement qu'elle peut s'en dispenser.

Il déclare en vrai vainqueur qui n'a rien à craindre, qu'à la différence de l'autre, inquiet, chagrin, jaloux, qui veut être seul obéi, lui, il ne l'oblige à rien, il la laisse tout à fait libre. Nulle obligation, sinon celle de l'amitié chrétienne, dont le lien est appelé par saint Paul le lien de perfection. Tous les autres liens sont temporels, même celui de l'obéissance; mais celui de la charité croît avec le temps; il est exempt du tranchant de la mort. *La dilection est forte comme la mort*, dit le Cantique des Cantiques.

Il lui dit ailleurs, avec beaucoup de naïveté et d'élévation : « Je n'ajoute pas un seul brin à la vérité; je parle devant le Dieu de mon cœur et du vôtre; chaque affection a sa particulière différence d'avec les autres; celle que je vous ai a une certaine particularité qui me console infiniment, et, pour tout dire, qui m'est extrêmement profitable. *Je n'en voulois pas tant dire*, mais un mot tire l'autre, et puis je pense que vous le ménagerez bien. » (14 oct. 1604.)

Dès ce moment, l'ayant toujours présente devant les yeux, il l'associe non seulement à sa pensée religieuse, mais, ce qui étonne, aux actes même du prêtre. C'est généralement avant ou après la messe qu'il lui écrit; c'est à elle, à ses enfants, qu'il pense, dit-il, *au moment de la communion*. Ils font pénitence aux mêmes jours, communient ensemble, quoique séparés; *il l'offre à Dieu, lorsqu'il lui offre son fils*[1].

---

[1]. « Je vous donne et votre cœur de veuve, et vos enfants, tous les jours à Notre-Seigneur, en lui offrant son Fils. » (1ᵉʳ novembre 1605.) — « Le Seigneur sait si j'ai communié sans vous, dès mon départ de votre ville. » (21 novembre 1604.) *Œuvres*, t. VIII, p. 311, 272, etc.

Cet homme rare, en qui une telle union n'altéra jamais un moment la sérénité, put s'apercevoir bientôt que l'âme de madame de Chantal était loin d'être aussi paisible. C'était une nature forte, un cœur profond. Le peuple, la bourgeoisie, les sérieuses familles de robe dont elle sortait, apportaient au monde un esprit plus âpre, mais plus sincère et plus vrai, que les races élégantes et nobles, usées au seizième siècle. Les derniers venus étaient neufs; vous les trouverez partout ardents, sérieux, dans les lettres, dans la guerre, dans la religion; ils donnent au dix-septième tout ce qu'il eut de grave et de saint. Celle-ci, pour être une sainte, n'en avait pas moins des abîmes de passion inconnue.

Ils s'étaient quittés depuis deux mois à peine, lorsqu'elle lui écrivit qu'elle voulait le revoir. Et, en effet, ils se réunirent à moitié chemin, en Franche-Comté, au célèbre pèlerinage de Saint-Claude. Là elle fut heureuse; là elle versa tout son cœur, se confessa à lui pour la première fois, et fit entre ses mains le vœu si doux à déposer en des mains aimées, vœu d'obéissance.

Six semaines ne sont pas passées; elle lui écrit qu'elle voudrait le voir encore. Ce n'est plus qu'orages en elle, que tentations; elle est entourée de ténèbres, de doutes, *même sur la foi;* elle n'a plus de force pour vouloir; elle voudrait voler, hélas! elle n'a pas d'ailes!... Et au milieu de ces choses grandes et tristes, cette grave personne semble un peu enfant; elle aurait envie qu'il ne la nommât plus *Madame,* mais ma sœur, ma fille, comme il l'appelait quelquefois.

Ailleurs elle dit cette parole sombre : « Il y a quelque chose en moi qui n'a jamais été satisfait. » (21 nov. 1604.)

La conduite du saint mérite d'être observée. Cet homme, si fin ailleurs, ne veut entendre ici qu'à moitié. Loin d'attirer madame de Chantal à la vie religieuse qui l'eût mise dans sa main, il essaye de la raffermir dans sa place de mère, de fille, près de ses enfants, près de deux vieillards dont elle est la mère aussi. Il l'occupe de ses devoirs, de ses affaires, de ses dettes à payer. Pour ses doutes, il n'y faut pas réfléchir, ni raisonner. Elle lira parfois de bons livres; comme tels, il lui conseille quelques mauvais traités mystiques. Si l'*ânesse* regimbe (il désigne ainsi la chair, la sensualité), on peut la *flatter* de quelques coups de discipline.

Il paraît avoir très bien senti à cette époque que les rapprochements entre deux personnes si unies de cœur n'étaient pas sans inconvénient. Aux prières de madame de Chantal, il répond avec prudence : « Je suis lié ici pieds et mains; et pour vous, ma bonne sœur, l'incommodité du voyage passé ne vous étonne-t-elle pas? » Ceci est écrit en octobre, à la veille d'une saison assez rude dans le Jura et aux Alpes : « Nous verrons entre ci et Pâques. »

Elle alla à cette époque le voir chez sa mère; puis, se retrouvant seule à Dijon, elle devint fort malade. Occupé de controverse à cette époque, il semblait la négliger. Il écrivait de moins en moins, éprouvant sans doute le besoin d'enrayer dans cette route rapide. Pour elle, toute cette année (1605) se passe violemment entre les tentations et les doutes ; elle ne sait plus à la fin si elle ne va pas s'enterrer aux Carmélites, ou bien se remarier.

Un grand mouvement religieux se faisait alors en France, mouvement peu spontané, très prémédité, très artificiel, mais pourtant immense dans les résultats. Les riches et puissantes familles de robe et de finance, par zèle, par vanité, y donnaient l'impulsion. A côté de l'Oratoire, fondé par le cardinal De Bérulle, une femme singulièrement active et ardente, une sainte engagée dans toute l'intrigue dévote, madame Acarie (la bienheureuse Marie de l'Incarnation) établissait les Carmélites en France, les Ursulines à Paris. L'austérité passionnée de madame de Chantal la poussait aux Carmélites ; elle consultait parfois un de leurs supérieurs, docteur de Sorbonne[1]. Saint François de Sales sentit le péril, et il n'essaya plus de lutter. Il accepta dès lors madame de Chantal. Dans une lettre charmante, il lui donne, au nom de sa mère, sa jeune sœur à élever.

Il semble que, tant qu'elle eut ce cher gage, elle fut un peu plus tranquille ; mais elle le perdit bientôt. Cette enfant, tant aimée et tant soignée, mourut chez elle dans ses bras. Elle ne peut cacher au saint, dans l'excès de sa douleur, qu'elle a demandé à Dieu de

---

1. Cf. saint François, *Œuvres*, VIII, 336, avril 1606 ; et Tabaraud, *Vie de Bérulle*, I, 57, 58, 95, 141.

mourir plutôt; elle a été jusqu'à le prier de prendre à la place un de ses enfants!

Ceci eut lieu en novembre 1607. C'est trois mois après que nous trouvons dans les lettres du saint la première idée de rapprocher enfin de lui une personne si éprouvée, et qui lui semblait d'ailleurs un instrument des desseins de Dieu.

La vivacité extrême, j'allais dire la violence avec laquelle madame de Chantal rompit tout pour suivre une impulsion donnée avec tant de réserve, n'indique que trop tout ce qu'il y avait de passion dans ce cœur ardent. C'était une grande difficulté de laisser là ces deux vieillards, son père, son beau-père, son fils même, qui, dit-on, se coucha sur le seuil de la porte pour l'empêcher de passer. Le bon vieux M. Frémiot fut gagné moins par sa fille que par les lettres du saint qu'elle fit intervenir. Nous avons encore la lettre résignée, mais toute trempée de larmes, où il donne son consentement; cette résignation, au reste, ne semble avoir guère duré. Il mourut un an après.

Voilà donc qu'elle a passé sur son fils et sur son père; elle arrive à Annecy... Que serait-il advenu si le saint n'eût trouvé un aliment à cette puissante flamme qu'il avait trop allumée, plus qu'il ne voulait lui-même?

Le lendemain de la Pentecôte, il l'appelle après la messe : « Eh bien, ma fille, je suis résolu de ce que je veux faire de vous. — Et moi, résolue de vous obéir. » Et elle se jeta à genoux. « Il faut entrer dans

Sainte-Claire. — Me voici toute prête, dit-elle. — Non, vous n'êtes pas assez robuste; il faut être sœur dans l'hôpital de Beaune. — Tout ce qu'il vous plaira. — Ce n'est pas encore ce que je veux; soyez Carmélite. » Il l'éprouva ainsi de plusieurs manières, et il la trouvait toujours obéissante : « Eh bien, dit-il, rien de tout cela... Dieu vous appelle à la Visitation. »

La Visitation n'avait rien de l'austérité des anciens ordres : le fondateur dit lui-même que ce n'était *presque pas une religion*. Nulle pratique gênante, point de veilles, peu de jeûnes, un petit office, de courtes prières, point de clôture (dans les commencements); les sœurs, tout en attendant la visite de l'Époux divin, l'allaient visiter dans ses pauvres, ses malades, qui sont ses membres vivants. Rien n'était mieux combiné pour calmer l'orage intérieur que ce mélange de charité active. Madame de Chantal, qui avait été d'abord une bonne mère de famille, une sage maîtresse de maison, fut heureuse de trouver, jusque dans la vie mystique, l'emploi de ses facultés économiques et positives, de se vouer au détail laborieux de l'établissement d'un grand ordre, de voyager, sous une direction aimée, de fondation en fondation. Ce fut un double trait de sagesse dans le saint; il l'employa, et il l'éloigna.

Avec toute cette prudence, il faut dire que le bonheur de concourir au même but, de fonder ensemble, de créer ensemble, fortifia encore l'attache si forte. Il est curieux de voir comme il resserre le lien en voulant le dénouer. Contradiction touchante : en même temps qu'il lui prescrit de se détacher de celui *qui fut sa nourrice*, il proteste *que cette nourrice ne lui manquera jamais*. Le jour même où il perdit sa mère, il écrit ces fortes paroles : « C'est à vous que je parle, à vous, dis-je, à qui j'ai donné la place de cette mère en mon mémorial de la messe, sans vous ôter celle que vous aviez, car je n'ai su le faire, tant vous tenez ferme ce que vous tenez en mon cœur, et par ainsi, *vous y tenez la première et la dernière !* »

Je ne crois pas qu'un mot plus fort ait jamais échappé au cœur dans un jour plus solennel. Combien dut-il entrer brûlant dans une âme déjà tout endolorie de passion !... Comment s'étonne-t-il après cela qu'elle lui écrive : « Priez Dieu que je ne vous survive pas. » Ne voit-il pas qu'à chaque instant il blesse et ne guérit que pour blesser ?...

Les religieuses de la Visitation, qui ont publié quelques-unes des lettres de leur fondatrice[1], en ont prudemment supprimé beaucoup, qui disent-elles elles-mêmes, « ne sont propres qu'à être serrées dans le cabinet de la charité ». Il en reste encore assez pour voir la profonde blessure qu'elle porta jusqu'au tombeau[2].

---

1. Je n'ai rien lu, dans aucune langue, de plus passionné, de plus combattu, de plus naïf, et pourtant de plus subtil qu'une lettre de madame de Chantal *sur le désir et la souffrance du dépouillement*. On comprend qu'il s'agit d'une âme qui fait effort pour s'arracher sa plus chère affection. — Cette lettre doit à son obscurité sans doute de n'avoir pas été proscrite par les Visitandines. *Lettres* de madame de Chantal, t. I, p. 27, 30. — Cf. une autre lettre de la même, dans les *Œuvres* de saint François, t. X, p. 139, août 1619.

2. Vingt ans après la mort de saint François, l'année même où elle mourut, révérée déjà comme une sainte, elle écrit quelques lettres au sévère abbé de

La Visitation n'étant soutenue, ni par la charité active qu'on lui interdit bientôt, ni par la culture intellectuelle qui avait fait la vie du Paraclet et autres couvents du Moyen-âge, il ne lui restait, ce semble, que l'ascétisme mystique. Mais la modération du fondateur, très conforme à la tiédeur du temps, avait banni du nouvel institut l'austérité des anciens ordres, ces pratiques cruelles qui tuaient les sens en tuant le corps même. Donc, ni activité, ni étude, ni austérité. Dans ce vide, deux choses apparurent dès l'origine : d'une part, le petit esprit, le goût des petites pratiques, des dévotions bizarres; ainsi madame de Chantal se tatoua le sein du nom de Jésus. D'autre part, un attachement sans règle, borne ni mesure, pour le directeur.

En tout ce qui concerne saint François de Sales, la sainte se montre très faible ; après sa mort, elle délire, et se laisse maîtriser aux rêves, aux visions. Elle croit, dans les églises, aux parfums célestes qu'elle seule a sentis, reconnaître la chère présence. Elle lui porte sur son tombeau un petit livre composé de tout ce qu'il a écrit ou dit sur la Visitation, « le priant que, s'il y avoit quelque chose contre ses intentions, il voulût bien l'effacer ».

En 1631, dix ans après la mort de saint François de Sales, on ouvrit solennellement son tombeau et l'on

---

Saint-Cyran, alors prisonnier à Vincennes, et c'est pour s'entretenir encore avec lui du cher souvenir. *Lettres chrestiennes et spirituelles de Jean du Vergier de Hauranne*, abbé de Saint-Cyran, 1645, in-4°, t. I, p. 53-86. Le plus austère des hommes semble un moment touché et attendri.

trouva son corps tout entier. « Il fut posé dans la sacristie du monastère, où, sur les neuf heures du soir, le monde s'étant retiré, elle y mena sa communauté, et se mit en oraison près du corps *dans une extase d'amour et d'humilité...* Comme il étoit défendu d'y toucher, elle fit un acte signalé d'obéissance en s'abstenant de lui baiser la main. Le lendemain matin, en ayant obtenu la permission, elle se baissa pour faire porter la main du Bienheureux sur sa tête, lequel, comme s'il eût été en vie, l'étendit et la serra par une paternelle et tendre caresse ; elle sentit très sensiblement ce mouvement surnaturel... On garde aujourd'hui comme une double relique le voile qu'elle portoit alors. »

Que d'autres soient embarrassés ici pour trouver le vrai nom de ce sentiment respectable, qu'une fausse réserve les arrête; qu'ils l'appellent amour filial, amour fraternel. Nous, nous le nommerons simplement d'un nom que nous croyons saint ; nous l'appellerons l'amour.

Nous devons croire le saint lui-même, quand il affirme que ce sentiment contribua puissamment à son progrès spirituel. Toutefois, ceci ne suffit pas. Il faut voir quel en fut l'effet sur madame de Chantal.

Toute la doctrine qu'on pourrait tirer des écrits de saint François, parmi beaucoup d'excellents conseils pratiques, se résumerait pourtant par ces mots : *Aimer, attendre.*

Attendre la visitation de l'Époux divin. Loin de

conseiller l'action ou la volonté d'agir, il craint même le mouvement, jusqu'à exclure le mot d'*union* avec Dieu, qui impliquerait un mouvement pour s'unir ; il veut que l'on dise : *unité*, il faut rester dans l'*amoureuse indifférence*... « Je veux peu de chose, dit-il ; ce que je veux, je le veux fort peu. Je n'ai presque point de désirs ; mais, si j'étois à renaître, je n'en aurois point du tout. Si Dieu venoit à moi, j'irois aussi à lui ; *s'il ne vouloit pas à venir à moi*, je me tiendrois là *et n'irois pas à lui.* »

Cette absence de désirs exclut jusqu'au désir de la vertu. C'est le dernier terme où le saint paraît arriver peu de temps avant sa mort. Il écrit le 10 août 1619 : « Dites que vous renoncez à toutes les vertus, n'en voulant qu'à mesure que Dieu vous les donnera, ni *ne voulant avoir aucun soin de les acquérir*, qu'à mesure que sa bonté vous emploiera à cela pour son bon plaisir. »

Si la volonté propre disparaît à ce point, qui prendra la place ? La volonté de Dieu apparemment... Seulement, n'oublions pas que si ce miracle se fait, il en résultera un état d'inaltérable paix, d'immuable force. A ce signe, à nul autre, nous devons le reconnaître.

Madame de Chantal nous apprend elle-même que l'effet fut tout contraire. Quoiqu'on ait habilement arrangé sa vie, mutilé ses lettres, il en reste assez pour voir dans quel orage de passion elle a passé ses jours. La vie tout entière, une longue vie, tout occupée de soins positifs, de fondations, d'administration, ne fait rien pour la calmer; le temps l'use et la détruit, sans rien changer au martyre intérieur. Elle finit par cet aveu dans ses derniers jours : « Toutes les peines que j'ai souffertes pendant le cours de ma vie n'ont point été comparables aux tourments que j'endure maintenant, étant réduite à tel point que rien ne me peut contenter, ni donner aucun soulagement, sinon ce seul mot, *la mort...* »

Je n'avais pas besoin qu'elle le dît; je l'aurais trouvé sans elle. Cette culture exclusive de la sensibilité, quelques vertus qui puissent l'ennoblir, a l'infaillible résultat de troubler l'âme, de la rendre faible et souffrante au dernier degré. Ce n'est pas impunément qu'on absorbe dans l'amour la volonté, qui fait la force de l'homme, la raison, qui fait sa paix.

J'ai parlé ailleurs [1] des rares, mais très beaux exemples que donna le Moyen-âge dans ses doctes religieuses, qui associèrent ensemble la science et la piété. Ceux qui les formèrent ainsi ne craignirent pas apparemment de développer en elles la raison et la volonté. La science rend l'âme inquiète, dit-on, et, trop curieuse, elle nous éloigne de Dieu... Comme s'il y avait une science qui ne fût en lui, comme si la lumière divine réfléchie dans la science n'avait pas une vertu de sérénité, une puissance pour calmer les cœurs, leur communiquant la paix des vérités éter-

---

1. Dans un fragment sur l'*Éducation des femmes au Moyen-âge*, réimprimé à la suite de mon *Introduction à l'Histoire universelle*, 3ᵉ édition, 1844.

nelles, des indestructibles lois qui seront encore quand les mondes auront fini.

Dans tout ceci, qui accusé-je ? l'homme ? A Dieu ne plaise ! la méthode seulement.

Cette méthode, qu'on a appelée *quiétisme* lorsqu'on l'a réduite en système, et qui, comme on le verra tout à l'heure, est celle en général de la *direction dévote*[1], n'est autre chose que le développement de notre passivité, de nos instincts d'inertie ; le résultat, à la longue, c'est la paralysie de la volonté, l'anéantissement de ce qui constitue l'homme même.

Saint François de Sales était, ce semble, l'un de ceux qui pouvaient le mieux conserver la vie dans un système de mort. Ce n'en est pas moins lui, si loyal et si pur, qui introduit le système à cette époque. Il ouvre au dix-septième siècle la porte des voies passives.

Nous sommes à l'aube du siècle, dans la fraîcheur du matin, et la brise souffle des Alpes. Voyez pourtant, madame de Chantal défaille et respire à peine... Que sera-ce donc le soir ?

Le bon saint homme, dans une lettre charmante, se représente un jour sur le lac de Genève, « en une petite barquette », conduit par la Providence, bien obéissant « au nocher qui défend de remuer, et bien aise de n'avoir pour appui qu'un ais de trois doigts ». Le siècle est embarqué avec lui, et, sous cet aimable

---

[1]. Tellement inhérente à la *direction dévote*, que vous la retrouvez dans les adversaires mêmes du quiétisme. Voy. les *Lettres de Bossuet* aux religieuses qu'il dirigeait.

guide, il vogue aux écueils; ces eaux profondes, vous le reconnaîtrez plus tard, sont celles du quiétisme; et si votre œil est pénétrant, dans ce transparent abîme vous verrez déjà Molinos[1].

[1]. Le principe est le même chez saint François de Sales et tous les quiétistes, à quelque degré qu'ils le soient; c'est l'*anéantissement de la volonté* posé comme *idéal de perfection*. Saint François ne recommande pas l'anéantissement pour état *habituel* de l'âme; les autres veulent que cet état, qui est celui de perfection, devienne *habituel*, s'il se peut (Fénelon), ou même *perpétuel* (Molinos). Voy. plus bas, p. 126. — Bossuet cherche et trouve dans saint François quelques passages contraires à sa doctrine générale; ils prouvent seulement que le saint n'est pas conséquent.

CHAPITRE III

Isolement de la femme. Dévotion aisée. Théologie mondaine des jésuites et de Rome. La femme et l'enfant exploités. Guerre de Trente-Ans (1618-1648). — Dévotion galante. Romans dévots. Casuistes.

Jusqu'ici nous avons parlé d'une rare exception, d'une vie de femme pleine d'œuvres, et doublement remplie, vie de sainte et de fondatrice, mais d'abord vie d'épouse, de mère de famille, de sage maîtresse de maison. Les biographes de madame de Chantal remarquent comme chose singulière qu'elle ait, mariée et veuve, conduit elle-même sa maison, gouverné ses gens, administré le bien de son mari, de son père et de ses enfants.

Cela, en effet, devient rare alors. Le goût du *ménage* et des soins domestiques que nous trouvons partout au seizième siècle, principalement dans les familles de robe et de bourgeoisie, perd beaucoup au dix-septième; chacun veut vivre *noblement*. Le désœuvrement est un goût de l'époque qui sort aussi de la situation. La société entière est désœuvrée le lendemain des guerres de religion; toute action locale a cessé, et la vie centrale, celle de cour, commence à peine. La noblesse a fini ses aventures, pendu l'épée au clou ; le bourgeois n'a plus rien à faire, plus de complots, d'émeutes, de processions armées. L'ennui de ce désœuvrement pèsera spécialement sur la femme ; elle va se trouver tout à la fois inoccupée et isolée. Au seizième siècle, elle était en communication avec l'homme par les grandes questions qui se débattaient dans la famille même, par les périls communs, par les craintes et les espérances. Rien de tout cela au dix-septième siècle.

Ajoutez une chose grave qui risque fort d'augmenter dans les temps qui vont suivre ; c'est que dans chaque profession, l'esprit de spécialité, de détail qui, peu à peu, absorbe l'homme, a cet effet de l'isoler dans la famille, de le rendre en quelque sorte muet pour sa femme et pour les siens. Il ne leur communique plus sa pensée de chaque jour ; ils ne pourraient rien comprendre aux minuties difficiles, aux petits problèmes techniques qui remplissent son esprit.

Mais au moins la femme a-t-elle ses enfants pour la consoler ? Non ; au temps qui nous occupe, la maison, silencieuse et vide, n'est plus avivée du bruit des enfants ; l'éducation de famille devient une exception ; elle cède chaque jour à la mode de l'éducation collective. Le fils est élevé aux jésuites, la fille aux ursulines ou chez d'autres religieuses. La mère reste seule.

La mère et le fils désormais séparés ! mal immense, qui contient en germe mille maux pour la famille, pour la société !... J'y reviendrai ailleurs.

Non seulement séparés ; mais, par l'effet d'une vie toute contraire, ils seront de plus en plus opposés d'esprit, de moins en moins capables de s'entendre. L'enfant, petit savant en *us;* la mère, ignorante et mondaine. Plus de langue commune entre eux.

La famille dissoute ainsi sera bien plus ouverte aux influences du dehors. La femme et l'enfant, une fois séparés, sont plus aisés à prendre ; seulement on y emploie des moyens différents. L'enfant est dompté, brisé par l'accablement des études ; il faut qu'il écrive, écrive, qu'il copie, copie ; au plus, qu'il traduise, imite. La mère, au contraire, c'est par l'excès du vide et de l'ennui qu'on aura prise sur elle. La dame de château est seule au château ; le mari est à la chasse, à la cour. Madame la présidente est seule dans son hôtel, monsieur part le matin pour le Palais et revient le soir ; triste hôtel dans le Marais ou la Cité, une grande maison grise dans une noire petite rue.

La dame, au seizième siècle, charmait son oisiveté par le chant, souvent par les vers. Au dix-septième siècle, on lui interdit les chansons mondaines ; quant aux chants religieux, elle s'en abstient bien, mieux encore. Chanter un psaume ! ce serait se déclarer protestante ! Que lui reste-t-il donc ? rien que la dévotion galante, la conversation du directeur ou de l'amant.

Le seizième siècle, avec ses mœurs violentes et sa fluctuation d'idées, allait vivement, par saccades, de la galanterie à la dévotion, de Dieu au Diable ; il alternait brusquement entre le plaisir et la pénitence.

Au dix-septième, on est bien plus habile, grâce aux progrès de l'équivoque, on peut mener de front les deux choses, mêler les deux langages, parler amour et dévotion tout ensemble. Si vous écoutiez, témoin invisible, la conversation des belles ruelles, vous ne sauriez pas toujours distinguer qui parle, de l'amant ou du directeur.

Pour s'expliquer le succès singulier du dernier, il ne faut pas oublier la situation morale du temps, l'état de conscience inquiet et perplexe où tout le monde se trouvait le lendemain d'une époque aussi passionnée que celle des guerres de religion. Dans le triste loisir qui commençait, dans la nullité du présent, le passé revenait vivace et les souvenirs d'autant plus importuns. Pour beaucoup d'esprits, pour les faibles et orageuses âmes de femmes surtout, se réveillait la question terrible du salut et de la damnation.

Toute la fortune des jésuites, la confiance que leur donnèrent les grands, les belles dames, tinrent à la réponse adroite qu'ils trouvèrent à cette question. Un mot donc là-dessus qui est indispensable.

Qui peut nous sauver?... Le *théologien* d'une part, de l'autre le *juriste* ou le philosophe, font à cette question des réponses opposées.

Le *théologien*, s'il est vraiment tel, fait la part la plus grande au christianisme et répond : « C'est la grâce de Christ qui nous tient lieu de justice [1] et sauve

---

[1]. C'est, à des degrés différents, la réponse commune des défenseurs de la Grâce, protestants, jansénistes, thomistes, etc. Mettez en face toutes les nuances du parti opposé, les jurisconsultes de l'Antiquité et du Moyen-âge, les hérétiques, pélagiens et semi-pélagiens, les philosophes modernes.

qui elle veut. Quelques-uns sont prédestinés au salut, le grand nombre à la damnation. »

Le *juriste* répond au contraire que nous sommes punis ou récompensés selon l'emploi bon ou mauvais que nous faisons librement de notre volonté; nous sommes payés selon nos œuvres, selon la justice.

Voilà l'éternel procès du juriste et du théologien, de la justice et de la prédestination.

Pour mieux se figurer l'opposition des deux principes, qu'on se représente une montagne à deux pentes, et la crête étroite et tranchante, un fil de rasoir. D'une part, la prédestination qui damne; de l'autre, la justice qui frappe... deux terreurs... Au sommet, le pauvre homme un pied sur une pente, un pied sur l'autre, toujours près de glisser.

Et la peur de glisser, quand fut-elle plus forte qu'après ces grands crimes du seizième siècle, quand l'homme se trouvait si lourd et perdait l'équilibre? On sait l'effroi de Charles IX après la Saint-Barthélemy; il mourut faute d'un confesseur jésuite. Jean III de Suède, qui avait tué son frère, n'en mourut pas; sa femme eut soin de faire venir le bon P. Possevino, qui le blanchit et le fit catholique.

Le moyen que les jésuites employèrent pour tranquilliser les consciences surprend fort au premier aspect[1]. Ils adoptèrent, avec adresse et ménagement, mais enfin ils adoptèrent le principe des juristes, à

---

1. C'est la tentative éclectique de Molina : *Concordia*, etc.

savoir : *que l'homme est sauvé ou perdu par ses œuvres, par l'emploi qu'il fait de son libre arbitre.*

Doctrine libérale, mais sévère, ce semble : vous êtes libre, partant responsable, punissable. Vous péchez, et vous expiez.

Le jurisconsulte, qui ne plaisante pas, veut ici une expiation sérieuse, personnelle au coupable : « Qu'il apporte sa tête, dit-il ; la loi le guérira par le fer de la maladie de l'iniquité. »

Il vaut mieux que nous allions trouver le jésuite, nous en serons quittes à meilleur marché[1]. L'expiation avec lui n'a rien d'effrayant. D'abord, il prouvera souvent qu'il n'y a rien à expier. La faute, bien interprétée, deviendra peut-être un mérite. Au pis, si elle reste faute, elle sera lavée par de bonnes œuvres ; or, de toutes, la meilleure c'est de se vouer aux jésuites, à l'intérêt ultramontain.

Sentez-vous tout ce qu'il y eut d'habile dans cette tactique des jésuites? D'une part, la doctrine de liberté et de justice que le Moyen-âge avait toujours reprochée aux jurisconsultes comme païenne, comme inconciliable avec le christianisme, les jésuites l'adoptent et se présentent au monde comme amis et champions du libre arbitre.

D'autre part, ce libre arbitre, entraînant responsabilité et justice selon les œuvres, le pécheur en est

---

[1]. Analogues en spéculation, ils diffèrent en pratique. Le juriste maintient la pénalité, et le jésuite supprime la pénitence. Voilà l'amorce réelle, *le petit poisson qui sert à prendre les gros,* selon l'emblème expressif : *Imago primi sæculi Societatis Jesu.*

fort embarrassé! Le jésuite arrive à point pour l'en soulager, il se charge de diriger cette liberté incommode, et réduit les œuvres à l'œuvre capitale de servir Rome. En sorte que la liberté morale, professée théoriquement, va tourner, en pratique, au profit de l'autorité.

Double mensonge. Ces gens qui s'intitulent jésuites, hommes de Jésus, enseignent que l'homme est sauvé moins par Jésus que par lui, par son libre arbitre. Ce sont donc des philosophes, des amis de la liberté ? tout au contraire, les plus cruels ennemis de la liberté et de la philosophie.

C'est-à-dire qu'avec le mot de *libre arbitre*, ils escamotent Jésus, sauf à escamoter avec le mot de *Jésus* la liberté qu'ils mettaient en avant.

La chose se simplifiant ainsi des deux parts, une sorte de marché tacite se fit entre Rome, les jésuites et le monde.

Rome livra le *christianisme*, le principe qui en fait le fond (le salut par le Christ). Mise en demeure de choisir entre cette doctrine et la contraire, elle n'osa décider[1].

Les jésuites livrèrent la *morale* après la religion, réduisant les mérites moraux par lesquels l'homme fera son salut, à un seul, au mérite politique dont nous avons parlé, celui de servir Rome.

Le monde, que livra-t-il, en revanche ?

Le monde (la partie du monde éminemment mon-

---

1. Les jésuites obtinrent qu'on imposerait silence aux deux partis, c'est-à-dire que Rome ferait taire Molina et saint Thomas.

daine, la femme) livra ce qu'il a de meilleur, la famille et le foyer. Ève trahit encore Adam, la femme l'homme, son mari, son fils.

Ainsi chacun vendit son Dieu. Rome vendit la religion, et la femme vendit la religion domestique.

Ces faibles âmes de femmes, après la grande corruption du seizième siècle, incurablement gâtées, pleines de passion et de peur, de mauvais désirs parmi les remords, saisirent avidement ce moyen de pécher en conscience, d'expier sans s'amender, sans amélioration ni retour vers Dieu. Elles furent heureuses de recevoir au confessionnal, pour toute pénitence, un mot d'ordre politique, une direction d'intrigue. Elles portèrent dans cette étrange manière d'expier, la violence même des passions coupables qu'il s'agissait d'expier; et pour ne pas rester dans le péché, elles firent souvent des crimes[1].

La passion féminine, mobile dans tout le reste, fut soutenue ici par l'obstination virile de la main mystérieuse qui se cachait derrière elle. Sous cette action, à la fois molle et forte, ardente et persévérante, immuable comme le fer, et fondante comme le feu, les caractères, les intérêts même, cédèrent à la longue.

Quelques exemples aideront à comprendre.

En France, le vieux Lesdiguières avait un grand intérêt politique à rester protestant : comme tel, il

---

1. Voy., dans Léger, le vaste système d'espionnage, d'intrigue, de persécution secrète, que les grandes dames du Piémont et de France avaient organisé sous la direction des jésuites.

était le premier homme du parti. Roi du Dauphiné plutôt que gouverneur, il donnait la main aux Suisses, protégeait les populations romanes et vaudoises contre la maison de Savoie. Mais la fille de Lesdiguières est gagnée par le P. Cotton. Elle travaille habilement, patiemment son père et finit par lui faire abandonner cette grande position pour un titre vide, et changer sa religion contre le nom de connétable.

En Allemagne, le caractère de l'empereur Ferdinand Ier, son intérêt, son rôle, c'était de rester modéré et de ne point se subordonner à son neveu Philippe II. Dans la violence et le fanatisme, il ne lui restait que la seconde place à prendre ; mais les filles de l'empereur travaillèrent si bien, que la maison d'Autriche s'unit par mariage aux maisons de Lorraine et de Bavière. Les enfants de ces maisons étant élevés par les jésuites[1], ceux-ci renouèrent en Allemagne le fil brisé de la destinée des Guises, et ils firent mieux cette fois que les Guises, ils firent à leur usage des instruments aveugles, des ouvriers en diplomatie, en tactique, ouvriers habiles certainement, mais purs ouvriers. Je parle de cette dure et dévote génération des Ferdinand II d'Autriche, des Tilly, des Maximilien de Bavière, ces consciencieux exécuteurs des hautes œuvres de Rome, qui, sous la direction de leurs pédagogues, promenèrent si longtemps par l'Europe une guerre barbare et savante, impitoyable et méthodique. Les jésuites les y lan-

---

1. Voy. Ranke, *Papauté;* Dorigny, *Vie du P. Canisius;* et surtout P. P. Wolf, *Geschichte Maximilians*, I, 58, 95.

cèrent, et ils les y surveillèrent ; sur les champs couverts de morts, le jésuite trottait sur sa mule près du cheval de Tilly.

L'horreur de cette vilaine guerre, la plus laide qui fut jamais, c'est que la libre inspiration, l'élan spontané, y paraissent à peine. Dès son commencement, elle est artificielle et mécanique[1] ; c'est comme un combat de machines ou de fantômes. Ces êtres étranges, créés pour combattre un jour, marchent sans cœur et l'œil vide. Comment s'entendre avec eux ? quelle parole leur adresser ? quelle pitié peut-on en attendre ?... Dans nos guerres de religion, dans celles de la Révolution, c'étaient des hommes qui combattaient ; chacun mourait pour son idée, et, tombant sur le champ de bataille, s'enveloppait de sa foi. Ceux de la Guerre de Trente-Ans n'ont point de vie personnelle, point d'idée qui leur soit propre ; leur souffle n'est autre que celui du mauvais génie qui les pousse. Ces automates, de plus en plus aveugles, n'en sont pas moins acharnés. Nulle histoire ne ferait comprendre ce phénomène abominable, s'il n'en restait quelque image dans les peintures maudites de ce damné Salvator[2].

Voilà donc ce fruit de douceur, de bénignité, de paternité ; voilà comme, ayant d'abord par indulgence et connivence exterminé la morale, ayant sur-

---

[1]. En exceptant, bien entendu, le moment électrique de Gustave-Adolphe.
[2]. Le mot est dur, j'y ai regret. Si ce grand artiste peint si cruellement la guerre, c'est qu'il eut sans doute plus de cœur qu'aucun des contemporains, et qu'il sentit mieux l'horreur de cette terrible époque.

pris la famille, fasciné la mère et conquis l'enfant, ayant par un art du diable élevé l'*homme-machine*, on se trouva avoir créé un monstre, qui pour toute idée, toute vie, toute action, eut le *meurtre*, rien de plus.

Sages politiques, hommes aimables, bons pères, qui, avec tant de douceur, avez savamment et de loin arrangé la Guerre de Trente-Ans[1], séduisant Aquaviva, savant Canisius, bon Possevino, ami de saint François de Sales, qui n'admirerait la flexibilité de votre génie? Tout en organisant la terrible intrigue de cette longue Saint-Barthélemy, vous discutiez avec le bon saint la différence qu'il faut faire de ceux « qui moururent *en amour*, et de ceux qui moururent *d'amour*. »

De ces douces théories à ces résultats atroces, quel fut le chemin? Comment les âmes, énervées par la dévotion galante et la galanterie dévote, gâtées par les facilités quotidiennes d'une casuistique obligeante, se laissèrent mener endormies aux fils de la politique[2]? Ce serait une longue histoire. Pour la faire, il faut s'établir dans cette littérature nauséa-

---

1. Voy., spécialement dans Ranke, comment Aquaviva s'empara de l'esprit du jeune Maximilien de Bavière, qui devait jouer un si grand rôle dans la Guerre de Trente-Ans.

2. La facilité étonnante que l'on trouva d'abord dans cette grande entreprise doit-elle s'expliquer par le génie des meneurs? Vraiment je ne le crois pas. L'esprit d'intrigue, une certaine adresse diplomatique, patiente et rusée, est-ce le génie? Les jésuites célèbres du temps, ceux qui eurent le plus de succès dans les affaires, si nous les jugeons par ce qui reste d'eux, furent d'insipides écrivains, de lourds pédants ou des beaux esprits grotesques. M. Ranke, avec son impartialité bienveillante, énumérant les héros des deux partis dans ce combat de l'esprit humain, voudrait trouver un grand nom pour mettre en face de Shakespeare; il cherche, et trouve Baldus.

bonde, en pleine boue... Qui le fera sans mal de cœur ?

Un mot seulement, essentiel : c'est que, tout préparé que le monde pouvait être, par les mauvaises mœurs et le mauvais goût, aux tristes productions dont l'inondaient les jésuites, tout ce torrent d'eau fade eût passé sans laisser trace s'ils n'y eussent mêlé quelque chose de l'aimable original qui avait enlevé les cœurs. Le charme de saint François de Sales, sa belle union spirituelle avec madame de Chantal, la sainte et douce séduction qu'il avait exercée sur les femmes et les enfants, servirent d'une manière indirecte, mais très efficace, la grande intrigue religieuse.

Avec la petite morale et l'absolution au rabais, les jésuites pouvaient bien corrompre les consciences, mais non pas les rassurer. Ils pouvaient jouer plus ou moins habilement du riche instrument de mensonge que leur institut leur donnait, jouer la science, jouer l'art, la littérature, la théologie ; mais, de toutes ces touches fausses, tirer un son juste ? non !

Ce son juste et doux, c'est précisément saint François qui le leur donna. Ils n'eurent qu'à jouer d'après lui, pour rendre le faux un peu moins discordant. Les aimables qualités de ses livres, leurs jolis défauts, furent habilement exploités. Son goût pour la petitesse et l'humilité qui lui fait regarder de préférence les moindres de la création, les petits enfants, les petits oiseaux, les petits moutons, les abeilles, autorisa chez les jésuites le minutieux, l'étroit, les bassesses du style, les petitesses du cœur. Les innocentes hardiesses d'un ange pur comme la lumière, qui sans cesse montre Dieu dans sa plus douce révélation, dans la femme, dans l'allaitement, dans les divins mystères d'amour, elles enhardirent ses imitateurs aux plus scabreuses équivoques, et les firent avancer si loin dans ce jour douteux, qu'entre la galanterie et la dévotion, l'amant et le père spirituel, la ligne devint insensible.

L'ami de saint François de Sales, le bon évêque Camus, avec tous ses petits romans, aida beaucoup à cela. Ce ne fut plus que pieuses bergeries, Astrées dévotes, Amintes ecclésiastiques[1]. La conversion sanctifie tout, je le sais, dans ces romans. Les amants finissent toujours par le couvent ou le séminaire; mais ils y vont par un bien long circuit, qui fait rêver en chemin.

Le goût du romanesque[2], du fade, du genre bénin et paterne, gagna ainsi aisément. Les innocents se trouvèrent avoir travaillé pour les habiles. Un saint François, un Camus, firent la route au père Douillet.

L'essentiel pour les jésuites, c'était d'affaiblir, d'amoindrir, de rendre les âmes faibles et fausses,

---

1. Dans l'*Alexis*, Camus s'excuse de faire des romans; c'est pour remplacer les romans mondains : « Il a fait comme ces nourrices qui prennent médecine pour purger leur nourrisson. » L'exemplaire de la Bibliothèque de l'Arsenal est curieux pour ses notes manuscrites.

2. Pour le goût du romanesque, ceux d'aujourd'hui n'ont pas dégénéré. Le dernier éditeur de saint François voudrait avoir, pour écrire l'histoire du saint et de madame de Chantal, « la plume qui traça la mort d'Atala et les chastes amours de Cymodocée ». (T. I, p. 243.) Édition dédiée à monseigneur l'archevêque de Paris. L'idéal de l'ineptie en ce genre est la *Vie de la Vierge*, par l'abbé Orsini.

de faire les petits très petits, et les simples idiots ; une âme nourrie de minuties, amusée de brimborions, devait être facile à conduire. Les emblèmes, les rébus, les calembours moraux, où se plaisaient les jésuites, étaient très propres à cela. En fait d'emblèmes ineptes, peu de livres rivalisent avec l'*Imago primi sæculi Societatis Jesu.*

Toutes ces petites sottises réussissaient à merveille chez les femmes désœuvrées, en qui l'esprit était faussé de longue date par la galanterie sans idées. Pour leur plaire, en tous les temps, il n'a fallu que deux choses : premièrement les amuser, partager leur goût pour le petit, le romanesque et le faux ; secondement, les flatter, les gâter, dans leurs faiblesses, en se faisant plus faible, plus mol, plus femme qu'elles.

Voilà la route tracée pour tous. Comment l'amant prime-t-il le mari ? moins par la passion, le plus souvent, que par l'assiduité et la complaisance, en flattant la fantaisie. Eh bien ! le directeur n'emploiera pas d'autres moyens ; il flattera, et avec d'autant plus de succès qu'on attendait de son caractère, de sa robe, quelque austérité !... Mais qui empêche qu'un autre ne flatte encore plus ? Nous avons vu tout à l'heure un exemple (respectable, il est vrai) de ces infidélités spirituelles. De confesseur en confesseur, plus doux, plus indulgents les uns que les autres, nous risquons de tomber bien bas. Pour l'emporter à la fin sur tant de directeurs commodes, il faut un degré tout nouveau de mollesse et de lâcheté. Il faut que le nouveau venu renverse les rôles, que de juge qu'il était au tribunal de la pénitence, il devienne suppliant, que la justice s'excuse au pécheur, que Dieu se mette à genoux !...

Les jésuites, qui par ces moyens écartèrent tant de directeurs, se rendent le témoignage que dans ce genre de concurrence ils n'avaient personne à craindre. En molle indulgence, en connivence déguisée, en subtilité pour attraper Dieu, ils savaient parfaitement que jamais on ne trouverait mieux qu'un directeur jésuite. Le P. Cotton craignait si peu que ses pénitentes le quittassent, qu'au contraire il leur conseillait d'aller parfois aux autres confesseurs : « Allez, allez, disait-il ; tâtez-en, vous me reviendrez[1]. »

Qu'on se figure entre les confesseurs, directeurs, casuistes consultants, cette émulation générale pour tout justifier, pour trouver chaque jour quelque adroit moyen d'aller plus loin dans l'indulgence, d'innocenter tel cas nouveau qu'on croyait jusque-là coupable. Le résultat de cette guerre au péché, poussée à l'envi par tant de savants hommes, c'était qu'il disparût peu à peu de toute la vie humaine ; le péché ne savait plus où se réfugier, et l'on pouvait croire que dans un certain temps il n'y en aurait plus au monde.

Le grand livre des *Provinciales*, avec tout l'artifice de sa méthode, laisse pourtant une chose à regretter. En donnant la concordance des casuistes, l'auteur les

---

1. Voy. à ce sujet la singulière fatuité du jésuite Fichet, le mépris avec lequel il parle du premier directeur de madame de Chantal, qui était trop jaloux d'elle ; il va jusqu'à l'appeler : « Ce berger... » (P. 123-135).

présente en quelque sorte sur la même ligne, et comme contemporains. Il eût été bien autrement instructif de les dater, de rendre à chacun d'eux selon son mérite, dans le développement progressif de la casuistique, de montrer comment ils allèrent perfectionnant, enchérissant l'un sur l'autre, se surpassant, s'effaçant.

Dans une si grande concurrence, il leur fallait bien faire effort et s'ingénier. Le pénitent ayant à choisir, pouvait être difficile. Chaque jour, il lui fallait l'absolution à meilleur compte ; qui ne savait pas baisser, perdait la pratique. C'était l'affaire d'un habile homme de trouver dans un tel relâchement de quoi relâcher encore. Belle science, élastique et facile, qui au lieu d'imposer des règles, se proportionnait, se faisait étroite ou large, et prenait mesure... Chaque progrès de ce genre, étant soigneusement noté, servait de point de départ pour aller plus loin.

Dans les pays une fois devenus fiévreux, la fièvre engendre la fièvre ; l'habitant malade négligeant les soins de salubrité, la vase monte sur la vase, les eaux s'épandent en marais, les miasmes épaississent ; un air tiède, fade et lourd pèse sur le pays. Les gens se traînent ou se couchent. Ne leur parlez pas d'y rien faire ; ils sont habitués à la fièvre ; ils l'ont depuis leur naissance ; leurs pères l'ont eue. Pourquoi des remèdes ? L'état du pays est tel de temps immémorial ; ce serait presque dommage, suivant eux, de rien changer.

CHAPITRE IV

Les couvents. Quartier des couvents. Couvents du dix-septième siècle. Contraste du Moyen-âge. — Le directeur. On se dispute la direction des religieuses. Les jésuites vainqueurs par la calomnie.

Une dame allemande, naïve et spirituelle, me contait un jour qu'étant venue pour la première fois à Paris avec son mari, ils avaient longtemps erré dans un grand quartier fort triste, où ils firent une infinité de tours et détours, sans pouvoir trouver leur chemin. Entrés par un jardin public, ils trouvèrent à la longue un autre jardin public qui les ramena au quai. Je compris qu'elle parlait du docte et pieux quartier qui contient tant de couvents et de collèges, et qui du Luxembourg s'étend au Jardin des Plantes.

« Je voyais, disait cette dame, des rues entières de jardins, bordées de grands murs qui rappellent les quartiers déserts de Rome où règne la *malaria*, avec cette différence que ceux-ci n'étaient pas déserts, mais mystérieusement habités, clos, défiants, inhospitaliers. D'autres rues, très sombres, étaient comme enterrées entre deux rangs de hautes maisons grises qui ne regardent pas la rue, et qui par dérision montrent des croisées... murées, ou bien des jalousies rivées, tournées à l'envers, qui voient et ne voient pas. Nous demandâmes plusieurs fois notre chemin, et souvent on nous l'indiqua ; mais je ne sais comment, après avoir monté, descendu, remonté, nous en étions au même point. L'ennui, la fatigue augmentaient... Nous retrouvions invinciblement, fatalement, les mêmes rues tristes, les mêmes maisons sombres, sournoisement closes, qui nous regardaient d'un œil louche. Épuisée à la longue et n'y voyant aucune fin, dominée de plus en plus par je ne sais quel ennui qui transpirait de ces murs, je m'assis sur une borne, et je me mis à pleurer. »

L'ennui, c'est effectivement ce qui prend et affadit le cœur, à regarder seulement ces disgracieuses maisons ; les plus gaies sont des hôpitaux. Bâties pour la plupart, ou rebâties au commencement du dix-septième siècle, dans le solennel ennui des temps de Louis XIII et de Louis XIV, elles n'ont rien qui rappelle l'art aimable de la Renaissance ; le dernier souvenir qui en reste, c'est la façade florentine du Luxembourg. Toutes ces maisons qu'on fait plus tard, même celles qui affectent un certain luxe sévère (par exemple la Sorbonne), sont grandes parfois, jamais grandioses. Avec leurs hauts toits pointus, leurs lignes rigides, elles ont toujours l'air sec, triste, monotone, l'*air prêtre*, ou l'*air vieille fille*. En quoi elles ne mentent guère, la plupart ayant été bâties pour loger les filles innombrables de la noblesse, de la bourgeoisie vivant noblement, qui s'en débarrassaient ainsi ; pour faire un fils riche, on envoyait là les sœurs mourir tristement, décemment.

Les monuments du Moyen-âge sont mélancoliques, mais non ennuyeux ; on y sent la force et la sincérité du sentiment qui les éleva ; ce ne sont pas, pour la plupart, des monuments officiels, mais des œuvres vivantes du peuple, les fils de sa foi. Ceux-ci, au contraire, ne sont autre chose que la création d'une classe, de la classe nobiliaire qui pullulait au dix-septième siècle par la domesticité, l'antichambre et les bureaux. Ce sont des hospices ouverts aux filles de ces familles. Leur grand nombre nous fait illusion sur la force et l'étendue de la réaction religieuse de ce temps. Regardez-les bien, et dites-moi, je vous prie, si vous y voyez la moindre trace du vieil ascétisme ; sont-ce des maisons religieuses ou bien des hôpitaux, des casernes ou des collèges ? rien ne l'indique. Ils seront parfaitement propres aux divers usages civils. Ils n'ont qu'un caractère, mais bien arrêté : l'uniformité sérieuse, la médiocrité décente, l'ennui... C'est l'ennui réalisé sous forme architecturale, l'ennui palpable, l'ennui tangible et visible.

Ce qui multiplia infiniment ces maisons, c'est que l'austérité des anciennes règles s'étant alors fort adoucie, les parents hésitaient moins à faire prendre le voile à leurs filles ; ce n'était plus les enterrer vives. Les parloirs étaient des salons où le monde affluait, sous prétexte de s'édifier. Les belles dames y venaient faire leurs confidences, occupaient les religieuses d'intrigues et de tracasseries, les troublaient de vains regrets. Avec ces distractions mondaines, l'intérieur des couvents était d'autant plus triste ; peu d'austérité, des petites pratiques sans goût, une vie généralement oisive, un vide infini.

La vie monastique était, il faut le dire, autre chose au Moyen-âge, plus sérieuse ; il y avait au couvent plus pour la mort et plus pour la vie. Le système était fondé généralement sur deux choses, suivies sincèrement et à la lettre : la destruction du corps, la vivification de l'âme. Contre le corps, on employait un jeûne exterminateur, des veilles excessives, des saignées fréquentes. Pour le développement de l'âme, les moines, les religieuses devaient lire, copier, chanter ; jusqu'au onzième siècle, elles comprenaient leur chant, le latin différait peu des langues vulgaires qu'on parlait. Les offices avaient alors un caractère dramatique qui soutenait et sans cesse réveillait l'attention ; beaucoup de choses, qu'on a réduites aux simples paroles, s'exprimaient alors en gestes, en pantomimes ; ce qui se dit aujourd'hui, se *jouait* alors[1]. Lorsqu'on donna au culte le caractère sérieux, sobre, ennuyeux, qu'il a aujourd'hui, les religieuses eurent encore un dédommagement : les pieuses lectures, les légendes, les vies des saints, et autres livres, que l'on traduisit, par exemple l'admirable version française de l'*Imitation*[2]. Toutes ces consolations leur furent retirées au seizième siècle ; on trouva qu'il y avait danger à les

---

1. Voy. mes *Origines du droit*; D. Martene, *de Ritibus*, etc.
2. *Histoire de France*, t. I.

rendre trop liseuses. Le chant même, au dix-septième, paraissait suspect à beaucoup de confesseurs, on craignait qu'elles ne s'attendrissent à chanter les louanges de Dieu[1].

Comment remplaça-t-on tout cela? A ces offices qu'elles ne comprenaient plus, à ces lectures, à ces chants qu'on leur défendait, à tant de choses qui leur furent successivement ôtées, quelle chose substitua-t-on?

Une chose? non, mais un homme, tranchons le mot, le *directeur*... Le directeur, chose nouvelle, peu connue au Moyen-âge, qui n'eut que le confesseur.

Oui, c'est un homme qui hérite de toute cette grande place vide; c'est sa conversation, son enseignement qui doit la remplir. La prière, la lecture, si elle est permise, tout se fera sous lui et par lui. Dieu qu'elles puisaient dans leurs livres ou dans leurs soupirs, Dieu leur est désormais dispensé par cet homme, mesuré par lui jour par jour à la mesure de son cœur...

Les idées se pressent ici... Mais il faut qu'elles patientent; nous les écouterons plus tard. Pour le moment, elles rompraient le fil de la déduction historique.

Au premier moment de la réaction dévote, les religieuses furent généralement gouvernées par des religieux de leur ordre. Les feuillantines l'étaient par les feuillants, les carmélites par les carmes, les religieuses

---

1. Chateaubriand, *Vie de Rancé*, p. 227, 229.

de Sainte-Élisabeth par les religieux de Picpus. Les capucines étaient non seulement confessées et dirigées par les capucins, mais nourries par eux et du produit de leurs quêtes[1].

Les moines ne conservèrent pas cette possession exclusive. Pendant plus d'un quart de siècle, prêtres, moines, religieux de toute robe, se firent, à ce sujet, une guerre acharnée. Ce mystérieux royaume des femmes, enfermées, dépendantes, sur qui l'on peut exercer une domination sans partage, c'était, non sans raison, leur ambition commune à tous. De telles maisons, en apparence immobiles et étrangères au monde, n'en sont pas moins toujours de grands centres d'action. Il y avait là un grand pouvoir pour les ordres qui s'en saisiraient ; et pour les individus, prêtres ou religieux, c'était (qu'ils l'avouassent ou non), c'était une affaire de cœur.

Ce que je dis ici, je le dis des plus purs et des plus sévères, qui souvent sont les plus tendres. L'honorable attachement du cardinal De Bérulle pour les carmélites qu'il avait fait venir ici était connu de tout le monde. Il les avait logées près de chez lui ; il y allait à toute heure de jour, et même le soir ; les jésuites disaient *de nuit*. C'est près d'elles que, malade, il venait se rétablir. Quand Paris fut ravagé par la peste, il dit qu'il ne s'éloignerait pas, « à cause de ses carmélites ».

Les oratoriens et les jésuites, ennemis et adver-

1. Voy. Héliot, et, pour Paris spécialement, Félibien, fort complet sur cette matière.

saires naturels, firent d'abord cause commune pour écarter les carmes de la direction de ces religieuses ; quand ils y eurent réussi, ils commencèrent à se battre entre eux.

L'ordre austère des carmélites, qui prit peu d'extension chez nous, avait pourtant de l'importance comme idéal de pénitence, comme poésie religieuse ; l'esprit enthousiaste de sainte Thérèse y vivait encore. C'était là que les conversions violentes venaient se jeter ; là venaient mourir celles qui, trop blessées, comme madame de La Vallière, ne pouvaient guérir que par la mort.

Mais les deux grandes institutions du temps, celles qui en exprimaient l'esprit, et qui prirent un développement immense, ce furent les visitandines et les ursulines. Les premières eurent, au siècle de Louis XIV, environ cent cinquante monastères ; les secondes, trois ou quatre cents.

Les visitandines, comme on sait, étaient le plus doux des ordres ; inactives, elles attendaient la visite du divin Époux ; leur vie molle était très propre à faire des visionnaires. On sait l'étonnant succès de Marie Alacoque, et comment il fut exploité par les jésuites.

Les ursulines, plus utiles, se vouaient à l'enseignement. Les trois cent cinquante couvents qu'elles eurent en ce siècle élevaient, selon le calcul le plus modéré, trente-cinq mille jeunes filles. Vaste institut d'éducation qui, dirigé par des mains habiles, pouvait devenir un grand instrument politique.

Ursulines et visitandines étaient soumises aux évêques, qui leur donnaient des confesseurs. Saint François de Sales, si bon ami des jésuites et des religieux en général, s'était montré défiant à leur égard, dans l'affaire qui lui tenait le plus au cœur, celle de la Visitation : « M'est avis (dit-il quelque part) que ces bonnes filles ne savent ce qu'elles veulent, si elles veulent attirer sur elles la supériorité des religieux, lesquels à la vérité sont d'excellents serviteurs de Dieu ; mais c'est une chose toujours dure pour les filles, que d'être gouvernées par les ordres, *qui ont coutume de leur ôter la sainte liberté de l'esprit*[1]. »

Il n'est que trop facile de voir combien les ordres de femmes reproduisirent servilement l'esprit des hommes qui les dirigeaient. Celles que gouvernaient les moines eurent un caractère de dévotion bizarre, excentrique, violente. Sous les prêtres séculiers, oratoriens, doctrinaires, etc., il y avait un peu de raison, une petite sagesse étroite, médiocre, sèche et stérile.

Les religieuses qui recevaient des évêques leurs confesseurs ordinaires se choisissaient elles-mêmes un confesseur extraordinaire, qui, comme extraordinaire, ne manquait pas de primer l'autre et de l'annuler ; celui-ci, le plus souvent, se trouvait être un jésuite. Les ordres nouveaux des ursulines et des visitandines, créés par des prêtres qui avaient essayé d'en écarter les religieux, n'en tombèrent pas moins

---

1. *Œuvres*, t. XI, p. 120 (éd. 1833).

sous l'influence de ceux-ci. Les prêtres fondèrent, et les jésuites profitèrent.

Rien ne servit mieux les jésuites que de dire et de répéter que c'était chose à eux défendue par leur sévère fondateur de gouverner jamais des couvents de femmes. Des couvents en général, cela était vrai; mais des religieuses en particulier, de leur direction individuelle, cela était faux; ils ne les gouvernaient pas collectivement, ils les dirigeaient une à une.

Le jésuite n'avait pas l'ennui quotidien du détail, du ménage spirituel, du menu fretin des petits péchés. Il ne fatiguait pas, il intervenait à propos; il était surtout utile pour dispenser les religieuses de dire au confesseur ce qu'elles voulaient cacher. Celui-ci devenait peu à peu une espèce de mari, dont on ne tenait guère compte.

Si par hasard il avait de la fermeté de caractère, s'il pouvait exercer une influence, on travaillait à l'écarter à force de calomnies. On peut juger de l'audace des jésuites en ce genre, puisqu'ils ne craignirent pas de s'attaquer à un homme aussi autorisé que le cardinal De Bérulle[1]. Une de ses parentes étant devenue grosse aux Carmélites, dans un couvent où lui-même n'avait jamais mis les pieds, ils l'accusèrent hardiment. Ne trouvant personne pour les croire, et voyant qu'ils ne gagneraient rien à l'attaquer sur le chapitre des mœurs, ils se mirent à aboyer tous ensemble contre ses livres. Il y avait là, disaient-

---

1. Tabaraud, *Vie de De Bérulle*, t. I, *passim*.

ils, le poison caché d'un dangereux mysticisme ; le cardinal était trop tendre, trop indulgent, trop mol, et comme théologien, *et comme directeur...* Prodigieuse effronterie! lorsque tout le monde savait et voyait quels directeurs ils étaient eux-mêmes!

Cela opéra pourtant à la longue, sinon contre De Bérulle, au moins contre l'Oratoire, qui se dégoûta, s'effraya de la direction des religieuses, et finit par s'en désister. C'est un remarquable exemple des tout-puissants effets de la calomnie, lorsqu'elle est organisée en grand par un corps, poussée d'ensemble, dite et redite en chœur... Un chœur de trente mille hommes, répétant tous les jours la même chose dans tout le monde chrétien! qui résisterait à cela?... C'est là proprement l'art jésuite, et ils y ont été incomparables. Il leur fut dit, à leur naissance, à peu près comme Virgile dit à son Romain dans le passage si connu (*Excudent alii spirantia mollius æra...*) : « D'autres animeront l'airain, ou donneront la vie au marbre ; ils excelleront dans d'autres arts... toi, jésuite, souviens-t'en, ton art est la calomnie. »

CHAPITRE V

Réaction de la moralité. Arnauld (1643); Pascal (1657). Avilissement des jésuites. Comment ils s'assurent du roi et du pape, et font taire leurs ennemis. — Découragement des jésuites, leur corruption; ils protègent les premiers quiétistes; immoralité du quiétisme. Desmarets de Saint-Sorlin. Morin brûlé (1663).

La morale était malade, mais enfin elle n'était pas morte. Minée par les casuistes, par le jésuitisme et les intrigues du clergé, elle fut sauvée par les mondains. C'est le contraste que présente cette époque. Les prêtres, les meilleurs même, comme le cardinal De Bérulle, se plongent dans le monde et la politique. Les laïques illustres, Descartes, Poussin, vont chercher la solitude. Les philosophes se font moines, et les saints font des affaires.

Chacun aura ce qu'il veut en ce siècle. Les uns auront la puissance; ils finiront par obtenir l'expulsion des protestants, la proscription des jansénistes, la soumission des gallicans au pape. Les autres auront la science; Descartes et Galilée en donnent le mouvement, Leibnitz et Newton l'harmonie. C'est-à-dire que l'Église vaincra dans l'ordre temporel et que les laïques prendront le pouvoir spirituel.

Du désert où nos grands moines laïques se sont réfugiés alors, souffle un vent plus pur. Un âge commence, on le sent, l'âge moderne, l'*âge du travail*, après celui des disputes. Plus de rêves, plus de scolastique. Il faut se mettre sérieusement à l'ouvrage, de bonne heure, avant le jour. Il fait un peu froid, n'importe; c'est le froid vivifiant de l'aube, comme dans ces belles nuits du Nord où une reine de vingt ans va trouver Descartes à quatre heures, pour apprendre l'application de l'algèbre à la géométrie.

L'esprit sérieux, élevé, qui renouvela la philosophie et modifia la littérature, ne pouvait être sans influence sur la théologie. Il trouva un point d'appui, minime, imperceptible encore, dans la réunion des amis de Port-Royal; à cette austérité il donna la grandeur, et la morale eut sa réclamation, la religion se souvint d'elle-même.

Tout prospérait aux jésuites : confesseurs des rois, des grands, des belles dames, ils voyaient partout fleurir leur morale, lorsque dans ce ciel serein le tonnerre éclate et la foudre tombe... Je parle du livre d'Arnauld, tellement inattendu et si accablant : *La fréquente Communion* (1643).

Les jésuites et le jésuitisme ne furent pas seuls frappés, mais en général tout ce qui énervait le christianisme par une molle indulgence. Il reparut austère et grave; le monde revit avec étonnement la face pâle du Crucifié. Il revenait dire au nom de la grâce ce que dit également la raison naturelle : Qu'il n'y a point d'expiation réelle sans le repentir. — Que devinrent, en présence de cette vérité sévère, tous les petits arts d'éluder? Que devinrent les dévotions mondaines, la piété romanesque, toutes les Philothées, les Érothées et leurs imitations? Le contraste parut choquant.

D'autres ont dit et diront tout cela bien mieux. Je ne fais pas ici l'histoire du jansénisme. La question théologique est aujourd'hui surannée. La question morale subsiste, et l'histoire lui doit un mot; elle ne peut rester impartiale entre les honnêtes gens et les malhonnêtes gens. Que le parti janséniste ait exagéré ou non la doctrine de la Grâce, il faut appeler ce parti, comme il mérite de l'être en ce beau combat, le parti de la vertu.

Bien loin qu'Arnauld et Pascal aient été trop loin contre leurs adversaires, il serait facile de montrer qu'ils s'arrêtèrent d'eux-mêmes en deçà du but; qu'ils ne voulurent point user de toutes les armes, qu'ils craignirent, en attaquant sur certains points délicats la direction jésuitique, de faire tort à la direction en général et à la confession.

Le jésuite Ferrier avoue qu'après le coup terrible des *Provinciales* les jésuites furent écrasés, qu'ils tombèrent dans la dérision et le mépris. Une foule d'évêques les condamnèrent, pas un ne les défendit.

Un des moyens qu'ils employèrent pour replâtrer

leur affaire, ce fut de dire hardiment que les opinions qu'on leur reprochait n'étaient point celles de la Société, mais de quelques individus. On leur répondait que tous leurs livres étant examinés par le général, appartenaient ainsi à la Société entière. N'importe, pour amuser les simples, ils firent écrire quelques-uns d'entre eux contre leur propre doctrine. Un jésuite espagnol écrivit contre l'ultramontanisme. Un autre, leur Père Gonzalès, fit un livre contre les casuistes. Celui-ci leur fut très utile. Quand, à la longue, Rome eut enfin honte de leur doctrine et les désavoua, ils mirent Gonzalès en avant, ils imprimèrent son livre et le prirent pour général. Aujourd'hui encore, c'est ce livre, ce nom qu'ils nous opposent. Ainsi ils ont réponse à tout. Aimez-vous l'indulgence, prenez Escobar; aimez-vous la sévérité, prenez Gonzalès.

De ce mépris universel où ils tombèrent après les *Provinciales*, voyons ce qui résulta. La conscience publique étant si bien avertie, chacun apparemment va s'empresser de les fuir? Leur confessionnal sera évité, leurs collèges vont être déserts?... Vous le croiriez? Vous vous tromperiez.

Ils sont trop nécessaires à la corruption du temps. Comment voulez-vous, sans eux, que le roi, dans son double adultère, affiché devant l'Europe, puisse faire ses dévotions. Le P. Ferrier, le P. Canard[1], le P. La Chaise resteront là jusqu'au bout, comme

---

1. C'est celui qui se faisait appeler de son nom latin, Annat.

ces meubles trop commodes dont on ne peut pas se passer.

Mais Rome, est-ce qu'elle ne sent pas combien elle est compromise par de tels auxiliaires? N'y a-t-il pas urgence pour elle à s'en séparer?

Les velléités ne manquèrent pas ; tel pape condamna l'apologie des casuistes que les jésuites avaient risquée. Là se borna toute l'énergie de Rome. S'il lui en resta, ce fut contre les ennemis des jésuites. Ceux-ci l'emportèrent ; ils avaient obtenu au commencement du siècle que le pape imposât silence à la doctrine de la grâce défendue par les dominicains, et ils la firent taire encore, au milieu du siècle, lorsqu'elle recommençait à parler par la voix des jansénistes.

Ce silence imposé deux fois, les jésuites le payèrent à Rome, en portant toujours plus haut la doctrine de l'infaillibilité papale. Cette Babel qui croulait, ils ne craignirent pas de bâtir dessus, ils l'exhaussèrent de deux étages : Premièrement, ils formulèrent (par leur Bellarmin) l'infaillibilité du pape *en matière de foi.* Deuxièmement, le danger étant devenu plus grand, ils firent une chose hardie, insensée, mais qui gagna Rome ; ils firent faire au pape dans sa décrépitude ce qu'il n'avait jamais osé dans sa puissance : se porter pour infaillible dans les *questions de fait.*

Et cela au moment où, sur les plus grands faits de la nature et de l'histoire, Rome a été obligée de confesser qu'elle errait. Sans parler du Nouveau-Monde qu'il lui faut bien admettre, après l'avoir nié, elle condamne Galilée ; et puis elle le subit, elle l'adopte, elle l'enseigne; la pénitence qu'elle lui fit faire un jour, elle la fait depuis deux cents ans devant Galilée[1].

Autre fait plus grave, en un sens :

Le droit fondamental des papes, le titre de leur puissance, ces fameuses *Décrétales* qu'ils ont citées, défendues, tant que la critique, n'ayant pas les secours de l'imprimerie, ne put éclairer la chose; eh bien! ces *Décrétales* même, le pape est obligé d'avouer qu'elles sont un mensonge, un faux[2].

Quoi! c'est lorsque la papauté s'est désavouée et *démentie sur le fait* fondamental où s'appuie son propre droit, c'est alors que les jésuites réclament pour elle l'infaillibilité *en matière de fait!*

Les jésuites ont été tentateurs et corrupteurs pour les papes comme pour les rois. Ils ont pris les rois par la concupiscence, les papes par l'orgueil.

Risible et touchant spectacle, de voir ce pauvre petit parti janséniste, si grand alors de génie et de cœur[3],

---

[1]. Ils diront que ce sont là les sciences de la matière, et qu'ils sont les hommes de l'esprit. — A quoi je réponds : Celui qui ne connaît point le naturel *n'a pas droit d'en distinguer le surnaturel* ni d'en décider.

[2]. Par l'organe des deux cardinaux et bibliothécaires du Vatican, Bellarmin et Baronius, dont l'un était confesseur du pape.

[3]. Qui peut voir au Louvre sans émotion le tragique portrait d'Angélique Arnauld? cette blanche figure, si virginale, si austère, cette transparente lampe d'albâtre où rayonne la flamme intérieure, la flamme de la grâce... la flamme aussi des combats! mais comment les en accuser? Persécutés, livrés à ceux que tout le monde méprisait! la vertu et le génie opprimés par la ruse! — Je ne vais jamais au Musée sans regarder aussi le touchant tableau de la jeune religieuse de Port-Royal, sauvée par une prière. Ah! ces filles ont été des saintes, il faut le dire, qu'on aime ou non leur esprit de résistance; des saintes, et de plus, sous les formes de ce temps-là, les vrais défenseurs de la liberté.

s'obstiner à faire appel à la justice de Rome et rester agenouillé devant ce juge vendu[1] !

Les jésuites n'étaient pas assez aveugles pour ne pas voir que la papauté, follement relevée par eux dans la théologie, baissait misérablement dans le monde politique. Au commencement du siècle, le pape est encore puissant; il donne le fouet à Henri IV sur le dos du cardinal d'Ossat. Au milieu du siècle, après tout ce grand effort de la Guerre de Trente-Ans, le pape n'est pas même consulté au traité de Westphalie. Au traité des Pyrénées, entre la catholique Espagne et la très-chrétienne France, on oublie que le pape existe.

Les jésuites avaient entrepris la chose impossible; et le principal moyen qu'ils y employaient, l'accaparement des générations nouvelles, n'était pas moins impossible. Là avait porté leur plus grand effort; ils avaient réussi à mettre dans leurs mains la plupart des enfants nobles ou de familles aisées; ils avaient fait de l'éducation une machine à rétrécir les têtes, à aplatir les esprits... Mais telle était la vigueur du génie moderne que, avec le système le plus heureusement combiné pour tuer l'invention, la première génération donne Descartes, la seconde l'auteur du *Tartufe*, et la troisième Voltaire.

Le pis, c'est qu'à la lueur de ce grand flambeau moderne qu'ils n'avaient pu éteindre ils se virent

---

[1]. Lire pourtant l'immortelle cinquième lettre de Nicole (*Imaginaires et Visionnaires*, I, 140), aussi éloquente que les *Provinciales* et bien plus hardie.

eux-mêmes. Ils se connurent et ils commencèrent à se mépriser. Il n'y a personne de si endurci au mensonge qui puisse se tromper tout à fait soi-même. Ils durent s'avouer que leur probabilisme n'était au fond que le doute et l'absence de tout principe. Ils ne purent s'empêcher de découvrir qu'eux, les chrétiens par excellence, les champions de la foi, ils n'étaient que des sceptiques.

De la foi? mais de laquelle? ce n'était pas du moins de la foi chrétienne; toute leur théologie n'allait à rien moins qu'à ruiner la base sur laquelle porte le christianisme : la grâce, le salut gratuit par le sang de Jésus-Christ. (Voy. p. 67.)

Champions d'un principe? non, mais agents d'une entreprise, chargés d'une affaire, et d'une affaire impossible, la restauration de la papauté.

Quelques jésuites, en petit nombre, résolurent de chercher un remède en eux-mêmes à leur avilissement. Ils avouèrent franchement l'urgent besoin de réforme qu'avait la Société. Leur général, un Allemand, osa tenter cette réforme, et mal lui en prit; la grande majorité des jésuites voulait maintenir les abus; on lui ôta tout pouvoir[1].

Ces bons ouvriers qui avaient si bien travaillé à justifier les jouissances des autres, voulurent jouir aussi eux-mêmes. Ils se donnèrent pour général un homme selon leur cœur, aimable, doux et bon, l'épicurien Oliva. Rome, récemment gouvernée par

---

1. Cet épisode de l'histoire des jésuites, fort obscurci par eux, a été éclairci par Ranke, d'après les manuscrits.

madame Olympia, était dans un moment d'indulgence; Oliva, retiré dans une villa délicieuse, dit : *A demain les affaires*, et laissa la Société se gouverner à sa guise.

Les uns se firent commerçants, banquiers, fabricants de draps au profit de leurs maisons. D'autres, suivant de plus près l'exemple du pape, travaillèrent pour leurs neveux, firent les affaires de leur famille. Ceux qui avaient de l'esprit coururent les ruelles, coquetèrent, firent des madrigaux. D'autres s'amusèrent aux commérages de nonnes, aux petits secrets de femmes, aux curiosités sensuelles. Leurs régents enfin, à qui le monde des femmes se trouvait fermé, devinrent trop souvent des Tyrcis, des Corydons de collège; il en résulta en Allemagne un effroyable procès[1], où bon nombre de ces fières et sévères maisons germaniques se trouvaient souillées.

Les jésuites, ravalés si bas, et pour leur théorie et pour leur pratique, grossirent leur parti au hasard des plus étranges auxiliaires. Tout ce qui se déclara ennemi des jansénistes devint leur ami. Là éclata l'immorale inconséquence de la Société, sa parfaite indifférence entre les systèmes. Ces gens qui depuis plus d'un demi-siècle se battaient pour le libre arbitre, s'allièrent brusquement, sans transition, avec les mystiques qui perdaient toute liberté en Dieu. Hier, on leur reprochait de suivre le principe des philosophes et jurisconsultes païens qui donne tout

---

1. Réimprimé en 1843, à petit nombre. M. Nodier m'avait donné cette rareté infiniment curieuse. Je ne puis la retrouver.

à la justice, rien à la grâce, à l'amour ; et les voilà qui accueillent le quiétisme naissant, le prédicateur de l'amour, le visionnaire Desmarets de Saint-Sorlin.

Desmarets leur avait rendu, il est vrai, des services essentiels. Il réussit à démembrer Port-Royal, en gagnant quelques-unes des religieuses. Il concourut puissamment à perdre le pauvre Morin, autre visionnaire plus original et plus innocent, qui se croyait le Saint-Esprit[1]. Il raconte lui-même comment, encouragé par le P. Canard (Annat), confesseur du roi, il capta la confiance de cet infortuné, lui fit croire qu'il était son disciple, et en tira des preuves écrites, au moyen desquelles on le fit brûler (1663).

La faveur du tout-puissant confesseur valut aux livres les plus extravagants de Desmarets l'approbation de l'archevêque de Paris. Il s'y déclarait prophète, et se faisait fort de créer, pour le roi et le pape, une armée de cent quarante-quatre mille *dévoués*, chevaliers de l'infaillibilité papale, pour exterminer, de concert avec l'Espagne, les Turcs et les jansénistes.

Ces dévoués, ou *victimes* de l'amour, étaient des gens immolés, anéantis en eux-mêmes, et qui ne vivaient plus qu'en Dieu. Dès lors, ils ne pouvaient faire mal. « L'âme, dit-il, étant devenue un

---

1. Croyance commune au Moyen-âge. — Morin est un homme du Moyen-âge, égaré dans le dix-septième siècle. Ses *Pensées* (1647) contiennent beaucoup de choses originales et éloquentes ; il y a, entre autres, ce beau vers (p. 164) : « Tu sais bien que l'amour change en lui ce qu'il aime. » La vie de Morin était innocente ; l'arrêt (si cruel !) ne lui reproche rien sous le rapport des mœurs. — Desmarets le perdit par jalousie ; il voulait prophétiser pour son compte, et ne se contenta pas d'être le saint Jean-Baptiste du nouveau Messie.

rien, ne peut consentir; quoi qu'elle fasse, n'ayant pas consenti, elle n'a pas péché. Elle ne pense pas du tout, ni à ce qu'elle a fait, ni à ce qu'elle n'a pas fait, car elle n'a rien fait du tout… Dieu étant tout en nous, y fait tout, y souffre tout; le Diable ne peut plus trouver la créature, ni en elle-même, car elle est un rien, ni dans ses actes, car elle n'en fait plus… Par une dissolution entière de nous-mêmes, la vertu du Saint-Esprit s'écoule en nous, et nous devenons tout Dieu par une *déiformité* admirable. — S'il y a encore des troubles dans la partie inférieure, la supérieure n'en sait rien; mais ces deux parties subtilisées, raréfiées, finissent par se changer en Dieu, l'inférieure aussi bien que l'autre; *Dieu habite alors avec les mouvements de la sensualité qui sont tous sanctifiés*[1]. »

Desmarets ne s'en tenait pas à imprimer cette doctrine avec privilège du roi et approbation de l'archevêque. Fort de l'appui des jésuites, il prêchait les religieuses, courait les couvents. Tout laïque qu'il était, il s'était fait directeur de filles. Il leur contait ses rêves de galanterie dévote, et s'enquérait de leurs tentations charnelles. Un homme *si bien anéanti* semblait pouvoir sans danger écrire les plus étranges choses, le billet suivant par exemple : « Je vous embrasse, ma très chère colombe, dans votre rien, tout rien que je suis, chacun de nous étant tout dans notre Tout par notre aimable Jésus », etc.

Quel progrès en quelques années, depuis les *Pro-*

---

[1]. Desmarets de Saint-Sorlin, *Délices de l'esprit*, 29ᵉ journée, p. 170. Voy. aussi ses *Lettres spirituelles*, etc.

vinciales! Que sont devenus les casuistes ? Gens simples, qui prenaient les péchés un à un, et par grand effort effaçaient celui-ci, puis celui-là. Les voilà tous effacés.

La casuistique était un art, qui avait ses maîtres, ses docteurs, ses habiles. Mais maintenant, pourquoi des docteurs ? Tout homme *spirituel,* toute dévote personne, tout jésuite de robe courte, peut, comme celui de robe longue, parler le doux langage des pieuses tendresses. Les jésuites ont baissé, mais le jésuitisme gagne. Il ne s'agit plus de *diriger l'intention* chaque jour pour chaque cas par telle équivoque. L'amour qui mêle et confond tout, c'est la souveraine équivoque, la plus douce, la plus puissante. Endormez la volonté, et il n'y a plus d'*intention*, l'âme, *perdant son rien dans son Tout*, se laissera doucement anéantir au sein de l'Amour.

CHAPITRE VI

Suite de la réaction morale : Tartufe (1664-1669). Pourquoi Tartufe n'est pas encore quiétiste. Des Tartufes réels.

Le dévot pris en flagrant délit par le mondain, l'homme d'Église excommunié par le comédien... Voilà le sens, la portée du *Tartufe*[1] *!*

La grande question morale, posée par Platon dans son Tartufe athénien (l'Euthyphron) : « Sans *justice*, peut-il y avoir de *sainteté ?* » — cette question, si claire d'elle-même, mais si habilement obscurcie par les casuistes, elle fut replacé dans son jour. Le théâtre raffermit la morale religieuse[2], ébranlée dans l'Église.

L'auteur du *Tartufe* a pris son sujet, non dans la

---

1. L'apparition du *Tartufe* et la conquête de Flandre marquent l'apogée littéraire et politique du siècle de Louis XIV. La France, qui jusque-là représente le principe moderne, tourne ensuite contre ce principe, attaque la Hollande, et prépare ainsi de loin le mariage de la Hollande et de l'Angleterre, c'est-à-dire la grandeur de l'Angleterre et sa propre ruine.

2. Un esprit fort, Saint-Évremond, écrit à un ami : « Je viens de lire le *Tartufe*... Si je me sauve, je lui devrai mon salut. La dévotion est si raisonnable dans la bouche de Cléante, qu'elle me fait renoncer à toute ma phi-

société en général, mais sur un terrain plus étroit, dans la famille, au foyer, au saint des saints de la vie moderne. Ce comédien, cet impie, était l'homme du monde qui avait le plus au cœur la religion de la famille, et la famille lui manqua. Tendre et mélancolique, il disait parfois sur lui-même, dans ses chagrins domestiques, un mot grave qui le caractérise : « J'aurois dû prévoir qu'une chose me rendoit peu propre à la société de famille, *mon austérité*[1]. »

Le *Tartufe*, cette grande et sublime fresque, est d'un dessin très simple. Plus nuancée, elle aurait été moins populaire. La *restriction mentale*, et la *direction d'intention*, deux choses dont tout le monde riait depuis les *Provinciales*, ont suffi à Molière. Il n'a pas osé mettre sur la scène le nouveau mysticisme, trop peu connu encore ou trop dangereux.

Peut-être s'il eût employé le jargon de Desmarets et des premiers quiétistes, s'il eût mis dans la bouche de Tartufe leurs tendresses mystiques, il lui serait arrivé ce qui advint pour le sonnet ridicule du *Misanthrope*, le parterre aurait admiré.

La veille de la première représentation du *Tartufe*, Molière lut la pièce à Ninon, « et pour le payer en même monnoie, elle lui conta une aventure semblable

---

losophie; et les faux dévots sont si bien dépeints que la honte de leur peinture les fera renoncer à l'hypocrisie. *Sainte piété, que vous allez apporter de bien au monde!* » Lettre citée dans l'édition de M. Aimé-Martin (1837), t. III, p. 125.

1. Voy. sa *Vie*, par Grimarest; l'ingénieuse notice de M. Génin (*Plutarque français*), et l'important travail de M. E. Noël, sur la *Biographie de Molière, trouvée dans ses comédies mêmes*.

qui lui étoit arrivée avec un scélérat de cette espèce, dont elle lui fit le portrait avec des couleurs si vives et si naturelles, que, si la pièce n'eût pas été faite, disoit-il, il ne l'auroit jamais entreprise ».

Que pouvait-il donc manquer à ce chef-d'œuvre, à ce drame si profondément conçu, si puissamment exécuté ? Rien sans doute que ce qui était exclu par la situation religieuse du temps et par les habitudes de notre théâtre.

Une chose impossible à montrer dans un drame si court (et qui pourtant constitue le vrai procédé de *Tartufe*), c'était le manège préparatoire, les longs circuits par lesquels il arrive, la patience dans la ruse, la lente fascination.

Tout est fort ici, mais un peu brusqué. Cet homme reçu par charité dans la maison, ce bas coquin, ce glouton qui mange comme six, ce maraud *qui a l'oreille rouge*, comment s'enhardit-il si vite, et vise-t-il si haut ? La déclaration d'un tel homme à une telle dame, d'un gendre prétendu à sa future belle-mère, étonne à la lecture. A la scène, peut-être, on s'y prête mieux.

Elmire, quand l'homme de Dieu lui fait à brûle-pourpoint cet aveu surprenant, n'est nullement préparée à l'entendre. Un vrai Tartufe eût mené bien autrement la chose ; humble et patient, il se fût lentement posé dans la maison. Il aurait attendu le moment favorable. Si, par exemple, Elmire eût éprouvé les indiscrétions, les légèretés des amants mondains dont parle Tartufe, alors brisée de ces épreuves, énervée, faible et lasse, il l'eût abordée; alors peut-être se serait-elle laissé dire, dans le doux jargon quiétiste, bien des choses qu'elle ne peut entendre au moment où la prend Molière.

Mademoiselle Bourignon, dans sa curieuse *Vie* qu'on devrait bien réimprimer, raconte dans quel péril elle se trouva par suite de sa confiance pour un saint de cette espèce. Je la laisse conter elle-même. Il faut savoir seulement, avant tout, que la pieuse demoiselle, qui venait d'hériter, songeait à employer ce bien en œuvres pies, par exemple en dotations de couvents.

« Un jour, étant dans les rues de Lille, je fis rencontre d'un homme que je ne connoissois pas, lequel me dit en passant : Vous ne ferez point ce que vous voulez; vous ferez ce que vous ne voulez pas. Deux jours après, le même homme vint chez moi, et me dit : Qu'avez-vous pensé de moi ? — Que vous étiez, répondis-je, ou un fol, ou un prophète. — Ni l'un ni l'autre ? je suis un pauvre garçon d'un village près de Douai, je m'appelle Jean de Saint-Saulieu; je n'ai nulle étude que celle de la charité. J'ai vécu d'abord avec un ermite, et maintenant j'ai pour directeur mon curé, M. Roussel... J'enseigne à lire aux enfants pauvres... La plus belle charité que vous puissiez faire, c'est de recueillir les petites filles orphelines; il y en a tant depuis les guerres ! Les couvents sont assez riches. — Il parla trois heures de suite avec beaucoup d'onction.

« Je m'informai de lui au curé qui le dirigeoit, et qui m'assura que c'étoit un homme d'un zèle tout apostolique (*Remarquons que ledit curé avait essayé d'abord de gagner la riche héritière pour un sien neveu; le neveu ayant échoué, il poussait sa créature*). Saint-Saulieu revenoit souvent et parloit divinement des choses spirituelles ; je ne pouvois comprendre comment un homme sans étude pouvoit parler d'une manière si élevée des divins mystères. Je le croyois vraiment inspiré du Saint-Esprit. Lui-même il disoit qu'il étoit mort à la nature. Il avoit été soldat, et il étoit revenu de la guerre aussi vierge qu'un enfant. A force d'abstinence, il avoit perdu le goût des aliments, des boissons, et ne savoit plus distinguer le vin de la bière ! Il passoit la meilleure partie du temps à genoux dans les églises. On le voyait marcher, dans la rue, l'air modeste et les yeux baissés, sans rien regarder, et comme s'il eût été seul au monde. Il visitoit les pauvres, les malades, et donnoit tout ce qu'il avoit. L'hiver, voyoit-il un pauvre sans vêtements, il l'attiroit à l'écart, ôtoit son habit et le lui donnoit... Mon cœur étoit dans la joie de voir qu'il y avoit encore de tels hommes au monde : j'en remerciois Dieu, et je pensois avoir trouvé là un autre moi-même.... Des prêtres et autres personnes pieuses avoient la même confiance, ils alloient le consulter, et en recevoient de bons conseils.

« J'avois grande répugnance à sortir de ma solitude pour faire cet hospice d'enfants, que me conseilloit Saint-Saulieu. Mais il m'amena un marchand qui avoit commencé la même chose, et qui m'offrit une maison où il avoit déjà retiré quelques pauvres petites filles.

J'y entrai en novembre 1653. Je nettoyai ces enfants qui étoient sales à faire horreur. J'eus bien du mal, n'ayant personne avec moi qui aimât le travail. Mais enfin je fis une règle, m'y assujettis moi-même, mettant tout en commun et mangeant à la même table. Je me tenois solitaire, autant que je le pouvois; mais j'étois obligée de parler à toute sorte de personnes. Des religieux venoient, des dévotes, dont les entretiens ne me plaisoient guère... Je fus deux ou trois fois malade à la mort.

« La maison où Saint-Saulieu enseignoit ayant été détruite, et lui renvoyé, il se retira chez le marchand dont j'ai parlé. Ils me sollicitèrent d'aider à faire un hospice, comme le mien, pour les garçons. Pour en faire les premiers fonds, Saint-Saulieu devoit prendre à ferme un bureau de la ville, qui valoit deux mille francs par an, et dont le revenu seroit pour cette fondation. Je me portai caution pour lui. Il reçut un an, et dit alors qu'il falloit, avant de rien commencer, recevoir encore une année pour avoir de quoi meubler la maison. Cela faisoit quatre mille francs; quand il en eut gagné six mille, il les garda, disant que c'étoit le fruit de son travail et qu'il l'avoit bien gagné.

« Je n'avois pas attendu cela pour entrer en défiance. J'avois eu, au sujet de cet homme, d'étranges vues intérieures. Je vis un jour un loup noir qui se jouoit avec une petite brebis blanche. Une autre fois, je voyois le cœur de Saint-Saulieu, et un petit enfant maure, avec couronne et sceptre d'or, qui étoit assis dessus, comme si le Diable eût été le roi de son cœur. Je ne lui cachai pas ces visions ; mais il s'emporta, et dit que je devois me confesser de penser si mal du prochain; qu'il n'avoit garde d'être un loup noir, qu'au contraire, à m'approcher, il devenoit tout blanc et chaste de plus en plus.

« Un jour pourtant, il me dit que nous devrions bien nous marier, en gardant la virginité; que, dans cette union, nous pourrions faire plus de bien. A quoi je répondis qu'une telle union n'exigeoit point le mariage. Il me faisoit cependant de petites démonstrations d'amitié, auxquelles d'abord je ne pris pas garde. Enfin, il se découvrit tout à coup, dit qu'il m'aimoit éperdument, que depuis plusieurs années il avoit étudié les livres spirituels pour mieux me gagner, que maintenant, ayant eu tant d'accès auprès de moi, je devois être sa femme ou par amour, ou par force... Et il s'approcha pour me caresser. Je me mis fort en colère, et lui ordonnai de sortir... Alors il fondit en larmes, tomba à genoux, et me dit : « C'est le Diable qui m'a tenté. » Je fus assez bonne pour le croire et lui donnai son pardon.

« La chose n'en resta pas là, il recommençoit toujours. Il me suivoit partout, il entroit dans la maison, malgré mes filles. Il alla jusqu'à me mettre un couteau sous la gorge pour m'obliger de céder... En même temps, il disoit partout qu'il m'avoit eue, « que j'étois sa femme de promesse ». Je m'en plaignis en vain à son confesseur, puis à la justice, qui me donna deux hommes de garde dans ma maison, et se mit à informer. Saint-Saulieu ne tarda pas à quitter Lille et partit pour Gand, où il trouva une de mes filles, fort dévote et qui passoit pour un modèle de perfection ; il vécut avec elle, si bien qu'elle devint enceinte... Ce qui avoit arrangé son affaire à Lille, c'est qu'il avoit un frère chez les jésuites ; ils employèrent leurs amis, et il en fut quitte pour payer les frais de justice, rétracter ses médisances et reconnoître que j'étois une fille de bien[1]. »

Ceci eut lieu de 1653 à 1658, par conséquent peu d'années avant la représentation du *Tartufe* de Molière, qui donna les trois premiers actes en 1664. Tout porte à croire que l'aventure n'était pas rare à cette époque. Tartufe, Orgon, tous les personnages de cette pièce vraiment historique, ne sont point des êtres abstraits, de pures créations d'art, comme les héros de Corneille ou de Racine ; ce sont des hommes réels et pris sur le vif.

Ce qui frappe dans le Tartufe flamand de mademoiselle Bourignon, c'est sa patience d'étudier et apprendre les mystiques pour en parler le langage, c'est la persévérance avec laquelle il s'associa, plusieurs années durant, aux pensées de la pieuse fille.

Si Molière n'eût pas été resserré dans un cadre si étroit, si son Tartufe eût eu le temps de mieux préparer ses approches, s'il eût pu (chose alors trop dangereuse sans doute) prendre le manteau de Desmarets et du quiétisme naissant, il aurait serré la place de plus près, avant d'être découvert. Il n'aurait pas,

---

[1]. J'ai abrégé et fondu les deux récits de mademoiselle Bourignon. Voy. à la suite du t. I de ses *Œuvres* (Amsterdam, 1686), p. 68-80 et 188-197.

presque au début, fait à la personne qu'il s'agit de séduire l'aveu le moins séduisant, à savoir, qu'il est un fourbe. Il n'eût pas hasardé ce mot : « Si ce n'est que le ciel... » (acte IV, scène V). Au lieu de démasquer brusquement cette laideur de corruption, il ne l'aurait découverte qu'en la fardant peu à peu. D'équivoque en équivoque, par une traduction adroite, il eût fait que la corruption semblât la perfection... Que sais-je ? il lui serait arrivé peut-être à la longue ce qui est advenu à plusieurs, de n'avoir plus besoin d'être hypocrite, mais de finir par se donner le change, se tromper, se séduire, se croire un saint... C'est alors qu'au suprême degré il eût été Tartufe, l'étant, non pour le monde seulement, mais pour Tartufe lui-même, ayant parfaitement brouillé en lui toute lumière du bien, et se reposant dans le mal avec la sécurité d'une ignorance, voulue d'abord, mais devenue naïve.

CHAPITRE VII

Apparition de Molinos (1675). Son succès à Rome. — Quiétistes français. Madame Guyon; son directeur. Les *Torrents;* la mort mystique. En revient-on ?

Le *Guide spirituel* de Molinos parut à Rome en 1675. Préparé depuis vingt ans par diverses publications de même tendance, hautement approuvé par les inquisiteurs de Rome et d'Espagne, ce livre eut un succès unique en ce siècle; en douze ans, il fut traduit et réimprimé vingt fois[1].

Il ne faut pas s'étonner si ce *guide* vers l'anéantissement, cette méthode pour mourir, fut reçu si avidement; il y avait dès lors, dans toute l'Europe, un grand sentiment de fatigue. Ce siècle, encore loin de sa fin, aspire déjà au repos. Il y paraît à ses doctrines. Le cartésianisme qui lui donna l'élan, devient inactif et contemplatif en Malebranche (1674). Spinoza, dès 1670, a immobilisé Dieu, l'homme et le monde

---

[1]. C'est le témoignage que lui rend son enthousiaste admirateur, l'archevêque de Palerme (en tête de la traduction latine, 1687).

dans l'unité de la substance. En 1676, Hobbes donne sa théorie de fatalisme politique.

Spinoza, Hobbes et Molinos, la mort en métaphysique, la mort en politique, en morale! Quel lugubre chœur! Ils s'accordent sans se connaître, sans s'entendre; ils semblent se répondre d'un bout de l'Europe à l'autre!

La pauvre liberté humaine n'a que le choix du suicide, soit qu'au Nord elle se laisse pousser par la logique aux abîmes de Spinoza, soit qu'au Midi, gagnée à cette douce voix de Molinos, elle s'endorme dans la maremme pour ne pas se réveiller.

Le siècle est pourtant dans son éclat, dans tout son triomphe. Il faut du temps pour que ces pensées de découragement et de mort passent des théories dans les faits, et que la politique participe à cette langueur morale.

Moment délicat, intéressant dans toute vie, entre l'âge de force croissante et l'âge, brillant encore, où la force baisse, où la descente commence imperceptiblement... Au mois d'août, les arbres ont toutes leurs feuilles, mais enfin elles se nuancent, plus d'une a pâli, et dans leur été splendide vous pressentez leur automne.

Déjà, depuis quelque temps, un vent tiède et fiévreux soufflait du Midi, de l'Italie, de l'Espagne; l'Italie était trop morte, trop avant dans le sépulcre, pour pouvoir même produire une doctrine de mort. Ce fut un Espagnol établi à Rome, dans la langue italienne, qui donna cette théorie et qui en tira la méthode pratique. Encore fallut-il que ses disciples l'obligeassent d'écrire et de publier. Pendant vingt ans, Molinos s'était contenté de semer à petit bruit sa doctrine dans Rome ; il la portait tout doucement de palais en palais. La théologie du repos allait merveilleusement à la ville des catacombes, à cette ville de silence où dès lors on n'entendait guère qu'un petit bruissement de vers au sépulcre.

Quand l'Espagnol vint à Rome, elle sortait à peine du pontificat féminin de madame Olympia. Le *Gesù* lui-même dormait dans les mains délicates de son général Oliva, parmi les *vignes* somptueuses, les fleurs exotiques, les lis et les roses. C'est à ces Romains assoupis, à cette noblesse oisive, à ces belles paresseuses qui vivent couchées et l'œil demi-clos, que vient vers le soir parler Molinos... Faut-il dire *parler ?* Cette voix basse, muette, pour ainsi dire, se confond pour eux, dans ce demi-sommeil, avec leur rêve intérieur.

Le quiétisme eut un tout autre caractère en France. Dans un pays vivant la théorie de mort montra de la vie. On employa infiniment d'activité à prouver qu'il ne fallait plus agir. Cela fit tort à la doctrine. Le bruit, la lumière, lui nuisirent. Amie des ténèbres, la plante délicate voulait croître à l'ombre. Sans parler du chimérique Desmarets, qui ne pouvait que rendre une opinion ridicule, Malaval parut entrevoir que, par la nouvelle doctrine, le christianisme était dépassé. Au sujet du mot de Jésus : *Je suis la voie*, il lui échappe une parole étonnante en ce siècle : « Puisqu'il est la voie, passons par lui ; *mais celui qui passe toujours n'arrive jamais*[1]. »

Nos quiétistes français, dans leurs lucides analyses, dans leurs riches et féconds développements, firent connaître pour la première fois ce qu'on devinait à peine sous la forme obscure que le quiétisme avait prudemment conservée dans les autres pays. Bien des choses qui semblaient en germe, à peine ébauchées, apparurent chez madame Guyon dans leur épanouissement ; ce fut une lumière complète, un soleil en plein midi. La pureté singulière de cette femme la rendait intrépide dans l'exposition des idées les plus dangereuses. Pure d'intérêt, elle le fut aussi d'imagination. Elle n'eut jamais besoin de se représenter sous forme matérielle l'objet de son pieux amour [2]. C'est ce qui élève son mysticisme bien au-dessus des grossières et sensuelles dévotions du Sacré-Cœur, commencées par la visitandine Marie Alacoque vers le même temps. Madame Guyon fut trop spirituelle pour donner figure à son Dieu, elle aima vraiment un esprit. De là une confiance, une hardiesse illimitées, Elle aborde bravement, sans se douter qu'elle est brave, les pas les plus hasardeux ; elle va en haut et en bas, jusqu'aux lieux les plus évités ; là où tout le monde s'effraye et s'arrête, elle va encore, semblable

---

1. Malaval, *Pratique facile*, 1670. La première partie avait été déjà imprimée deux fois.

2. Voy. sa *Vie* écrite par elle-même (Cologne, 1720), t. I, p. 80 : « Mon oraison fut dès lors vide de toute formes, espèces et images. » — Voy. aussi la p. 83, contre les visions.

à la lumière qui éclaire toute chose, sans pouvoir jamais se souiller elle-même.

Ces hardiesses, innocentes dans une femme si pure, n'en eurent pas moins sur les faibles une dangereuse action. Son confesseur, le P. Lacombe, fit naufrage en cet abîme, s'y absorba, y périt. La personne et la doctrine l'avaient troublé également. Tout ce que nous savons de ses rapports avec elle trahit une étrange faiblesse, qu'elle semble à peine, des hauteurs où elle planait, avoir daigné remarquer. Dès la première fois qu'il la vit, jeune alors, encore mariée, et soignant son vieux mari, il fut si vivement pris au cœur qu'il se trouva mal. Depuis, devenu son humble disciple, sous le nom de directeur, il la suivit partout dans sa vie aventureuse en France, en Savoie. Il ne la quittait d'un pas, « et n'eût pu dîner sans elle ». Il était parvenu à s'en faire faire un portrait. Arrêté, en même temps qu'elle, en 1687, il fut dix ans prisonnier dans les forts des Pyrénées. En 1698, on profita de son affaiblissement d'esprit pour lui faire écrire à madame Guyon une lettre compromettante[1] : « Le pauvre homme, dit-elle en riant, est devenu fol. » Il l'était si bien que, peu de jours après, il mourut à Charenton.

Cette folie m'étonne peu quand je lis les *Torrents* de madame Guyon, ce livre bizarre, charmant et terrible. Il faut que j'en dise un mot.

Quand elle l'écrivit, elle se trouvait à Annecy, au couvent des *Nouvelles converties*. Elle avait laissé son

---

1. Voy. la *Correspondance* de Bossuet, la Relation de Phélippeaux, etc.

bien à sa famille, et le petit revenu qu'elle se réservait, elle le donnait aussi à cette maison religieuse, où on la traitait fort mal. Cette femme délicate, qui avait passé sa vie dans le luxe, était obligée de travailler des mains au delà de ses forces, de blanchir et de balayer. Le P. Lacombe, alors à Rome, lui avait recommandé d'écrire ce qui lui viendrait à l'esprit : « C'est pour obéir, dit-elle, que je vais commencer à écrire ce que je ne sais pas moi-même. » Elle prend une rame de papier, et en tête elle écrit ce mot : *les Torrents*.

Ainsi que les torrents des Alpes, les ruisseaux, les fleuves, les rivières et toutes les eaux qui en descendent, courent de toute leur force à la mer, de même nos âmes, par un effet de leur pente spirituelle, ont hâte de retourner et de se perdre en Dieu. Cette comparaison des eaux vives n'est pas pour elle un simple texte qui serve de point de départ; elle la suit, dans presque tout le volume, avec une grâce toujours renaissante. Il semble que cet aimable bavardage doit pourtant lasser, à la longue; mais point, on sent trop qu'une telle facilité n'est pas celle de la langue, qu'elle a sa source dans le cœur. C'est évidemment une femme ignorante; elle n'a lu que l'*Imitation*, la *Philothée* de saint François, quelques contes et *Don Quichotte*. Elle ne sait rien du tout, et elle n'a pas vu grand'chose. Ces *Torrents* même qu'elle décrit, elle ne les observe pas dans les Alpes où elle est alors; elle les voit en elle-même; elle regarde la nature dans le miroir de son cœur.

On lit ce livre absolument comme au bord de la cascade on entendrait, rêveur, le gazouillement des eaux. Elles tombent toujours et toujours, avec douceur, avec charme, variant leur uniformité de mille accidents de bruit, de lumière... De là vous voyez venir des eaux de toute sorte (images des âmes humaines), des rivières qui se contentent de gagner d'autres rivières, des fleuves qui se rendent à la mer, mais lentement, de grands fleuves majestueux, tout chargés de voyageurs, de bateaux, de marchandises, et qui sont admirés, bénis pour les services qu'ils rendent (ces fleuves sont les âmes des saints et des grands docteurs). Il y a aussi des eaux plus pressées, plus rapides, qui ne sont bonnes à rien, où l'on n'ose naviguer, qui courent et se précipitent, tant elles ont impatience de se rendre à la grande mer... Ces eaux-là ont de terribles chutes, *et elles se salissent parfois*. Parfois elles disparaissent... Ah! pauvre torrent, qu'es-tu devenu?... Il n'est pas perdu encore; il revient à la surface, mais pour se perdre de nouveau; il est bien loin d'arriver; il faut qu'auparavant il soit brisé sur les rochers, dispersé, comme anéanti...

Quand elle a mené son torrent à cette suprême chute, la comparaison des eaux vives lui fait défaut, elle la quitte; le torrent redevient une âme. Nulle image de la nature ne pouvait exprimer ce que cette âme va souffrir... Là commence un drame étrange, où il semble que personne n'ait osé s'aventurer jusque-là, celui de *la mort mystique*. On trouve bien dans les livres antérieurs un mot ici et là sur ce ténébreux sujet; mais personne encore n'avait creusé à ce point le tombeau, la fosse profonde où l'âme va s'ensevelir. Madame Guyon met une sorte de complaisance, de persévérance, j'allais dire d'acharnement, à fouiller toujours plus bas, à trouver, par delà toutes les idées funèbres, un trépas plus définitif, une mort plus morte encore.

Il y a là bien des choses qu'on n'attendrait nullement d'une main de femme; la passion, dans son entraînement, oublie les réserves... Cette âme qui doit périr, l'amant divin lui ôte d'abord ses parures, les dons qui l'ornaient; il lui arrache ses vêtements, c'est-à-dire les vertus dont elle s'était enveloppée. O honte! elle se voit nue et ne sait plus où se mettre!... Ce n'est pas assez encore, on lui ôte sa beauté; horreur! Elle se voit laide. Effarouchée, vagabonde, elle court, elle se salit. Plus elle court vite à Dieu, « plus elle se souille aux endroits pleins de boue qu'il faut passer ». Pauvre, nue, laide et souillée, elle perd le goût de toute chose, l'entendement, la mémoire, la volonté; enfin, sous la volonté même, elle perd un je ne sais quoi « qui est son favori » et qui lui tiendrait lieu de tout (l'idée qu'elle est enfant de Dieu)... C'est là proprement *la mort*, où elle doit arriver. Que personne, ni directeur, ni autre, ne soulage celle-ci. Il faut qu'elle meure, il faut qu'elle soit mise en terre, qu'on la foule et marche dessus, qu'elle se gâte, qu'elle pourrisse, qu'elle souffre l'odeur, la puanteur du cadavre, — jusqu'à ce que, la pourriture devenant cendre et poussière, il subsiste à peine rien qui rappelle que l'âme ait été jamais.

Ce qui fut l'âme, si cela songe encore, doit songer apparemment qu'il ne lui reste qu'à se tenir immobile au sein de la terre. Mais voici pourtant qu'elle a senti quelque chose de surprenant!... Serait-ce que le soleil, par une fente du tombeau, aurait dardé quelque rayon?... Pour un petit moment peut-être?... Non, l'effet dure, la mort se réchauffe; elle reprend quelque vigueur, une sorte de vie... — Mais celle-ci n'est plus sa vie propre, c'est la *vie en Dieu*. Elle n'a plus rien à elle, ni volonté, ni désir. Qu'a-t-elle à faire pour posséder ce qu'elle aime? Rien, rien, et toujours rien... — Dans cet état, peut-elle avoir des défauts? Sans doute, elle en a, elle les connaît, mais ne fait rien pour s'en défaire [1]; il faudrait pour cela qu'elle revînt, comme autrefois, à s'occuper d'elle-même. « Ce sont petits nuages qu'elle doit laisser se dissiper. L'âme a maintenant Dieu pour âme, il est désormais son principe de vie, *lui est un et identique*.

« Dans cet état, rien d'extraordinaire. Point de visions, de révélations, d'extases, de ravissements. Tout cela n'est point dans cette voie, qui est simple, pure et nue, n'y voyant rien qu'en Dieu, *comme Dieu se voit*, et par ses yeux. »

Le livre finit ainsi, après tant de choses immorales et dangereuses, dans une pureté singulière, dont la plupart des mystiques n'ont pas approché. Une douce renaissance, sans vision ni extase, une vue

---

1. Madame Guyon, *les Torrents* (Opuscules, Cologne, 1701), p. 291.

divinement nette et sereine devient le partage de l'âme qui aura traversé tous les degrés de la mort.

A entendre madame Guyon, la vie brisée, souillée, détruite, se réveillera en Dieu. Celui qui a passé toutes les horreurs du sépulcre, qui de vivant s'est fait cadavre, qui a communié avec les vers, qui, devenu pourriture, est tombé à l'état de cendre et de terre, celui-là pourra reprendre la vie et refleurir au soleil!

Quoi de moins croyable? de moins conforme à la nature? Elle-même se trompe et nous trompe par une équivoque. La vie qu'elle nous promet, après ce trépas, ce n'est pas la nôtre; à notre personnalité éteinte, effacée, anéantie, une autre succédera, infinie, parfaite, je le veux bien, mais enfin qui n'est pas nous.

Je n'avais pas lu *les Torrents*, quand tout cela me fut pour la première fois représenté à l'esprit. Je montais le Saint-Gothard, et j'avançais à la rencontre de cette violente Reuss, qui descend la montagne d'une course si furieuse. Je m'associais malgré moi d'imagination au travail terrible par lequel elle perce sa route à travers les rocs qui la serrent, lui barrent le passage. J'étais effrayé de ses chutes, des efforts qu'elle semble faire, comme une pauvre âme en peine, pour se fuir, se cacher, ne plus se voir. Elle se tord, au Pont-du-Diable, et justement au point où elle tourne en se tordant, lancée d'une hauteur immense au fond de l'abîme, elle cesse un moment d'être rivière; ce n'est qu'une tempête entre ciel et terre, une glaciale vapeur, un affreux vent de frimas, qui brouille la noire vallée... Montez plus haut, montez encore. Vous traversez une caverne, vous passez un roc creusé. Et voilà que le bruit cesse ; c'en est fait de ce grand combat. Il y a paix, il y a silence... Et la vie ? recommence-t-elle ? Après cette lutte de mort, trouvez-vous la renaissance ?... Pâle est la prairie, plus de fleurs, l'herbe est rare et pauvre. Rien d'animé qui remue, pas un oiseau au ciel, pas un insecte à terre. Vous revoyez le soleil, il est vrai, mais sans rayon, sans chaleur.

CHAPITRE VIII

*Fénelon, comme directeur. Son quiétisme : Maximes des saints (1697).
Fénelon et madame de La Maisonfort.*

Madame Guyon n'était pas apparemment la personne extravagante et chimérique dont parlent ses ennemis, puisqu'en arrivant de Savoie à Paris, elle sut prendre et gagner tout d'abord l'homme le plus capable de faire goûter ses doctrines, un homme qui avait infiniment d'esprit et d'adresse, et par-dessus ces mérites, ce qui dispense du mérite, se trouvant à ce moment le directeur à la mode.

A cette nouvelle Chantal il fallait un saint François de Sales; elle le trouva dans Fénelon, moins serein, il est vrai, moins rayonnant d'enfance et de grâce séraphique, mais singulièrement noble et fin, subtil, éloquent, contenu, très dévot, très politique[1].

---

1. Voy. le savant Tabaraud (*Supplément à l'Histoire de Bossuet*, par le cardinal de Bausset, 1832), et l'appréciation très fine, très judicieuse, de deux excellents critiques, M. Monty (*De M. le Duc de Bourgogne*) et M. Alexandre Thomas (*Une province sous Louis XIV*).

Elle mit la main sur lui, le saisit, l'enleva sans difficulté. Ce grand et bel esprit, qui contenait toute chose, et toute contradiction, eût probablement flotté toujours, sans cette impulsion puissante qui le jeta d'un côté. Jusque-là il avait varié entre les opinions diverses, entre les partis et les corps opposés, en sorte que chacun le revendiquait comme sien, et croyait l'avoir. Courtisan assidu de Bossuet dont il se disait le disciple et qu'il ne quittait d'un pas dans ses retraites de Meaux, il n'en était pas moins ami des jésuites, et, entre les deux, il tenait encore étroitement Saint-Sulpice. Dans sa théologie, inclinant tour à tour à la grâce, au libre arbitre, imbu des plus vieux mystiques et plein des pressentiments du dix-huitième siècle, il semble avoir eu, sous sa foi, des coins obscurs de scepticisme qu'il se gardait de sonder. Tous ces éléments divers, sans pouvoir se fondre, s'harmonisaient au dehors dans l'ondulation gracieuse du plus élégant, du plus bel esprit qui se rencontra jamais. Grec et chrétien, il rappelle à la fois les Pères, les philosophes et les romanciers de l'époque alexandrine, et parfois, voilà tout à coup que le sophiste devient un prophète, et, dans un sermon, s'envole sur les ailes d'Isaïe.

Tout porte à croire, avec cela, que l'étonnant écrivain fut encore dans Fénelon la moindre partie ; il fut *directeur* avant tout. Qui peut dire par quel enchantement il prenait, ravissait les âmes ?... On l'entrevoit dans le charme infini de sa correspondance, toute mutilée qu'elle est[1]; nulle autre n'a été plus cruellement émondée, purgée, obscurcie à dessein. Eh bien, dans ces fragments, dans ces restes épars, la séduction est toute-puissante encore; outre la noblesse de forme, le tour vif et fin, où le grand seigneur se sent très bien sous l'apôtre, il y a ce qui n'est qu'à lui, une délicatesse de femme qui n'exclut nullement la force, et, dans la subtilité même, je ne sais quoi de tendre et de pénétrant. Jeune, avant d'être précepteur de M. le duc de Bourgogne, il avait longtemps dirigé les *Nouvelles Converties*. Là, il avait eu le loisir de bien étudier les femmes, et d'acquérir cette parfaite connaissance de leur cœur que personne n'eut comme lui. L'intérêt passionné qu'elles prirent à sa fortune, les pleurs du petit troupeau, des duchesses de Chevreuse, de Beauvilliers, etc., quand il manqua l'archevêché de Paris, leur fidélité obstinée pour ce guide bien-aimé dans son exil de Cambrai qui dura jusqu'à la mort, tout cela supplée assez les lettres perdues, et donne une étrange idée du tout-puissant magicien dont rien ne pouvait rompre l'invincible enchantement.

Introduire une spiritualité si raffinée, si haute, une telle prétention à la perfection suprême, dans ce monde convenu, cérémoniel de Versailles, et cela à une fin de règne où tout semblait glacé, quelle

---

[1]. Un évêque, alors inspecteur de l'Université, s'est vanté devant moi (et devant plusieurs personnes qui le témoigneraient au besoin) d'avoir brûlé des lettres de Fénelon.

entreprise téméraire ! Il ne s'agissait pas de se laisser aller, comme madame Guyon dans sa solitude des Alpes, aux *torrents* de l'amour divin. Il fallait mettre les apparences du bon sens, les formes de la raison jusque dans la folie de l'amour; il fallait, comme dit le comique ancien, *délirer avec règle et mesure.* C'est ce qu'essaya Fénelon dans les *Maximes des Saints*, Molinos condamné, madame Guyon emprisonnée à Vincennes, l'instruisaient assez; il se prononça, mais prudemment, et garda dans la forme, tout en se décidant, un reste d'indécision.

Néanmoins, avec toute son habileté, son adresse et ses replis, s'il diffère des quiétistes absolus qu'il affecte de condamner, c'est moins pour le fonds de la doctrine que pour le degré où il admet la doctrine. Il croit faire beaucoup en disant que l'état de quiétude où l'âme perd l'activité, n'est pas un état *perpétuellement* passif, mais passif *habituellement*. En reconnaissant l'inaction comme supérieure à l'action, et comme l'état parfait, ne fait-il pas désirer que l'inaction soit perpétuelle ?

Cette âme, *habituellement* passive, selon lui, se concentre en haut, laissant au-dessous d'elle la partie inférieure, dont les actes sont d'un trouble entièrement *aveugle* et involontaire. *Ces actes étant toujours censés volontaires*, il avoue que la partie supérieure en reste responsable. C'est donc elle qui les réglera? Nullement, elle est absorbée dans sa haute quiétude. Qui donc, à son défaut, s'en mêle? qui empêche le désordre dans cette sphère d'en bas où l'âme ne descend plus? Il le dit expressément : *C'est le directeur*[1].

Que dans la théorie il modifie Molinos, cela est moins important qu'il ne semble. Le côté spéculatif qui occupe tant Bossuet, n'est pas le plus essentiel dans un point où la pratique est si directement intéressée. Ce qui est grave, c'est que Fénelon, aussi bien que Molinos, après avoir posé un grand échafaudage de règles, n'a pas assez de ces règles; à chaque instant il appelle le secours du directeur. Il établit un système, mais ce système ne peut aller seul, il y faut la main de l'homme. Cette inerte théorie exige de moment en moment le supplément d'une consultation spéciale, d'un expédient empirique. Le directeur est pour l'âme comme une âme supplémentaire, qui, pendant qu'elle dort sur la montagne, règle et conduit tout pour elle dans ce misérable monde d'en bas, qui n'est pas moins après tout que celui des réalités.

L'homme donc, et toujours l'homme! C'est ce que vous trouvez au fond de leurs doctrines, en les serrant et les pressant. C'est l'*ultima ratio* de leurs systèmes. Leur théorie est telle, telle aussi leur vie.

Je laisse ces illustres adversaires, Fénelon et Bossuet, se battre pour les idées. J'aime mieux observer leur pratique. Là, je vois que la doctrine est peu, l'homme beaucoup. Quiétistes, anti-quiétistes, ils ne diffèrent pas essentiellement dans leur méthode d'envelopper l'âme, d'assoupir la volonté.

---

1. *Maximes des Saints*, articles 14, 8, 20, 39, 45.

Sous le combat de théories, avant même qu'il ne commençât, il y en eut un, personnel, fort curieux à observer. L'enjeu du combat, si j'ose ainsi parler, la conquête spirituelle que se disputèrent les deux partis, fut une femme, une âme charmante, pleine d'élan et de jeunesse, de vivacité imprudente et de loyauté naïve[1]. C'était une nièce de madame Guyon, une demoiselle qu'on appelait madame (elle était chanoinesse) de La Maisonfort. Cette demoiselle, noble et pauvre, maltraitée par une belle-mère et un père remarié, était tombée dans les froides et politiques mains de madame de Maintenon. Soit vanité de fonder, soit comme moyen d'amuser un vieux roi peu amusable, elle faisait alors Saint-Cyr, pour les demoiselles nobles. Elle savait que le roi était toujours sensible aux femmes, et ne lui laissait guère voir que des vieilles ou des enfants. Les pensionnaires de Saint-Cyr, qui dans l'innocence de leurs jeux récréaient les yeux du vieillard, lui rappelaient un autre âge, et lui offraient une douce et peu dangereuse occasion de galanterie paternelle.

Madame de Maintenon, qui dut, comme on sait, sa singulière fortune à une certaine harmonie décente des qualités médiocres, chercha quelque chose d'éminemment médiocre, si l'on peut parler ainsi, pour gouverner cette maison. Elle ne pouvait trouver mieux que chez les Sulpiciens et les Lazaristes. Le

---

1. Singulière destinée que celle de cette jeune fille, dont Racine essuie un jour les larmes (elle jouait Élise dans *Esther*), et que Fénelon et Bossuet ont fait tant pleurer! Voy. M. de Noailles, *Saint-Cyr*, p. 113 (1843).

sulpicien Godet, qu'elle prit pour son directeur et pour directeur de Saint-Cyr, était un cuistre de mérite ; c'est à peu près la définition qu'en donne Saint-Simon qui en fait cas. Madame de Maintenon vit en lui le prêtre sec et littéral qui pouvait la rassurer contre toute excentricité. Avec celui-là, on pouvait dormir tranquille ; entre les deux hommes de génie qui influaient à Saint-Cyr, le janséniste Racine et le quiétiste Fénelon[1], elle préféra Godet.

On ne saurait pas cette histoire, qu'à voir seulement la maison de Saint-Cyr, on y reconnaîtrait sans peine le vrai domicile de l'ennui. L'âme de la fondatrice, cette âme de gouvernante, se sent là partout. On bâille, rien qu'à regarder... Encore si ce bâtiment était triste ; la tristesse elle-même est pour l'âme un aliment. Non, il n'est pas triste, et il n'en est pas plus gai ; il n'y a rien à en dire, nul caractère, nul style, rien qu'on puisse au moins blâmer. De quel âge est la chapelle ? Ni gothique, ni renaissance, pas même le style jésuite. Mais alors, il y a peut-être l'austérité janséniste ?... Cela n'est nullement austère... Qu'est-ce donc ? Rien. Mais ce rien a une puissance d'ennui qu'on ne trouverait nulle part.

Après le premier moment, demi-dévot, demi-mondain, des représentations d'*Athalie* et d'*Esther*, que les jeunes demoiselles avaient trop bien jouées, le pensionnat réformé devint une sorte de couvent. Au lieu de Racine, ce fut l'abbé Pellegrin et madame de

---

1. « Ou Racine, en vous parlant de jansénisme, vous y aurait entraînée, ou M. de Cambrai », etc. *Lettres de madame de Maintenon*, II, 190 (éd. de 1757).

Maintenon qui firent des pièces pour Saint-Cyr[1]. Les dames institutrices durent être des religieuses. Grand changement, qui déplut à Louis XIV lui-même[2], et qui pouvait compromettre l'établissement nouveau. Madame de Maintenon semble l'avoir senti, et elle chercha *pour pierre fondamentale de son édifice,* une pierre vivante, hélas! une femme pleine de grâce et de vie... Ce fut la pauvre Maisonfort qu'on décida de voiler, de cloîtrer, de sceller dans les fondations de Saint-Cyr.

Mais celle qui pouvait tout, ne pouvait cela. Vive, indépendante, comme était La Maisonfort, tous les rois et toutes les reines y auraient échoué. Le cœur seul, touché habilement, pouvait l'amener où on voulait. Madame de Maintenon, qui tenait extrêmement à la chose, y fit des efforts qui surprennent quand on lit ses lettres. Cette personne si réservée sort ici de son caractère; elle se confie, pour gagner la confiance, et ne craint pas d'avouer à la jeune fille qu'elle veut dégoûter du monde, qu'elle-même, dans la première place du monde, « elle se meurt de tristesse et d'ennui ».

Ce qui fut plus efficace, c'est qu'on employa près d'elle un nouveau directeur, le séduisant, le charmant, l'irrésistible. L'abbé de Fénelon était alors très-bien avec madame de Maintenon; il dînait tous les dimanches avec elle chez les duchesses de Beau-

---

1. *Proverbes inédits* de madame de Maintenon, 1829. Voy. aussi ses *Conversations* (1828), et son *Esprit de l'Institut des filles de Saint-Louis* (1808).
2. M. de Noailles, *Saint-Cyr,* p. 131.

villiers et de Chevreuse, seuls entre eux, sans domestiques, se servant eux-mêmes, pour ne pas être écoutés. L'attrait de cet homme unique fut grand pour La Maisonfort, et l'autorité lui ordonnait de suivre cet attrait : « Voyez l'abbé Fénelon, lui écrivait madame de Maintenon, accoutumez-vous à vivre avec lui[1]. »

Aimable commandement, qu'elle ne suivit que trop bien, douce accoutumance... Avec un tel homme qui animait tout de son charme personnel, qui facilitait, simplifiait les choses les plus ardues, on ne marchait pas, on volait, entre ciel et terre, dans les tièdes régions de l'amour divin. Tant de séduction, de sainteté. à la fois et de liberté... c'était trop pour le pauvre cœur !

Saint-Simon raconte par quels moyens d'espionnage et de trahison Godet constata dans Saint-Cyr la présence du quiétisme. Il ne fallait pas tant d'adresse. La Maisonfort était assez pure pour être imprudente. Dans le bonheur de cette spiritualité nouvelle où elle entrait de toute son âme, elle en disait encore plus qu'on ne voulait lui faire dire.

Fénelon, tout suspect qu'il devenait alors, lui fut laissé toutefois, jusqu'à ce qu'elle eût fait le grand pas. On attendit qu'elle eût, sous cette influence, malgré ses réclamations et ses larmes, pris le voile, et laissé fermer derrière elle la fatale grille.

Deux assemblées eurent lieu à Saint-Cyr pour

---

[1]. Lettre citée par Phélippeaux, *Relation du quiétisme*, I, 43.

régler la destinée de la victime. Godet, assisté des lazaristes Thiberge et Brisacier, décida qu'elle serait religieuse, et Fénelon, qui était de ce beau concile, n'y contredit pas. Elle-même a raconté que pendant la délibération, « elle se retira devant le saint-sacrement, dans une étrange angoisse, qu'elle pensa mourir de douleur, et versa dans sa chambre toute la nuit un torrent de larmes ».

La délibération était de pure forme ; madame de Maintenon voulait, il ne restait qu'à obéir. Personne, à ce moment, ne dépendait d'elle plus que Fénelon. C'était la crise décisive pour le quiétisme. Il s'agissait de savoir si son docteur, son écrivain, son prophète, peu agréable au roi qui pourtant ne le connaissait pas bien encore, pourrait acquérir dans l'Église, avant que la doctrine n'éclatât, la position d'un grand prélat, où tous les siens le poussaient. De là son dévouement illimité pour madame de Maintenon, de là le sacrifice de la pauvre Maisonfort à cette volonté toute-puissante. Fénelon, qui connaissait parfaitement son peu de vocation, l'immola, non pas sans doute à ses intérêts personnels, mais à l'avancement de ses doctrines et à l'agrandissement de son parti.

Dès qu'elle fut voilée, cloîtrée sans retour, il s'éloigna peu à peu. Trop franche et trop imprudente, elle faisait tort à sa doctrine, déjà vivement attaquée. Il n'avait pas besoin d'amitiés si compromettantes. Il lui fallait des appuis politiques. Il s'adressa aux jésuites *in extremis*, prit un confesseur jésuite ; ils avaient eu la prudence d'en avoir des deux partis.

Retomber de Fénelon à Godet, rentrer sous sa direction sèche et dure, c'était plus que la nouvelle religieuse ne pouvait supporter. Un jour qu'il vint avec les petites constitutions, les petits règlements minutieux qu'il avait faits en commun avec madame de Maintenon, La Maisonfort ne put se contenir, et devant lui, devant la toute-puissante fondatrice, elle dit courageusement le mépris qu'elle en faisait. Peu après, une lettre de cachet la chassa durement de Saint-Cyr.

Contre tout ce monde hostile, ces Godet, ces Brisacier, elle avait fait une trop belle défense. Abandonnée de Fénelon, elle tâchait de rester fidèle à ses doctrines, et s'obstinait à garder ses livres. Il fallut qu'on appelât la grande puissance du temps, Bossuet, pour réduire la rebelle. Mais elle ne voulut recevoir ses avis qu'après avoir demandé à Fénelon si elle pouvait le faire. A cette dernière marque de confiance, il répond, j'ai regret de le dire, par une lettre sèche et triste[1], où la jalousie ne perce que trop, et le regret de voir passer sous l'influence d'un autre celle qu'il n'avait pas défendue.

---

1. Elle est tout entière dans *Phélippeaux*, I, 161 : « Ce n'est pas une marque qu'on se porte bien quand on a besoin d'un si grand nombre de médecins », etc.

CHÀPITRE IX

Bossuet, comme directeur. Bossuet et la sœur Cornuau. Sa loyauté et son imprudence. Il est quiétiste en pratique. La direction dévote incline au quiétisme. Paralysie morale.

Rien n'éclaire mieux le caractère propre à la direction que la correspondance du plus digne, du plus loyal directeur : je parle de Bossuet. L'expérience est décisive ; si les résultats sont mauvais, c'est la méthode et le système qu'il faudra accuser, nullement l'homme.

La grandeur du génie et la noblesse du caractère éloignaient naturellement Bossuet des petites passions du vulgaire des directeurs, des minuties, des jalousies, des tyrannies tracassières. Nous pouvons en croire une de ses pénitentes. « Sans désapprouver, dit-elle, les directeurs qui règlent jusqu'aux moindres pensées et affections, *il ne pouvoit goûter cette pratique* à l'égard des âmes qui aimoient Dieu, et qui étoient un peu avancées dans la vie spirituelle[1]. »

---

1. *Œuvres de Bossuet, Avertissement de la sœur Cornuau*, XI, 300 (éd. Lefebvre, 1836).

Sa correspondance est digne, noble, sérieuse. Vous n'y trouverez point les tendresses trop caressantes de saint François de Sales, encore moins les raffinements, les subtilités passionnées de Fénelon ; point de sophistique amoureuse. Moins austères que les lettres de Saint-Cyran, celles de Bossuet s'en rapprochent par la gravité. Elles ont souvent un grandiose oratoire qui ne va guère avec l'humble et médiocre personne à qui elles sont généralement adressées, mais qui a cet avantage de la tenir à distance et d'exclure, dans le plus confiant tête-à-tête, les rapprochements trop intimes.

Si cette correspondance nous est parvenue plus entière que celle de Fénelon, nous le devons (du moins pour la partie la plus curieuse) au culte qu'une pénitente de Bossuet, la bonne veuve Cornuau, conserva pour sa mémoire. Cette digne personne, en nous transmettant ces lettres, y a laissé religieusement nombre de détails assez humiliants pour elle. Elle a oublié sa vanité, et n'a songé qu'à la gloire de son père spirituel. En cela, son attachement l'a bien heureusement guidée ; elle a fait pour lui, peut-être, plus qu'aucun panégyriste. Ces nobles lettres, écrites pour ne jamais voir le jour, dans un secret si profond, sont dignes d'être exposées aux regards du monde.

La bonne veuve nous apprend que, quand elle était assez heureuse pour l'aller voir dans sa solitude de Meaux, il la recevait parfois dans « un lieu petit, très froid, où il y avoit beaucoup de fumée ». C'est, selon toute apparence, le petit pavillon que l'on montre encore aujourd'hui au bout du jardin, sur l'ancien rempart de la ville qui forme la terrasse du palais épiscopal. Au-dessus du cabinet qui fait le rez-de-chaussée, couchait, dans un petit grenier, le valet qui, de bon matin, éveillait Bossuet. Une sombre et étroite allée d'ifs et de houx mène au triste appartement, vieux arbres nains, rabougris, qui ont de plus en plus mêlé leurs bras noueux, leurs noires et piquantes feuilles. Les songes du passé y logent toujours ; vous y trouveriez encore toutes les épines de ces grandes polémiques, aujourd'hui si loin de nous, les disputes de Jurieu et de Claude, et l'*Histoire* hautaine des *Variations*, et le mortel combat du Quiétisme, envenimé d'amitié trahie... Sur le sérieux jardin, aligné à la française, plane, dans sa majesté douce, la tour de la cathédrale ; mais on ne la voit pas de la petite allée noire, ni du triste cabinet, lieu resserré, froid, ingrat d'aspect, qui, malgré le grand souvenir, rebute par la sécheresse, et rappelle que, sous ce beau génie, le meilleur prêtre du temps, il y eut un prêtre encore.

Il n'y avait guère qu'un point par où l'on pouvait toucher cet esprit dominateur, la docilité, l'obéissance. Celle de la bonne Cornuau dépassa tout ce qu'il pouvait attendre. Elle en montre infiniment, et l'on voit qu'elle en cache encore, de peur de déplaire. Elle s'ingénie, autant que le permet sa médiocrité naturelle, à suivre les goûts et les idées du grand homme. Il avait l'esprit de gouvernement ; elle l'eut aussi en petit. Elle se chargea des affaires de la communauté où elle vivait; et en même temps elle terminait celles de sa famille. Elle attendit ainsi quinze ans, avant qu'il lui fût permis de se faire religieuse. Elle obtint enfin cette grâce, et se fit appeler la sœur de *Saint-Bénigne,* prenant ainsi, un peu hardiment peut-être, le nom même de Bossuet.

Ces soins positifs, où le sage directeur la retint longtemps, eurent pour elle l'excellent effet de distraire et ralentir l'imagination. C'était une nature passionnée, honnête, mais un peu commune, qui malheureusement avait assez de sens pour s'avouer ce qu'elle était. Elle sait et elle se dit qu'elle n'est qu'une petite bourgeoise, qu'elle n'a ni naissance, ni grand esprit, ni grâce, ni monde; elle n'a pas seulement vu Versailles! Comment lutterait-elle, près de lui, contre ses autres filles spirituelles, grandes dames, toujours brillantes dans leurs pénitences même et leurs abaissements volontaires?... Il semble que d'abord elle ait espéré de prendre sa revanche ailleurs, et de s'élever par-dessus ces mondaines par les voies mystiques. Elle s'avise certain jour d'avoir des visions; elle en écrit une, d'assez pauvre imagination, que Bossuet n'encourage pas. Que faire? La nature lui a refusé les ailes, elle voit bien que décidément elle ne pourra pas voler. Du moins, elle n'a pas d'orgueil; elle n'essaye pas de cacher le triste état de son cœur; il lui échappe cet aveu humiliant : « Qu'elle crève de jalousie. »

Ce qui touche, c'est que, l'aveu fait, la pauvre

créature, très douce et très bonne, s'immole et se fait garde-malade de celle dont elle était jalouse, et qui était alors atteinte d'un mal affreux. Elle la suit à Paris, elle s'enferme avec elle, elle la soigne, elle l'aime! pour la raison peut-être qui tout à l'heure produisait l'effet tout contraire? parce qu'elle est aimée de Bossuet?

La Cornuau se trompe évidemment dans sa jalousie; c'est elle qui est préférée; nous le voyons aujourd'hui par la comparaison des diverses correspondances. A elle sont réservées toutes les indulgences paternelles; pour elle seule il semble s'attendrir par moments, autant que le permet sa gravité ordinaire. Cet homme si occupé trouve du temps pour lui écrire près de deux cents lettres. Il est certainement plus ferme, plus austère, avec la grande dame dont elle est jalouse. Il devient bref, presque dur, pour celle-ci, quand il s'agit de répondre aux confidences un peu scabreuses qu'elle s'obstinait à lui faire. Il ajourne sa réponse indéfiniment (« à mon grand loisir »); jusque-là il lui défend d'écrire sur de tels sujets, sinon « il brûlera ses lettres sans les lire seulement » (24 novembre 1691). Il dit ailleurs très noblement, sur ces choses délicates qui peuvent troubler l'imagination, « qu'il falloit, quand on étoit obligé de parler de ces sortes de peines et de les entendre, *ne tenir à la terre que du bout du pied* ».

Cette honnêteté parfaite, qui ne veut rien entendre au mal, le lui fait oublier parfois, plus qu'il ne faudrait, et le rend peu circonspect. Rassuré aussi par son âge, fort mûr alors, il se permet par moments des élans d'amour mystique, indiscrets, devant un témoin aussi passionné que la Cornuau. En présence d'une personne simple, soumise, inférieure en tout sens, il se croit seul, et donnant l'essor au vivace instinct de poésie qu'il eut jusqu'en ses vieux jours, il n'hésite pas à se servir de la langue mystérieuse du Cantique des Cantiques. Quelquefois, c'est pour calmer sa pénitente, pour raffermir sa chasteté, qu'il emploie cette langue brûlante. Je n'ose copier la lettre, innocente à coup sûr, mais si imprudente, qu'il écrit de sa campagne de Germigny (le 10 juillet 1692), et où il explique le sens de la parole de l'Épouse : « Soutenez-moi avec des fleurs, parce que je languis d'amour. » Cette médecine, qui veut guérir la passion par une passion plus forte, est merveilleusement propre à doubler le mal.

Ce qui étonne bien plus que ces imprudences, c'est que vous trouvez fréquemment dans la correspondance intime de ce grand adversaire du quiétisme la plupart des sentiments et des maximes pratiques qu'on reprochait aux quiétistes. Il développe à plaisir leur texte favori : *Expectans expectavi*. L'Épouse ne doit pas s'empresser ; elle doit « *attendre en attendant* ce que l'Époux voudra faire ; si, en attendant, il caresse l'âme et la pousse à le caresser, il faut livrer son cœur... Le moyen de l'union, c'est l'union même. *Laisser faire* l'Époux, c'est toute la correspondance de l'Épouse... »

« Jésus est admirable dans les chastes embrassements dont il honore son Épouse et la rend féconde ; *toutes les vertus sont le fruit* de ses chastes embrassements. » (28 février 1693.) — « Il doit suivre un changement dans la vie, mais *sans que l'âme songe seulement à se changer elle-même.* »

Cette lettre, toute quiétiste, est écrite le 30 mai (1696); et, huit jours après[1], triste inconséquence ! il écrit ces paroles inhumaines sur madame Guyon : « On me paroît résolu de la renfermer loin d'ici *dans un bon château* », etc.

Comment ne voit-il pas que, sur la question pratique, bien autrement importante que la théorie, il ne diffère en rien de ceux qu'il traite si mal? La direction, dans Bossuet, comme dans ses adversaires, c'est le développement des côtés inertes et passifs de notre nature : *Expectans expectavi.*

C'est pour moi un spectacle de les voir tous, du fond même du Moyen-âge, crier contre les mystiques et tomber au mysticisme. Il faut que la pente soit forte, invincible. Aux quatorzième et quinzième siècles, le profond Ruysbrock, le grand Gerson, imitent justement ceux qu'ils blâment. Au dix-septième, les quiétistes Bona, Fénelon, Lacombe même, le directeur de madame Guyon, parlent sévèrement, durement des quiétistes absolus. Tous montrent l'abime, tous y tombent.

Les personnes ne sont rien ici, il y a une fatalité logique. L'homme qui, par son caractère et son

---

1. *Œuvres de Bossuet*, XI, 380, et XII, 53 (éd. de 1836).

génie, est le plus loin des voies passives, celui qui dans ses écrits les condamne avec le plus de force, Bossuet, dans sa pratique, y marche comme les autres.

Qu'importe que l'on écrive contre la théorie du quiétisme? le quiétisme est bien moins un système qu'une méthode : méthode d'assoupissement et d'inertie que nous retrouvons toujours, sous une forme ou sous une autre, dans la direction dévote. Il ne sert de rien de conseiller l'activité comme Bossuet, de la permettre comme Fénelon, si, prévenant dans une âme tout exercice de l'activité, la tenant comme à la lisière, vous lui ôtez l'habitude, le goût, le pouvoir d'agir.

Qu'elle ait l'air d'agir encore, n'est-ce pas une illusion, si cette activité n'est pas la sienne, si c'est la vôtre, ô Bossuet! Vous me montrez une personne qui va, marche; et je vois bien qu'elle n'a cette apparence de mouvement que parce qu'elle vous porte en elle, comme principe d'action, comme cause et raison de vivre, de marcher, de remuer. Il y a toujours au total la même somme d'action; seulement, dans ce dangereux rapport du directeur au dirigé, toute l'action passe au premier; seul il reste une force active, une volonté, une personne; le dirigé perdant peu à peu ce qui constitue la personne; que devient-il? une chose.

Lorsque Pascal, dans son dédain superbe pour la raison, nous engage *à nous abêtir*[1], à plier en nous

---

1. Montaigne aussi dit *abêtir*, mais non au profit de l'autorité. Autre sens, autre intention. Voy. Pascal, édition Faugère, II, 168.

ce qu'il appelle l'*automate* et la *machine*, il ne voit pas qu'il y aura seulement un échange de raisons; la nôtre s'étant mise elle-même le mors et la bride, la raison d'un autre va monter dessus, la chevaucher, la mener comme elle voudra.

Si l'automate conserve du mouvement, comment le mènera-t-on? selon l'opinion *probable;* le *probabilisme* des jésuites règne dans la première moitié du siècle. Puis, le mouvement s'arrêtant, le siècle paralysé apprend des *quiétistes* que l'immobilité est la perfection même.

L'affaiblissement et l'impuissance des derniers temps de Louis XIV sont un peu dissimulés par un reste d'éclat littéraire. Ils n'en sont pas moins profonds. C'est la suite naturelle, non seulement des grands efforts qui amènent l'épuisement, mais aussi des théories d'abnégation, d'impersonnalité, de nullité systématique qui avaient toujours gagné dans ce siècle. A force de dire et redire qu'on ne peut bien marcher que soutenu par un autre, il se forma une génération qui ne marchait plus du tout, qui se vantait d'avoir oublié le mouvement et en faisait gloire. Madame Guyon, en parlant d'elle-même, exprime avec force, dans une lettre à Bossuet, ce qui était alors l'état général : « Vous dites, monseigneur, qu'il n'y a que quatre ou cinq personnes qui soient dans cette difficulté de faire des actes, et je vous dis qu'il y en a plus de cent mille... Lorsque vous m'avez dit de demander et désirer, je me suis trouvée comme un paralytique à qui l'on dit de marcher *parce qu'il a des jambes;* les efforts qu'il veut faire pour cela ne servent qu'à lui faire sentir son impuissance. L'on dit dans les règles ordinaires : *Tout homme qui a des jambes doit marcher.* Je le crois, je le sais; cependant j'en ai, et je sens bien que je ne puis m'en servir[1]. »

---

[1]. Lettre du 10 février 1694, *Œuvres de Bossuet*, XII, 14 (éd. de 1836). Rapprocher les aveux si tristes de la sœur du Mans, *ibid.*, XI, 558, 30 mars 1695, et ceux de Fénelon même, 8 novembre 1700, I, 572 (éd. Didot, 1838).

CHAPITRE X

Le *Guide* de Molinos; rôle qu'y joue le directeur; austérité hypocrite; doctrine immorale. Molinos approuvé à Rome (1675). Molinos condamné à Rome (1687). Ses mœurs conformes à sa doctrine. Les molinosistes espagnols. La mère Agueda.

Pour celui qui ne peut plus remuer de lui-même, pour le pauvre paralytique, le plus grand danger n'est point de rester sans action, mais de devenir le jouet d'une action qui n'est pas la sienne. Les théories qui parlent le plus d'immobilité ne sont pas toujours désintéressées. Prenez garde, et prenez garde.

Le livre de Molinos, artificiel et réfléchi, a un caractère qui lui est tout à fait propre et qui le distingue des livres naïfs, inspirés, des grands mystiques.

Ceux-ci, tels que sainte Thérèse, recommandent souvent d'obéir, de ne pas s'en croire soi-même, de tout soumettre au directeur. Ils se donnent ainsi un guide, mais dans leur vigoureux élan ils emportent le guide avec eux. Ils croient le suivre, ils le mènent. Le directeur n'a près d'eux nulle autre chose à faire qu'à sanctionner leur inspiration.

L'originalité du livre de Molinos est toute contraire. Là expire vraiment l'activité intérieure ; nulle action qu'étrangère. Le *directeur* est le pivot de tout le livre, il revient à chaque instant, et là même où il disparaît, on sent bien qu'il est derrière. C'est le *guide*, ou plutôt le soutien sans lequel cette âme impotente ne pourrait faire un seul pas. C'est le médecin toujours présent qui décide si la malade peut goûter ceci ou cela.... Malade ? Oui, et bien malade, puisqu'il faut à tout instant qu'un autre pense, sente, agisse pour elle, en un mot vive à sa place.

Pour elle, peut-on dire qu'elle vive? N'est-ce pas là la vraie mort? Les grands mystiques cherchaient la mort et ne pouvaient la trouver ; leur activité vivante persistait dans le sépulcre ; mourir, seul à seul, en Dieu, y mourir de sa volonté, par son énergie, ce n'est pas mourir tout à fait. Mais laisser, de lâcheté, s'en aller son âme dans le tourbillon d'une autre âme, subir dans un demi-sommeil l'étrange transformation où votre personnalité est absorbée dans la sienne, c'est bien la vraie mort morale. Il n'en faut pas chercher d'autre.

« Agir, c'est le fait du novice ; pâtir, c'est déjà profiter ; mourir, c'est la perfection... — Avançons dans les ténèbres et nous avancerons bien ; le cheval qui tourne, les yeux bandés, n'en moud que mieux le froment. — Ne pensons pas, ne lisons point. Un maître *pratique* nous dira mieux que tous les livres ce qu'il faut faire *au moment*... Grande sécurité, d'avoir un guide d'expérience, qui nous gouverne et nous enseigne, selon sa lumière *actuelle*, et nous empêche d'être trompés par le démon ou par notre propre sens[1]. »

Molinos, en nous menant doucement par ce chemin, me paraît savoir très bien où il mène. J'en juge par les précautions infinies qu'il prend pour nous rassurer; par l'affiche qu'il met partout, d'humilité, d'austérité, d'excessif scrupule, de prudence exagérée par delà toute prudence. Les saints ne sont pas si sages.

Dans une bien humble préface, il croit que ce petit livre, sans ornement, sans style, sans protecteur, ne peut avoir de succès; « il sera critiqué sans doute, tous le trouveront insipide... » Plus humblement encore, à la dernière page, il *prosterne l'ouvrage*, et le soumet à la correction de la sainte Église romaine[2].

Il fait entendre que le vrai directeur ne dirige que malgré lui. « C'est un homme qui voudrait être dispensé du soin des âmes, qui soupire, halète, après la solitude. — Il est surtout bien loin de rechercher la direction des femmes; elles sont généralement trop peu préparées. — Il faut qu'il prenne bien garde d'appeler sa pénitente : *Ma fille*; c'est un mot trop tendre; Dieu en est jaloux. — L'amour de soi, la passion, ce monstre à sept têtes, prend quelquefois la figure de la reconnaissance, de l'affection filiale

---

1. Molinos, *Guida spirituale* (Venetia, 1685), p. 86, 161 et *passim*. trad. latine (Lipsiæ, 1687).

2. Le *Guide* de Molinos, ce livre si célèbre, n'est pas très original. On y trouve peu de choses qui ne soient supérieures dans les autres quiétistes. Lire pourtant son éloge enthousiaste du *néant*, du *rien*, dont Bossuet a traduit quelques passages au livre III de l'*Instruction sur les états d'oraison*.

pour le confesseur. — Il n'ira pas visiter ses pénitentes chez elles, pas même en cas de maladie, *à moins qu'il ne soit appelé* [1]. »

Voilà une sévérité étonnante, des précautions excessives, inconnues jusqu'à Molinos! Quel saint homme est donc celui-ci! Il est vrai que, si le directeur ne doit pas de lui-même visiter cette malade, il le peut *si elle l'appelle*... Je réponds qu'elle l'appellera. Avec une telle direction, n'est-elle pas toujours malade, embarrassée, craintive, impuissante à rien faire d'elle-même; elle le souhaite à toute heure. Tout mouvement qui ne vient de lui, pourrait bien venir du Diable; la fibre même du remords, qui parfois remue en elle, ne serait-ce pas un fil que le Diable tire [2]?...

Dès qu'il est près d'elle, au contraire, quelle tranquillité! Comme il la calme d'un mot! comme il résout tous ses scrupules!... Elle est bien récompensée de n'avoir rien fait d'elle-même, d'avoir attendu, d'avoir obéi, d'obéir toujours... Elle sent bien maintenant *que l'obéissance vaut mieux que toute vertu.*

Eh bien! qu'elle soit discrète, on la conduira plus loin.... « Il ne faut pas, si elle pèche, qu'elle s'inquiète du péché. S'en tourmenter, ce serait signe qu'on garde un levain d'orgueil.... C'est le Diable qui, pour nous arrêter dans la voie spirituelle, nous occupe ainsi de nos chutes. Ne serait-il pas stupide, à celui qui court, de s'arrêter quand il tombe, pour pleurer comme un

1. Le *Guide*, lib. II, c. vi.
2. *Ibid.*, c. xvii.

enfant, au lieu de poursuivre sa course?... Ces chutes ont l'excellent effet de nous préserver de l'orgueil qui est la plus grande chute. Dieu fait des vertus de nos vices, et ces vices mêmes par lesquels le Diable croyait nous jeter dans l'abîme, *deviennent une échelle pour monter au ciel*[1]. »

Cette doctrine fut bien accueillie. Molinos avait eu l'adresse de publier en même temps un autre livre qui pouvait servir de passeport à celui-ci, un traité de la *Communion quotidienne*, dirigé contre les jansénistes et le grand livre d'Arnauld. Le *Guide spirituel* fut examiné avec la faveur que Rome pouvait accorder à l'ennemi de ses ennemis. Il n'y eut guère d'ordre religieux qui ne l'approuvât. L'Inquisition romaine lui donna trois approbations par trois de ses membres, un jésuite, un carme et le général des franciscains. L'Inquisition espagnole l'approuva deux fois, par l'examinateur général de l'ordre des capucins, et par un trinitaire, l'archevêque de Reggio. En tête on lisait un éloge enthousiaste, exalté, de Molinos, par l'archevêque de Palerme.

Les quiétistes devaient être alors bien forts à Rome, puisque l'un d'eux, le cardinal Bona (protecteur de Malaval) fut au moment de devenir pape.

Les choses tournèrent au rebours, contre toute attente. La grande tempête gallicane de 1682, qui pendant près de dix ans interrompit les rapports de la France et du Saint-Siège et montra combien aisément

---

1. Scala per salire al cielo. *Guida*, p. 138, lib. II, c. XVIII.

on peut se passer de Rome, obligea le pape à relever la dignité morale du pontificat par des actes de sévérité. Le coup tomba spécialement sur les jésuites et sur leurs amis. Innocent XI porta une condamnation solennelle sur les casuistes, condamnation tardive sur des gens tués depuis vingt ans par Pascal. Le quiétisme ne l'était pas ; les franciscains et les jésuites l'avaient pris à cœur ; donc, les dominicains lui étaient contraires. Molinos, dans son *Manuel*, avait fort réduit les mérites de saint Dominique, et prétendu que *saint Thomas mourant avoua qu'il n'avait jusque-là écrit rien de bon*. Aussi, de tous les grands ordres celui des dominicains est le seul dont l'approbation manque au *Guide* de Molinos.

Le livre et l'auteur, examinés sous cette nouvelle influence, parurent horriblement coupables. L'Inquisition de Rome, sans s'arrêter aux approbations accordées douze ans auparavant par ses examinateurs, condamna le *Guide*, et, de plus, quelques propositions qui ne s'y trouvent pas, mais que l'on tira des interrogatoires de Molinos ou de son enseignement. Celle-ci n'est pas la moins curieuse : « Dieu, pour nous humilier, permet en certaines âmes parfaites que le Diable leur fasse commettre (bien éveillées et dans leur état lucide) certains actes charnels, et qu'il leur remue les mains et autres membres contre leur volonté. En ce cas, et autres, qui sans cela seraient coupables, *il n'y a pas péché*, parce qu'il n'y a pas consentement.... Le cas peut arriver que ces mouvements violents qui poussent aux actes charnels, se rencontrent en deux personnes, un homme et une femme, au même moment[1]. »

Ce cas s'était rencontré pour Molinos lui-même, beaucoup trop souvent. Il fit amende honorable, s'humilia pour ses mœurs, et ne défendit pas sa doctrine, ce qui le sauva. Les inquisiteurs, qui d'abord l'avaient approuvé, devaient être eux-mêmes embarrassés de ce procès. Il fut traité avec douceur, et seulement emprisonné, tandis que deux de ses disciples, qui n'avaient fait qu'appliquer fidèlement sa doctrine, furent, sans pitié, brûlés vifs. L'un était un curé de Dijon, l'autre un prêtre de Tudela en Navarre.

Comment s'étonner si une telle théorie eut ces résultats dans les mœurs ? qu'elle ne les eût point amenés, ce serait bien plus étonnant. Au reste, ils ne dérivent pas exclusivement du molinosisme, doctrine imprudente et trop claire, qu'on se garde bien de professer. Ils sortent naturellement, ces résultats moraux, de toute direction pratique qui endort la volonté, qui ôte à la personne ce gardien naturel, et l'expose, ainsi gisante, à l'arbitraire de celui qui veille au chevet.... L'histoire que le Moyen-âge raconte plus d'une fois, et que les casuistes examinent si froidement, le viol d'une personne morte, se retrouve ici. La mort de la volonté laisse la personne sans défense autant que la mort physique.

L'archevêque de Palerme, dans son éloge pindarique du *Guide spirituel,* dit que ce livre admirable convient très spécialement *à la direction des religieuses.* L'avis

---

1. Articles condamnés, p. 41 et 42, en tête de la trad. latine (Lipsiæ, 1687).

fut entendu et mis à profit, surtout en Espagne. De ce mot de Molinos, « que les péchés, étant une occasion d'humilité, servent d'échelle pour monter au ciel », les molinosistes tirèrent cette conséquence : Plus on pèche, et plus on monte.

Il y avait, aux carmélites de Lerma, une béate, tenue pour sainte, la mère Agueda. On allait la voir de tous les pays voisins pour lui faire guérir les malades. Un couvent fut fondé au lieu qui avait eu le bonheur de lui donner la naissance. On y révérait, à l'église, son portrait placé dans le chœur. Là, elle guérissait ceux qui lui étaient amenés, en leur appliquant certaines pierres miraculeuses qu'elle évacuait, disait-on, avec des douleurs semblables à celles de l'enfantement. Ce miracle dura vingt années. A la longue, le bruit se répandit que ces enfantements n'étaient que trop réels et qu'elle accouchait en effet. L'Inquisition de Logrogno, ayant fait descente au couvent, arrêta la mère Agueda, et interrogea les autres religieuses, entre autres la jeune nièce de la béate, dona Vincenta. Celle-ci avoua sans détour le commerce que sa tante, elle-même et les autres, avaient avec le provincial des carmes, le prieur de Lerma et autres religieux du premier rang. La sainte avait accouché cinq fois, et sa nièce montra le lieu où les enfants étaient tués et enterrés au moment de leur naissance. On retrouva les ossements [1].

---

1. Lorsque le *Moine* de Lewis parut en 1796, on ne s'attendait guère à voir le terrible roman dépassé par une histoire réelle. Celle-ci a été trouvée dans les registres de l'Inquisition par Llorente (t. IV de la trad. fr., 1818, p. 30-32).

Ce qui n'est pas moins horrible, c'est que la jeune religieuse, cloîtrée dès l'âge de neuf ans, soumise enfant, par sa tante, à cette vie étrange, n'ayant eu nulle autre lumière, croyait fermement que c'était là la vie dévote, la perfection, la sainteté, et marchait en cette voie en toute sécurité, sur la foi de ses confesseurs.

Le grand docteur de ces religieuses était le provincial des carmes, Jean de La Vega. Il avait écrit la vie de la béate; il lui arrangeait ses miracles; c'est lui qui avait eu l'adresse d'en faire une sainte fêtée et glorifiée, toute vivante qu'elle était. Lui-même, il était presque un saint dans l'opinion du peuple. Les moines disaient partout que, depuis le bienheureux Jean de la Croix, il n'y avait pas eu, en Espagne, un homme si austère, si pénitent que celui-ci. Selon l'usage de désigner les docteurs illustres par un surnom (l'Angélique, le Séraphique, etc.), on l'appelait l'*Extatique*. Plus fort que la béate, il résista à la question, tandis qu'elle y mourut; il n'avoua rien, sauf d'avoir reçu l'argent de onze mille huit cents messes qu'il n'avait pas dites, et il en fut quitte pour être envoyé au couvent de Duruelo.

CHAPITRE XI

Plus de systèmes; un emblème. Le sang. Le sexe; l'Immaculée. Le Sacré-Cœur. Marie Alacoque, Équivoque du Sacré-Cœur. Le dix-septième siècle est le siècle de l'équivoque. Politique chimérique des jésuites. Le P. La Colombière et Marie Alacoque (1675). L'Angleterre, conspiration papiste. Premier autel du Sacré-Cœur (1685). Ruines des gallicans (1693); des quiétistes (1698); de Port-Royal (1709). La théologie anéantie au dix-huitième siècle. Matérialité du Sacré-Cœur. L'art jésuite.

Le quiétisme, tant accusé d'obscurité, n'avait été que trop clair. Il érigeait en système et posait avec franchise comme suprême perfection l'état d'immobilité et d'impuissance où l'âme parvient à la longue quand elle abdique son activité.

N'était-ce pas simplicité que de formuler si bien cette doctrine d'assoupissement, de donner à grand bruit une théorie du sommeil? Eh! ne parlez pas si haut, si vous voulez qu'on s'endorme... Voilà ce que sentirent d'instinct les théologiens hommes d'affaires, qui se souciaient peu de théologie et voulaient des résultats.

Il faut rendre aux jésuites cette justice d'avouer qu'ils étaient au fond assez désintéressés d'opinions spéculatives. On a vu qu'après Pascal, ils écrivirent eux-mêmes contre leur casuistique. Depuis, ils avaient essayé du quiétisme; un moment, ils laissèrent croire à Fénelon qu'ils le soutiendraient. Mais, dès que Louis XIV se fut prononcé, « ils firent le plongeon[1] », prêchèrent contre leur ami, et découvrirent quarante erreurs dans les *Maximes des saints*.

Il ne leur avait jamais bien réussi de faire les théologiens. Le silence leur allait mieux que tous les systèmes. Ils l'avaient fait imposer par le pape aux dominicains dès le commencement du siècle, puis aux jansénistes. Depuis, leurs affaires allaient mieux. Ce fut justement à l'époque où ils n'écrivaient plus, qu'ils obtinrent du roi malade la feuille des bénéfices (1687), et devinrent ainsi, au grand étonnement des gallicans, qui se croyaient vainqueurs, les rois du clergé de France.

Plus d'idées, plus de systèmes. On en était las. Dès longtemps, nous avons signalé la fatigue qui gagnait. Il y a d'ailleurs, il faut le dire, dans les longues vies (quelles qu'elles soient) d'hommes, d'États, de religions, il y a un âge où, ayant couru de projet en projet et de rêve en rêve, on hait toute idée. Dans ces moments profondément matériels, on ne veut rien qui ne se touche. Devient-on positif? non. Mais on ne retourne pas davantage aux poétiques symboles que la jeunesse adora. Le vieil enfant radoteur se fait plutôt quelque fétiche, quelque dieu palpable, maniable; plus il est grossier, plus il réussit.

1. Bossuet, lettre du 31 mars 1697, *Œuvres* (éd. de 1836), XII.

Ceci explique le prodigieux succès avec lequel les jésuites répandirent et firent accepter, dans ce temps de lassitude, un nouvel objet de culte, très charnel, très matériel, le cœur de Jésus, montré par sa plaie dans sa poitrine entr'ouverte, ou arraché et sanglant.

Il en avait été à peu près de même dans la décrépitude du paganisme. La religion s'était réfugiée dans le taurobole, dans la sanglante expiation mithriaque, le culte du sang.

A la grande fête du Sacré-Cœur que les jésuites donnèrent au dernier siècle, dans le Colisée de Rome, ils frappèrent une médaille, avec cette devise digne de la solennité : « Il s'est donné à manger au peuple, dans l'amphithéâtre de Titus [1]. »

Pour tout système, *un emblème*, un signe muet... Quel avantage pour les amis de l'obscurité et de l'équivoque! Nulle équivoque de langage ne peut valoir, pour l'indécision et l'embrouillement d'idées, un objet matériel qui prête à mille sens... Les vieux symboles chrétiens, tant expliqués, tant traduits, présentent à l'esprit, dès qu'on les voit, une signification trop claire. Ce sont des symboles austères de mort, de mortification. Le nouveau était plus obscur. Cet emblème, il est vrai, sanglant, mais charnel et passionné, parle de mort bien moins que de vie. Le cœur palpite, le sang fume, et c'est un homme vivant qui, de ses mains montrant sa plaie, vous fait signe de venir sonder ce sein entr'ouvert.

Le cœur! ce mot seul a toujours été puissant; organe

---

[1]. En 1771. *Des Sacrés-Cœurs*, par Tabaraud, p. 82.

des affections, le cœur les exprime à sa manière, gonflé, soulevé de soupirs. La vie du cœur, forte et confuse, comprend, mêle tous les amours. Un tel mot se prête à merveille au langage à double entente.

Qui le comprend le mieux ? Les femmes : chez elles la vie du cœur est tout. Cet organe, passage du sang, n'est pas moins dominant dans la femme que le sexe même.

Le cœur est la grande dévotion moderne depuis bientôt deux cents ans, et le sexe, une question bizarre qui se rapporte au sexe, a été pendant deux cents ans la pensée du Moyen-âge.

Chose étrange ! dans cette époque spiritualiste, une longue discussion, publique, solennelle, européenne, eut lieu, et dans les écoles et dans les églises, en chaire, sur un sujet anatomique dont on n'oserait parler aujourd'hui qu'à l'École de Médecine ! Quel sujet ? Comment la Vierge resta vierge, ayant accouché[1]. Qu'on se représente tous ces moines, gens voués au célibat, dominicains, franciscains, creusant hardiment cette question, l'enseignant à tous, prêchant l'anatomie aux enfants, aux petites filles, les occupant de leur sexe, de son plus secret mystère !

Le cœur, organe plus noble, avait l'avantage de fournir une foule d'expressions d'un sens douteux, mais décentes, toute une langue de tendresses équivoques qui ne faisaient point rougir, et facilitaient le manège de la galanterie dévote.

---

1. Voy., entre autres livres, celui de Gravois : *De ortu et Progressu cultus Immaculati conceptus*, 1764, in-4°.

Dès le commencement du dix-septième siècle, les directeurs, confesseurs, trouvent dans le *Sacré-Cœur* un texte commode. Mais les femmes le prennent tout autrement au sérieux ; elles s'exaltent, se passionnent ; elles ont des visions. La Vierge apparaît à une paysanne de Normandie, et lui ordonne d'adorer le *cœur de Marie*[1]. Les visitandines s'intitulaient filles du *Cœur de Jésus ;* Jésus ne manque pas d'apparaître à une visitandine, mademoiselle Marie Alacoque, et lui montre son cœur entr'ouvert.

C'était une forte fille, très sanguine, qu'on était obligé de saigner sans cesse. Elle était entrée à vingt-quatre ans au couvent, avec des passions entières ; son enfance n'avait pas été misérablement étiolée, comme il arrive à celles qu'on enferme de bonne heure. Sa dévotion fut tout d'abord un violent amour, qui voulut souffrir pour l'objet aimé. Ayant ouï dire que madame de Chantal s'était imprimé sur le cœur, avec un fer chaud, le nom de Jésus, elle en fit autant. L'Amant n'y fut pas insensible, et dès lors la visita. Ce fut à la connaissance et sous la direction d'une supérieure habile, que Marie Alacoque eut ces rapports intimes avec le divin Époux. Elle célébra ses épousailles avec lui ; un contrat régulier fut dressé par la supérieure, et Marie Alacoque signa de son sang. Un jour qu'elle avait, dit son biographe, nettoyé

[1]. Eudes, frère de Mézeray, fondateur des Eudistes, écrivit la *Vie* de cette paysanne, et fut le véritable fondateur du nouveau culte. Les jésuites reprirent la chose et en tirèrent profit. (Voy. Tabaraud, p. 111). J'ai cherché inutilement l'ouvrage manuscrit d'Eudes dans toutes les bibliothèques. On l'aura fait disparaître.

de sa langue les vomissements d'un malade, Jésus fut si satisfait qu'il lui permit de coller sa bouche à l'une de ses divines plaies[1].

Il n'y avait là rien à voir pour la théologie. C'était une affaire de physiologie et de médecine. Mademoiselle Alacoque était une fille d'un tempérament ardent qu'exaltait le célibat. Elle n'était nullement mystique, au sens propre de ce mot. Plus heureuse que madame Guyon, qui ne vit point ce qu'elle aimait, celle-ci voyait et touchait le corps de l'Amant divin. Le cœur qu'il lui montrait de sa poitrine entr'ouverte, était un viscère sanglant. L'extrême pléthore sanguine dont elle souffrait, et dont des saignées fréquentes ne pouvaient la soulager, lui remplissait l'imagination de ces visions de sang.

Les jésuites, grands propagateurs de la dévotion nouvelle, se gardèrent bien d'expliquer nettement s'il s'agissait de rendre hommage au cœur symbolique, au céleste amour, ou d'adorer le cœur de chair. Quand on les pressait de s'expliquer, ils répondaient diversement, selon les personnes, les temps et les lieux. Leur P. Galiffet faisait au même moment les deux réponses contraires ; à Rome, il disait qu'il s'agissait du cœur symbolique ; à Paris, il imprimait qu'il n'y avait pas de métaphore, qu'on honorait la chair même[2].

L'équivoque fit fortune. En moins de quarante

---

1. Nulle légende plus soigneusement recueillie. Voy. Languet, Galiffet, etc.
2. Les deux réponses se lisent aux pages 35 et 73 de Tabaraud, *Des Sacrés-Cœurs*.

années, il se forma en France *quatre cent vingt-huit* confréries du Sacré-Cœur!

Je ne puis m'empêcher de m'arrêter un moment, et d'admirer dans tout ce siècle le triomphe de l'équivoque.

De quelque côté que je regarde, je l'y retrouve partout, dans les choses et dans les personnes. L'équivoque est sur le trône avec madame de Maintenon, cette personne, assise près du roi et devant laquelle les princesses sont debout, est-elle reine, ne l'est-elle pas?... L'équivoque est près du trône dans cet humble P. La Chaise, vrai roi du clergé de France, qui, d'un grenier de Versailles, distribue les bénéfices. Nos gallicans, si loyaux; les jansénistes, si scrupuleux, s'abstiennent-ils de l'équivoque? obéissants et rebelles, faisant la guerre à genoux, ils baisent le pied au pape en voulant lui lier les mains; ils gâtent leurs meilleures raisons par les *distinguo* et les faux-fuyants.

En vérité, quand je mets en présence du seizième et du dix-huitième siècle, ce Janus du dix-septième, les deux autres m'apparaissent comme d'honnêtes siècles, tout au moins sincères dans le bien et dans le mal. Le dix-septième, avec sa majestueuse harmonie, qu'il couvre de choses fausses et louches! Tout est adouci, nuancé dans la forme, et le fond est souvent pire. Pour remplacer les inquisitions locales, vous avez la police des jésuites, armée du pouvoir du roi. Pour une Saint-Barthélemy, vous avez la longue, l'immense révolution religieuse qu'on appelle Révocation de l'Édit de Nantes, cette cruelle comédie de la conversion forcée, puis la tragédie inouïe d'une proscription organisée par tous les moyens bureaucratiques et militaires d'un gouvernement moderne!... Bossuet chante le triomphe. Et le faux, le mensonge, la misère éclatent partout! Le faux dans la politique, la vie locale détruite sans créer la vie centrale. Le faux dans les mœurs; cette cour polie, ce monde d'honnêtes gens reçoit un jour inattendu de la *Chambre des poisons;* le roi supprime le procès, craignant de les trouver tous coupables... Et la dévotion peut-elle être vraie avec de telles mœurs?... Ah! si vous reprochez au seizième son violent fanatisme, si le dix-huitième vous paraît cynique et sans respect humain, avouez donc aussi que le mensonge, le faux, l'hypocrisie est le trait dominant du dix-septième; le grand historien, Molière, a fait le portrait du siècle, et trouvé son nom : *Tartufe.*

Je reviens au Sacré-Cœur, qu'à vrai dire je n'ai pas quitté, puisqu'il est, en ce siècle, l'exemple illustre et dominant du succès de l'équivoque. Les jésuites, qui en général ont peu inventé, ne trouvèrent pas celle-ci; mais ils sentirent parfaitement le parti qu'ils pouvaient en tirer. On a vu comment, peu à peu, tout en disant que les couvents de femmes ne les regardaient pas, ils s'y étaient rendus maîtres. La Visitation spécialement était sous leur influence[1]. La supérieure

---

[1]. Au point que les visitandines, les filles du bon saint François, se firent, pour les jésuites, les gardiennes et les geôlières des religieuses de Port-Royal, lors de leur dispersion.

de Marie Alacoque, qui avait sa confidence et dirigeait ses rapports avec Jésus-Christ, avertit de bonne heure le P. La Chaise.

La chose venait à point. Les jésuites avaient bien besoin d'une machine populaire qu'ils pussent faire jouer, au profit de leur politique. C'était le moment où ils croyaient, ils disaient du moins au roi, que l'Angleterre, vendue par Charles II, allait au premier jour se convertir tout entière. L'intrigue, l'argent, les femmes, tout y était employé. Au roi Charles on donnait des maîtresses, à son frère des confesseurs. Les jésuites, qui, parmi leurs fourberies, sont si souvent chimériques, croyaient qu'en gagnant cinq ou six lords, ils allaient changer toute cette masse protestante, qui est protestante non de croyance seulement, mais d'intérêt, d'habitude et de vie, protestante à fond, et avec la ténacité anglaise.

Voilà donc ces grands politiques qui se glissent à pas de loup, s'imaginant qu'ils vont tout emporter par surprise. Un point essentiel pour eux, c'était de placer chez Jacques, le frère du roi, un prédicateur secret qui, dans sa chapelle privée, pût travailler à petit bruit, tenter quelques conversions. Pour remplir ce rôle de convertisseur, il fallait un homme séduisant, mais surtout ardent, fanatique; ils n'étaient pas communs alors. Cette qualité manquait au jeune homme que La Chaise avait en vue. C'était un P. La Colombière qui enseignait la rhétorique à leur collège de Lyon; prédicateur agréable[1], écrivain élégant et

---

1. Ses *Sermons* sont faibles. Ses *Retraites spirituelles* sont plus curieuses;

estimé de Patru, un bon sujet, doux et docile; il ne lui manquait qu'un peu de folie. Pour lui en donner, on l'approcha de mademoiselle Alacoque; il fut envoyé à Paray-le-Monial, où elle était, comme confesseur extraordinaire des Visitandines (1675). Il avait trente-quatre ans, elle vingt-huit. Bien préparée par la supérieure, elle reconnut en lui le grand serviteur de Dieu que ses visions lui promettaient, et dès le premier jour elle vit dans le Cœur ardent de Jésus son cœur uni au cœur du jésuite.

La Colombière, douce et faible nature, fut emporté, sans résistance, dans cet ardent tourbillon de passion, de fanatisme. On le tint un an et demi dans la fournaise. Puis, brûlant, on l'arrache de Paray, on le lance en Angleterre. On se défiait encore de lui, on craignait qu'il ne refroidît, et de temps à autre on lui envoyait quelques lignes ardentes, inspirées; Marie Alacoque dictait, la supérieure écrivait.

Il resta ainsi deux ans chez la duchesse d'York, à Londres, si caché, si bien enfermé qu'il ne vit pas même Londres. On lui amenait mystérieusement quelques lords qui croyaient utile de se convertir à la religion de l'héritier présomptif. L'Angleterre ayant enfin surpris la conspiration papiste, La Colombière fut accusé, mené au Parlement, embarqué pour la France. Il revint malade, et quoique ses supérieurs l'eussent renvoyé à Paray pour voir si la nonne pourrait le ressusciter, il y mourut de la fièvre.

c'est le journal du jeune jésuite. Aux efforts qu'il fait pour s'exalter, on sent combien le fanatisme était déjà difficile. Son portrait, fort caractéristique, est en tête des *Sermons*.

Quelque peu porté qu'on soit à croire aux grands résultats amenés par les petites causes, on est obligé d'avouer que la misérable intrigue qu'on vient de lire, eut pour la France et le monde un effet incalculable. On voulait gagner l'Angleterre, et l'on se montra à elle, non par les gallicans, qu'elle estimait, mais par les jésuites, dont elle eut toujours horreur. Au moment où le catholicisme devait, par prudence au moins, écarter les idolâtries que lui reprochaient les protestants, il en affiche une nouvelle, et la plus choquante, la charnelle et sensuelle dévotion du Sacré-Cœur. Pour mêler l'horreur et le ridicule, c'est en 1685, dans l'année à jamais néfaste de la Révocation de l'Édit de Nantes, que Marie Alacoque dresse le premier de ces autels qui couvrirent toute la France... On sait comment l'Angleterre, affermie par les jésuites dans le protestantisme et l'horreur de Rome, se fit un roi hollandais, emporta dès lors la Hollande dans son mouvement, et, par l'accord des deux puissances maritimes, obtint la domination des mers.

Les jésuites peuvent se vanter d'avoir bien solidement fondé le protestantisme en Angleterre. Tous les P. Matthieu du monde n'y changeront rien.

Leur œuvre politique, on l'a vue, elle est importante : elle aboutit au mariage de l'Angleterre et de la Hollande, qui faillit tuer la France.

Et leur œuvre religieuse, quelle est-elle chez nous, aux vieux jours de Louis XIV? Quel est le dernier emploi de cette toute-puissance des La Chaise et des Tellier? On le sait, la destruction de Port-Royal, une expédition militaire pour enlever quinze vieilles femmes, les morts arrachés de la terre, le sacrilège commis par la main de l'autorité[1]. Cette autorité mourante dans la terrible année de 1709, qui semblait emporter la royauté et le royaume, ils l'employèrent en hâte à détruire leurs ennemis[2].

Port-Royal finit donc (1709), et le quiétisme avait fini (1698), et le gallicanisme même, la grande religion royale, avait été mise aux pieds du pape par le roi (1693). Voilà Bossuet couché dans la tombe, à côté de Fénelon, et celui-ci près d'Arnauld. Vainqueurs, vaincus, ils vont reposer dans la nullité commune.

L'emblème prévalant et remplaçant tout système, on éprouve de moins en moins le besoin d'analyser, d'expliquer et de penser. On s'en félicite. L'explication la plus favorable à l'autorité est encore un compte rendu, c'est-à-dire un hommage à la liberté de l'esprit. A l'ombre d'un emblème obscur, on peut désormais, sans formuler de théorie et sans donner prise, appliquer indifféremment la pratique de toutes les théories

---

1. Voy. le détail dans les *Mémoires historiques sur Port-Royal* (1756) et dans l'*Histoire générale* (1757).

2. Ils les poursuivent encore avec rage aujourd'hui, spécialement les sœurs qu'ils croient jansénistes. — Les jansénistes veulent souffrir et mourir en silence; ils ne veulent pas que nous les plaignions. L'histoire ne peut s'associer à cette résignation de martyrs. Elle mentionnera comme un fait des plus curieux (et des plus inaperçus) l'excellente Revue qu'ils publient (*Revue ecclésiastique*). C'est là qu'ils ont répondu avec force et modération aux déclamations inconvenantes contre Port-Royal que le P. Ravignan faisait *dans Saint-Séverin même* (1842), et aux nouveautés ultramontaines que prêchait le jésuite, etc. — Qui croirait qu'en persécutant, outrageant les jansénistes, le parti des jésuites a osé revendiquer (à la Chambre des pairs) les noms des jansénistes illustres, par exemple, celui de Rollin?... Hérite-t-on de ceux qu'on assassine?

diverses qu'on a délaissées, les suivre alternativement ou concurremment, selon l'intérêt du jour.

Sage politique, belle sagesse, dont on couvre son néant. Dispensé de raisonner pour les autres, on perd le raisonnement; au jour du péril, on est désarmé. C'est ce qui leur arrive au dix-huitième siècle. La terrible polémique qui se fait alors les trouve muets. Voltaire leur décoche cent mille flèches, sans les éveiller. Rousseau les serre et les brise, et il n'en tire pas un mot.

Qui répondrait alors? La théologie est ignorée des théologiens[1]. Les persécuteurs des jansénistes mêlent dans les livres publiés au nom de Marie Alacoque des opinions jansénistes et molinistes, et ils ne s'en doutent pas[2]. Ils rédigent, en 1708, le manuel qui depuis est la base de l'enseignement adopté dans nos séminaires, et ce manuel contient la doctrine toute nouvelle, qu'à chaque décision papale Jésus-Christ *inspire* au pape de décider et *inspire* aux évêques d'obéir; tout est oracle, tout est miracle dans ce système grossier; la raison est décidément exterminée de la théologie.

Peu de dogmatique dès lors; encore moins d'histoire sacrée, un enseignement qui serait nul si la vieille casuistique ne venait en remplir le vide d'immorales subtilités.

---

1. Il y paraît singulièrement aujourd'hui. Quel spectacle de voir prêcher solennellement, devant la première autorité ecclésiastique, tel sermon qui, du premier mot au dernier, n'est qu'une hérésie!... — Les adversaires de leur théologie sont les seuls qui s'en souviennent.

2. Tabaraud, *Des Sacrés-Cœurs*, p. 38.

Le monde auquel seul ils s'adressent depuis longtemps, celui des femmes, est le monde de la sensibilité; il n'exige nullement la science; il veut des impressions plus que des idées. Moins on l'occupe d'idées, plus il est aisé de le fermer au mouvement extérieur, et de le rendre étranger au progrès du temps.

Dans une voie où la sainteté consiste à immoler l'esprit, plus le culte est matériel, mieux il immole l'esprit, plus il baisse, et plus il est saint. — Attacher le salut à l'exercice des vertus morales, ce serait exiger encore l'exercice de la raison; qu'est-il besoin de vertu? Portez cette médaille : *elle effacera vos crimes*[1]. — La raison aurait encore une part dans la religion, si, comme la raison nous l'enseigne, il fallait, pour être sauvé, absolument aimer Dieu; Marie Alacoque a vu qu'il suffisait *de ne point le haïr;* les voués au Sacré-Cœur sont sauvés sans condition.

Quand les jésuites furent supprimés, ils n'avaient entre les mains nul moyen religieux que ce paganisme, et c'est en lui qu'ils placèrent alors tout leur espoir de ressusciter. Ils firent faire des estampes où ils mettaient cette devise : « Je leur donnerai le bouclier de mon Cœur. »

Les papes, qui d'abord s'étaient inquiétés de la prise qu'un tel matérialisme donnait aux attaques des phi-

---

1. La médaille de l'Immaculée Conception, faite sous les auspices de M. de Quélen, a déjà sauvé des assassins et autres coupables. Voy. la Notice, par un lazariste, et les passages qu'en cite M. Génin, *les Jésuites et l'Université*, p. 87-97.

losophes[1], ont mieux compris de nos jours qu'il leur était fort utile, s'adressant à un monde qui ne lit guère les philosophes, et qui, pour être dévot, n'en est pas moins matériel. Ils ont conservé la précieuse équivoque du cœur idéal et du cœur de chair, et défendu d'expliquer si le mot de Sacré-Cœur désignait l'amour de Dieu pour l'homme ou tel morceau de chair sanglante[2]. En réduisant la chose à l'idée, on lui ôtait l'attrait passionné qui en a fait le succès.

Dès le dernier siècle, des évêques s'étaient avancés plus loin, déclarant que *la chair* était ici l'objet *principal*. Et cette chair, on l'avait placée dans certaines hymnes, après la Trinité, pour une quatrième personne.

Prêtres, femmes, jeunes filles, tous ont rivalisé depuis dans cette dévotion. J'ai dans les mains un manuel, fort répandu dans les campagnes, où l'on enseigne aux personnes de la confrérie, qui prient les unes pour les autres, comment on associe les cœurs, et comment ces cœurs réunis « doivent désirer d'entrer dans l'ouverture du Cœur de Jésus, et s'abîmer sans cesse dans cette plaie amoureuse ».

Les confrères, dans leurs manuels, ont trouvé parfois galant de mettre le cœur de Marie au-dessus du cœur de Jésus. (Voy. celui de Nantes, 1769.) Généralement, dans leurs estampes, elle est plus jeune que

---

1. Lambertini, *De servorum Dei beatificatione*, t. IV, pars secunda, lib. IV, c. xxx, p. 310. On pâtit à voir un homme d'esprit et de sens travailler, suer, pour n'être qu'à moitié absurde.

2. Pie VI a condamné le concile de Pistoia, qui avait essayé de distinguer. (Tabaraud, *ibid*, 79.)

son fils, ayant vingt ans par exemple, quand il en a trente, en sorte qu'au premier coup d'œil il semble moins fils qu'époux ou amant. Cette année même, à Rouen, dans Saint-Ouen, à la chapelle du Sacré-Cœur, j'ai vu sur un dessin que les demoiselles ont fait à la plume, et qui est approuvé au bas par l'autorité ecclésiastique, Jésus à genoux devant la Vierge agenouillée !

La plus violente satire des jésuites, c'est celle qu'ils ont faite eux-mêmes, c'est leur art, les tableaux, les statues qu'ils ont inspirés. Ils sont déjà caractérisés par le mot sévère de Poussin, dont le Christ ne leur semblait pas assez joli : « On ne peut pas s'imaginer un Christ *avec un visage de torticolis ou de père Douillet.* » Le Poussin voyait encore la meilleure époque de l'art jésuite ; qu'aurait-il dit, grand Dieu ! s'il eût vu ce qui a suivi, cette coquetterie décrépite qui croit sourire et grimace, ces œillades ridicules, ces yeux mourants, et le reste... Le pis, c'est que ceux qui n'ont plus d'idée que la chair ne savent plus la représenter ; l'idée devenant de plus en plus matérielle et molle, la forme va s'effaçant, s'abaissant d'image en image, ignoble, bellâtre, douceâtre, lourde, mousse, c'est-à-dire informe[1]...

---

1. En 1834, m'occupant d'iconographie chrétienne, je parcourus à la Bibliothèque royale les collections d'images du Christ. Celles qui ont été publiées dans les trente dernières années sont ce que j'ai jamais vu de plus humiliant pour l'art et la nature humaine. Tout homme (philosophe ou croyant) qui a conservé quelque sentiment de religion en sera indigné. Toutes les inconvenances, toutes les sensualités, toutes les passions basses, sont là : le séminariste jeunet, blondin, le prêtre licencieux, le robuste curé qui regarde à la Mingrat, etc. La gravure vaut le dessin, comme d'une pointe de bois dans le suif.

Tel art, tels hommes. Ceux qui inspirent cet art, qui recommandent ces images, les mettent partout dans leurs églises, les répandent par milliers et par millions, il est difficile, je l'avoue, d'augurer bien de leur âme. Un tel goût est un signe grave. Beaucoup de gens immoraux gardent encore un sentiment d'élégance. Mais pour s'arrêter volontiers sur l'ignoble et sur le faux, l'âme doit être au plus bas.

Une vérité éclate ici, qu'il faut reconnaître. C'est que l'art est la seule chose inaccessible au mensonge. Fils du cœur, de l'inspiration naïve, il ne comporte pas l'alliage du faux, il ne se laisse pas violer, il crie, et si le faux triomphe, il meurt. Tout le reste s'imite et se joue. Ils ont bien pu faire une théologie au seizième siècle, une morale au dix-septième. Mais un art, jamais! On peut simuler le saint et le juste; comment simuler le beau? Tu es laid, pauvre Tartufe, laid tu resteras, c'est ton signe. Toi, atteindre jamais le beau, y toucher jamais! Mais ce serait impie par delà toute impiété... Le beau, c'est la face de Dieu!

DEUXIÈME PARTIE

DE LA DIRECTION EN GÉNÉRAL, ET SPÉCIALEMENT
AU DIX-NEUVIÈME SIÈCLE.

CHAPITRE PREMIER

Ressemblances et différences entre le dix-septième et le dix-neuvième siècle. — Art chrétien. C'est nous qui avons relevé l'église. Ce qu'elle ajoute à la puissance du prêtre. Le confessionnal.

Il y a deux objections à faire contre tout ce qu'on vient de lire, et je vais les faire.

I. « Les exemples sont pris dans le dix-septième siècle, dans une époque où la direction se trouvait influencée par des questions théologiques qui n'occupent aujourd'hui ni le monde ni l'Église, par exemple la question de la Grâce et du Libre arbitre, la question du Quiétisme ou du repos dans l'Amour. »
— J'ai répondu d'avance à ceci. Ces questions sont surannées, mortes, si l'on veut, comme théories; mais dans l'esprit et la *méthode pratique* qui dérive de ces théories, elles sont et seront toujours vivantes;

on ne trouvera plus des spéculatifs assez simples pour formuler expressément une doctrine de sommeil et d'anéantissement moral, mais on trouvera toujours assez d'empiriques pour pratiquer à petit bruit l'art des endormeurs. Si ceci n'est pas assez clair, je l'éclaircirai dans un moment plus qu'on ne voudra.

II. Autre difficulté : « Les exemples que vous tirez des livres et des lettres des grands hommes du grand siècle, concluent-ils assez pour le nôtre ? Ces profonds et subtils esprits, qui portèrent si loin la science du gouvernement des âmes, n'auront-ils pas donné dans des raffinements dont le vulgaire des confesseurs et directeurs ne peut même avoir idée ? Que pouvez-vous craindre de pareil des pauvres et simples prêtres que nous avons aujourd'hui ? Où sont, je vous prie, nos saints François de Sales, nos Bossuet, nos Fénelon ? Ne voyez-vous pas que le clergé non seulement ne compte plus de tels génies, mais qu'il a baissé généralement et comme classe. La grande majorité des prêtres sortent de familles de campagne. Le paysan, lors même qu'il n'est pas pauvre, trouve commode d'alléger sa famille en plaçant un fils au séminaire. La première éducation, celle qu'on reçoit des parents avant toute éducation, leur manque totalement. Le séminaire ne répare nullement cet inconvénient d'origine et de condition première. Si l'on juge par ceux qui sont sortis des mains des sulpiciens, lazaristes, etc., on sera tenté de croire que c'est, chez les hauts meneurs, un parti bien arrêté de former des prêtres médiocres, d'autant plus dépendants et aveugles dans le mouvement qu'on leur imprime contre leurs intérêts réels... Que craignez-vous donc ? Cet abaissement intellectuel du clergé n'est-il pas assez rassurant ? Comment ceux-ci suivraient-ils dans la confession et la direction la savante tactique du prêtre des temps passés ? Les dangers que vous signalez sont imaginaires. »

Il est facile de répondre :

La distinction de l'esprit, la forte culture, ne sont pas si nécessaires qu'on pense pour dominer les âmes qui veulent être dominées. L'autorité, le caractère, le lieu, le costume, donnent force au prêtre, et suppléent en lui ce qui manque à l'homme. C'est moins par l'habileté que par la suite et la persévérance qu'il prend ascendant. S'il est peu cultivé, il est aussi moins distrait par la variété des idées nouvelles qui sans cesse nous traversent, nous, hommes modernes, nous amusent et nous fatiguent. Moins d'idées, de vues, de projets, mais un intérêt, un but, et toujours le même but qu'on suit invariablement, c'est le moyen d'arriver.

Est-ce à dire que, pour être grossier, on ait moins de ruse ? Les paysans sont des gens avisés, souvent pleins d'astuce, d'une infatigable constance à suivre tel petit intérêt. Voyez que d'années, de moyens divers, de moyens souvent obliques, celui-ci emploiera pour ajouter deux pieds de terre à sa terre. Croyez-vous que son fils, M. le curé, sera moins patient, moins ardent pour gagner une âme, pour dominer telle femme, pour entrer dans telle famille ?

Ces races de paysans ont souvent beaucoup de sève, une certaine sève qui tient au sang, au tempérament, qui donne de l'esprit ou qui en dispense. Celles du Midi surtout, où le clergé fait ses principales recrues, lui fournissent d'intrépides parleurs qui n'ont besoin de rien savoir, et qui, par leur ignorance même, sont peut-être en rapport plus direct avec les simples personnes auxquelles ils s'adressent. Ils parlent haut, fort et ferme; des gens instruits seraient plus réservés, moins propres à fasciner les faibles; ils n'oseraient tenter si hardiment, dans les choses spirituelles, un magnétisme grossier.

Là, je dois l'avouer, il y a une différence grave entre notre siècle et le dix-septième, où le clergé, de tous les partis, était si lettré. Cette culture, ces vastes études, cette grande activité théologique et littéraire étaient pour le prêtre d'alors la distraction la plus puissante au milieu des tentations. La science, tout au moins la controverse et la dispute, lui créaient, dans une situation souvent mondaine, une sorte de solitude, un *alibi*, pour ainsi dire, qui le préservait. Les nôtres, qui n'ont rien de tout cela, qui de plus sortent de fortes et matérielles races, et qui ne savent comment employer cette force embarrassante, combien il leur faut de vertu!

Les grands hommes d'où nous tirions nos exemples tout à l'heure avaient contre la concupiscence spirituelle et charnelle une défense merveilleuse... mieux qu'une défense, des ailes qui les enlevaient de terre, au moment critique, par-dessus la tentation. Par ces ailes, j'entends l'amour de Dieu, l'amour du génie pour lui-même, son naturel effort pour rester haut et monter, l'horreur qu'il a de descendre.

Chefs du clergé de France, le seul qui fût vivant alors, responsables au monde de ce qui subsistait de leur foi, ils tinrent leur cœur au niveau de ce rôle immense. Une pensée fut la gardienne de leur vie, une pensée qu'ils réprimaient, mais qui ne les soutint pas moins dans les épreuves délicates, c'est qu'en eux résidait l'Église.

Leur grande expérience, et du monde, et de la vie intérieure [1], ce tact, ce maniement habile des hommes et des choses, loin d'affaiblir la moralité, comme on pourrait le croire, la défendit plutôt en eux, les mettant à même de sentir et de pressentir les périls, de voir venir l'ennemi, de ne pas lui laisser l'avantage des attaques imprévues, au moins de savoir éluder. On vient de voir comme Bossuet arrête au premier mot les molles confidences d'une faible religieuse. Le peu que nous avons dit de la direction de Fénelon montre assez comment le dangereux directeur glissait entre les dangers.

Ces personnes éminemment *spirituelles* pouvaient suivre longues années, entre ciel et terre, cette tendre dialectique de l'amour de Dieu. En est-il de même aujourd'hui entre gens qui n'ont pas d'ailes, qui mar-

---

1. Encore une grande différence entre eux et ceux d'aujourd'hui. Ceux-ci ne savent ni les précédents, ni les nuances, ni le temps, ni les personnes. Dès qu'ils sortent de leur souterrain, ils sont effarouchés, brusques, tout d'abord violents; ils heurtent au hasard, ils tombent sur le passant qui est forcé de les battre.

chent et ne volent point. Incapables de ces ingénieux circuits par lesquels la passion allait se jouant, s'éludant soi-même, ne risquent-ils pas de tomber dès les premiers pas?

Je sais bien que l'absence d'éducation première, dont nous parlions tout à l'heure, la vulgarité ou la gaucherie, peuvent souvent mettre une barrière entre le prêtre et la femme délicate. Beaucoup de choses cependant, qu'on ne tolérerait pas dans un autre, lui comptent à lui pour mérites. La raideur, c'est austérité; la gaucherie, c'est la simplicité d'un saint qui n'a vécu qu'au désert. On lui applique d'autres règles qu'aux laïques, et plus indulgentes. Il tire avantages du caractère qui en fait un homme à part, et du costume, et du lieu, de cette mystérieuse église qui prête au plus vulgaire un poétique reflet.

Ce dernier avantage, qui le leur a donné? Nous-mêmes. C'est nous qui, dans notre candeur, avons relevé, rebâti en quelque sorte ces églises qu'ils méconnaissaient. Le prêtre faisait des Saint-Sulpice et autres entassements de pierres. Les laïques lui ont retrouvé Notre-Dame, Saint-Ouen. Ils lui ont montré l'esprit chrétien dans ces pierres vivantes[1], et il ne

---

[1]. Qu'il me soit permis de rappeler, contre tant d'ineptes attaques, que j'ai fait deux choses pour l'art du Moyen-âge : 1° *j'en ai expliqué le principe et la vie*, ce que n'avaient point fait mes illustres prédécesseurs dans cette carrière, ni les Allemands, ni les Français; 2° *j'en ai expliqué la ruine*, indiqué les causes de mort que cet art portait en lui. Je l'ai admiré, mais je l'ai classé, sans me laisser emporter par une admiration exclusive. Voir mon *Histoire de France* (1833), au dernier chapitre du tome II, et surtout aux dix dernières pages. — Dans ce même volume, j'ai commis une grave erreur que je dois rectifier. En parlant du célibat ecclésiastique (à propos de Grégoire VII), j'ai dit que jamais des hommes mariés n'auraient pu

l'a pas vu ; ils le lui ont enseigné, et il ne l'a pas compris... Et combien le malentendu a-t-il duré? Pas moins de quarante ans, depuis l'apparition du *Génie du Christianisme*. Le prêtre ne voulait pas nous croire, quand nous lui expliquions cette maison sublime ; il ne la reconnaissait pas... Pourquoi s'en étonner? Elle n'appartient qu'à ceux qui l'ont comprise [1].

Il s'est ravisé cependant à la longue. Il a trouvé politique et habile de dire comme nous, de vanter l'art chrétien. Il s'est paré de son église, s'est renveloppé de ce glorieux manteau, il y pose triomphalement. La foule vient, voit, admire... Certes, si l'on juge de l'homme habillé par l'habit, celui qui se revêt d'une Notre-Dame de Paris, d'une cathédrale de Cologne, c'est apparemment le géant du monde spirituel. Alexandre, à son départ de l'Inde, voulant tromper l'avenir sur la taille de ses Macédoniens, fit tracer sur la terre un camp où la place de chaque homme était de dix pieds. Quelle place que cette église, quelle demeure, et quel hôte immense y doit donc habiter!...

élever ces monuments sublimes, cette flèche de Strasbourg, etc. Il se trouve, tout au contraire, que les architectes des églises gothiques étaient des laïques, le plus souvent mariés. Celui de Strasbourg, Erwin de Steinbach, eut une fille célèbre, Sabina, qui elle-même était artiste.

1. Et ceux qui l'ont comprise, sont les seuls qui la respectent et la regrettent. — Si nous étions les mortels ennemis de ces églises, nous ferions ce que l'on fait aujourd'hui; nous en ferions disparaître tout ce qui les rend vénérables, la couleur antique, la mousse des vieux âges, les mutilations. Nous effacerions tout cela, nous y mettrions des statues de tous les siècles, comme on veut faire à Notre-Dame, et nous en ferions un musée. L'église a résisté aux révolutions, au temps; elle ne résistera pas à la conjuration du maçon et du prêtre. Le maçon a fait croire au prêtre qu'on faisait du gothique en 1845. A eux deux, les voilà qui grattent, bouleversent, démolissent le vieux gothique, sûrs d'en faire un nouveau.

La fantasmagorie ajoute encore ici à la grandeur. Toute proportion change. L'œil trompé se ment à lui-même. Lumières sublimes, ombres puissantes, tout au profit de l'illusion. L'homme qu'à sa mine basse vous preniez dans la rue pour le magister du village, ici c'est un prophète... Il est transfiguré par ce cadre grandiose ; sa lourdeur devient force et majesté ; sa voix a des échos formidables. La femme et l'enfant ont peur.

Qu'elle revienne chez elle, cette femme, tout est prosaïque et mesquin. Eût-elle pour mari un Pierre Corneille, s'il habite la triste maison que l'on montre encore, elle le prend en pitié. La grandeur intellectuelle dans un entresol ne la frappera guère. Elle compare et elle est triste, aigrement douce. Le mari patiente, il sourit ou fait semblant : « Son directeur lui tourne la tête », dit-il tout haut ; et tout bas, à lui-même : « Après tout, elle ne le voit qu'à l'église. » Mais quel lieu, je vous prie, plus puissant que l'église sur l'imagination, plus riche en illusions, plus fascinateur ? C'est l'église justement qui ennoblit l'homme, vulgaire ailleurs, qui le grandit, l'exagère, lui prête sa poésie.

Voyez-vous cette solennelle figure qui, sous l'or et la pourpre des habits pontificaux, monte avec la pensée d'un peuple, la prière de dix mille hommes, au triomphal escalier du chœur de Saint-Denis ? Le voyez-vous encore, qui, sur tout ce peuple à genoux, plane à la hauteur des voûtes, porte la tête dans les chapiteaux, parmi les têtes ailées des anges, et de là lance la foudre... Eh bien ! c'est lui, cet archange terrible, qui tout à l'heure descend pour elle, et maintenant doux et facile, vient, là-bas, dans cette chapelle obscure, l'entendre aux heures languissantes de l'après-midi!... Belle heure! orageuse et tendre (et pourquoi donc le cœur nous bat-il si fort ici?)... Comme elle est déjà sombre, cette église! il n'est pourtant pas tard encore. La grande rose du portail flamboie au soleil couchant... Mais c'est tout autre chose au chœur, des ombres graves s'y étendent, et derrière, c'est l'obscurité... Une chose étonne et fait presque peur, d'aussi loin que l'on regarde, c'est, tout au fond de l'église, ce mystère de vieux vitraux qui, ne montrant plus de dessin précis, scintillent dans l'ombre comme un illisible grimoire de caractères inconnus... La chapelle n'en est pas moins obscure; vous n'en distinguez plus les ornements, les délicates nervures qui se nouaient à la voûte; l'ombre s'épaississant arrondit et confond les formes. Mais, comme si cette chapelle sombre n'était pas encore assez sombre, elle enferme dans un coin l'étroit réduit de chêne noir où cet homme ému, cette femme tremblante, réunis si près l'un de l'autre, vont causer tout bas de l'amour de Dieu.

CHAPITRE II

La confession. — Éducation actuelle du jeune confesseur. — Le confesseur du Moyen-âge : 1° croyait ; 2° se mortifiait ; 3° était supérieur par la culture ; 4° devait moins interroger. — Les casuistes ont écrit pour leur temps. — Écueils du jeune confesseur. — Comment il raffermit sa position ébranlée.

Un digne prêtre de paroisse m'a dit souvent que la plaie de son état, son désespoir à lui-même et le tourment de sa vie, c'était la confession.

Les études par lesquelles on s'y prépare au séminaire sont telles que le tempérament y périt souvent ; le corps y succombe, l'âme en reste énervée, souillée.

L'éducation laïque, qui n'affiche aucune prétention à l'excès de la pureté, et dont les élèves vivront un jour de la vie commune, a pourtant grand soin d'écarter des yeux du jeune homme les trop séduisantes images qui troublent les sens. L'éducation ecclésiastique, au contraire, qui prétend former des hommes au-dessus de l'homme, des vierges, de purs esprits, des anges, fixe précisément l'attention de ses élèves sur les choses qui leur seront pour toujours interdites, et leur donne pour objets d'étude des tentations terribles, à faire damner tous les saints. On a cité les livres imprimés, mais on n'a pas cité les cahiers par lesquels se complète l'éducation des séminaires dans les deux dernières années ; ces cahiers contiennent ce que les plus intrépides n'ont jamais osé publier.

Je ne puis reproduire ici ce que m'ont révélé sur cette éducation insensée ceux qui en ont souffert, et qui y ont presque péri. Personne ne se représentera l'état d'un pauvre jeune homme, très croyant encore, très sincère, se débattant entre les terreurs et les tentations dont on l'entoure à plaisir, entre deux inconnus dont un seul le rendrait fou, *la femme! l'enfer!...* et cependant contraint sans cesse de regarder l'abîme, aveuglé, sur ces livres immondes, de tempérament, de sang, de jeunesse.

Cette imprudence inouïe est venue primitivement de la supposition toute scolastique qu'on pouvait isoler parfaitement l'âme et le corps. On s'est figuré qu'on les mènerait, comme deux coursiers d'allures diverses, l'un à droite et l'autre à gauche. On n'a pas songé que dans ce cas, il en serait de l'homme comme du char sculpté au fronton du Louvre, qui, tiré dans les deux sens, doit sans faute être mis en pièces.

Quelque diverses que les deux substances soient de nature, il n'est que trop sensible qu'elles sont mêlées dans l'action. Pas un mouvement de l'âme qui n'agisse sur le corps, et le corps réagit de même. La guerre la plus cruelle au corps tuera le corps plus aisément qu'elle n'empêchera son action sur l'âme. Croire qu'un vœu, quelques prières, une robe noire sur le dos, vont vous délivrer de la chair et vous faire un pur esprit, n'est-ce pas chose puérile?

On objectera le Moyen-âge, cette foule d'hommes qui ont vécu d'une vie mortifiée.

Ici je n'ai pas une réponse, j'en ai vingt, et sans réplique. Il est trop facile de montrer que le prêtre en général, et spécialement le confesseur, n'étaient nullement alors ce qu'ils sont depuis deux siècles.

I. La première réponse semblera peut-être dure : *Alors, le prêtre croyait.* — « Quoi! le prêtre ne croit-il plus? Voulez-vous dire qu'en parlant de sa foi avec tant de force, il soit hypocrite et menteur? » — Non, je veux bien le croire sincère. Mais il y a croire et croire; il y a bien des degrés dans la foi. On raconte que Lope de Vega (qui, comme on sait, était prêtre) ne pouvait officier; au moment du sacrifice, il se représentait trop vivement la Passion, fondait en larmes et se trouvait mal. Comparez ceci maintenant à la coquette pantomime du jésuite qui joue la messe à Fribourg, ou du prélat que j'ai vu préoccupé de faire valoir à l'autel sa blanche petite main.

Le prêtre croyait, et *sa pénitente croyait*. Des terreurs inouïes de miracles, de diables, d'enfer, remplissaient l'Église. Le mot : « Dieu t'entend » n'était pas seulement gravé dans le bois, mais dans le cœur. Ce n'était pas une planche qui séparait le confessionnel, mais le glaive de l'Archange, la pensée du Jugement.

II. Si le prêtre parlait au nom de l'esprit, il en avait quelque droit, ayant acheté le pouvoir spirituel par le *suicide du corps*. Les longues prières de nuit auraient suffi pour l'user. Mais on y pourvoyait plus directement par l'excès du jeûne. Le jeûne était le régime de ces pauvres et rudes écoles des Mendiants, des Cappets, dont la table famélique vivait d'arguments. Demi-morts avant l'âge d'homme, ils glaçaient leur sang par des herbes d'un froid mortel, et l'épuisaient par des saignées. Le nombre des saignées auxquelles on soumettait les moines, était prévu dans leurs règles. L'estomac ne manquait guère de se détruire, les forces ne se réparaient plus. Saint Bernard et sainte Thérèse étaient affaiblis par de continuels vomissements ; le sens même du goût se perdait ; le saint, dit son biographe, prenait du sang pour du beurre. — Le mot de *mortification* n'était pas alors un vain mot ; il n'y avait pas isolement du corps et de l'âme, mais bien suppression du corps.

III. Le prêtre se croyait en ce sens l'homme de l'esprit, et il l'était effectivement par la *supériorité de culture*. Il savait tout, l'autre rien. Lors même que le prêtre était jeune, il était vraiment le père, l'autre était l'enfant. — Aujourd'hui, c'est tout le contraire ; le laïque, celui des villes au moins, a généralement plus d'instruction que le prêtre ; le paysan même, qui a une famille, des intérêts, des affaires, qui a passé par l'armée, a plus d'expérience que son curé, plus de connaissances réelles ; s'il parle plus mal, il n'importe. Le contraste est bien plus grand, lorsque ce prêtre inexpérimenté qui n'a connu que le séminaire, voit à ses genoux une femme du monde, d'intrigue, de passion, qui par exemple, à trente-cinq ans, a traversé tout ce qu'il y a de sentiments et d'idées. Quoi ! c'est elle qui demande conseil, c'est elle qui l'appelle : Mon père. Mais chaque mot qu'elle lui dit est une révélation pour lui ; il est étonné, effrayé intérieurement. S'il n'a la sagesse de se taire, il dira des choses absurdes. Sa pénitente qui arrivait tout émue va s'en aller en riant.

IV. Il y a encore une différence qui ne frappera guère que ceux qui connaissent le Moyen-âge : *La langue n'était pas déliée*, comme elle l'a été depuis. Personne n'ayant encore nos habitudes d'analyse et de développement, la confession devait se réduire à une déclaration du péché sans détail des circonstances. Encore moins pouvait-on déduire les phénomènes qui accompagnent la passion, les désirs, les doutes, les craintes, qui lui donnent la force d'illusion et de mirage, et la rendent contagieuse. Il y avait, si l'on veut, confession ; mais la femme ne savait pas dire, ni le confesseur entendre ; elle ne pouvait ouvrir le vrai fond de sa pensée, et il n'eût pas su l'atteindre. Aveu d'une part, de l'autre sentence, c'était tout ; il n'y avait pas dialogue, confidence, épanchement.

Si le prêtre n'a pas assez d'imagination et d'esprit

pour poser les questions, il a en main depuis deux siècles des questions toutes posées, qu'il adressera par ordre, et par lesquelles il forcera la pénitente à chercher dans sa pensée, à creuser son propre secret pour le livrer tout entier, à ouvrir son cœur fibre à fibre, fil à fil, pour ainsi dire, et dévider devant lui l'écheveau complet que dès lors il tient en main.

Ce terrible instrument d'enquête qui, dans une main maladroite, peut gâter l'âme en la fouillant, aurait au moins grand besoin de changer quand les mœurs changent. La morale ne varie pas, mais les mœurs varient selon le temps ; ils ne se sont pas doutés de cette vérité si simple. Ils en sont restés aux mœurs de l'époque où le mouvement intellectuel a cessé pour eux. Les manuels qu'on met entre les mains du jeune confesseur s'appuient sur les casuistes que Pascal a enterrés. Quand même l'immoralité de leurs solutions n'eût pas été démontrée, daignez donc vous rappeler qu'Escobar, Sanchez, posaient des questions pour une époque horriblement corrompue dont, grâce à Dieu, nous sommes loin. Leur casuistique à son origine s'adresse au monde écumeux, fangeux que laissèrent après elles les guerres de religion. Vous trouvez là tel crime qui peut-être ne fut jamais commis que par les affreux soldats du duc d'Albe, ou par les bandes sans patrie, sans loi, sans dieux, que traînait Wallenstein, vraies Sodomes errantes dont l'ancienne eût eu horreur.

On ne sait comment qualifier cette coupable routine ! Ces livres, faits pour une époque barbare, unique en forfaits, ce sont les mêmes qu'aujourd'hui, en pleine civilisation, vous donnez à vos élèves.

Et ce jeune prêtre qui, d'après vous, croit que le monde est encore ce monde effroyable, qui arrive au confessionnal avec toute cette vilaine science[1], l'imagination meublée de cas monstrueux, vous le mettez, imprudents! (ou comment vous nommerai-je?) en face d'une enfant qui n'a pas quitté sa mère, qui ne sait rien, n'a rien à dire, dont le plus grand crime est d'avoir mal appris son catéchisme ou blessé un papillon.

Je frémis de l'interrogatoire qu'il va lui faire subir, de tout ce qu'il va lui apprendre dans sa brutalité consciencieuse. Mais il a beau demander... Elle ne sait rien, ne dit rien. Il la gronde, et elle pleure. Les pleurs seront bientôt séchés, mais elle rêvera longtemps...

Il y aurait un livre à faire sur les débuts du jeune prêtre, sur ses imprudences, toutes graves, toutes fatales à lui ou aux autres. La pénitente est parfois plus avisée que le confesseur. Elle s'amuse à le voir venir, elle le regarde froidement qui s'anime et s'avance trop... Tel qui s'oubliait dans son rêve passionné, est réveillé brusquement par la leçon que lui donne à genoux une femme spirituelle et moqueuse.

Leçon cruelle qui lui a fait sentir le froid de

---

1. Relire les belles pages de P.-L. Courier, et celles de M. Génin, si spirituelles, si éloquentes, tout ardentes d'une indignation d'honnête homme. *Les Jésuites et l'Université*, partie II, chapitre v.

l'acier... On n'éprouve pas une telle chose sans en rester longtemps amer, parfois méchant pour toujours. Il savait bien, le jeune prêtre, qu'il était la victime, le déshérité de ce monde, mais il ne l'avait pas senti... Un fiel immense lui monte au cœur. Il prie Dieu que le monde meure!... (S'il peut encore prier Dieu!)

Puis, revenant sur lui-même et se voyant pris sans remède dans ce noir linceul, dans cette robe de mort qu'il portera jusqu'à la mort, il s'y enfonce, en la maudissant; il avise quel parti il tirera de son supplice.

Et le seul parti à prendre, c'est de raffermir sa position de prêtre. Il le fera par deux moyens, par l'intelligence avec les jésuites et par l'assiduité servile près de monseigneur l'évêque. Je lui recommande surtout d'être violent contre les philosophes, d'aboyer *au panthéisme*. Qu'il noircisse aussi ses confrères, et il se blanchira d'autant mieux. Qu'il prouve qu'il sait haïr, on lui pardonnera l'amour.

Son corps va désormais le protéger, le défendre, le couvrir. Ce qui eût perdu le prêtre isolé, devient la sainteté même dès qu'il est homme de parti. Il allait être interdit, envoyé peut-être six mois à la Trappe; il devient vicaire général.

Seulement, qu'il soit prudent dans les affaires délicates que le corps aime à cacher; qu'il apprenne les arts du prêtre : Feindre, attendre, savoir se contenir, avancer, mais lentement, sur la terre quelquefois, et plus souvent sous la terre.

CHAPITRE III

La confession. Le confesseur et le mari. Comment on isole la femme.
Le directeur. Les directeurs réunis. Police ecclésiastique.

Quand je songe à tout ce que contient le mot de *confession*, de *direction*, ce petit mot, ce grand pouvoir, le plus complet qui soit au monde, quand j'essaye d'analyser tout ce qui y est, je suis effrayé. Il me semble que je descends par la spirale infinie d'une mine profonde et ténébreuse... J'avais pitié tout à l'heure de ce prêtre, et maintenant j'en ai peur.

Il ne faut pas avoir peur ; il faut regarder en face. Formulons avec simplicité le langage du confesseur.

« *Dieu t'entend*, t'entend par moi ; par moi, Dieu te va répondre. » Tel se dit le premier mot, tel il est pris à la lettre. L'autorité est acceptée, comme infinie, absolue, sans chicaner sur la mesure.

« Mais tu trembles, tu n'oses dire à ce Dieu terrible tes faiblesses et tes enfances... Eh bien! *dis-les à ton père;* un père a droit de connaître les secrets de son enfant, un père indulgent qui ne veut savoir qu'afin de pouvoir absoudre. Il est pécheur comme toi; a-t-il droit d'être sévère? Viens donc, enfant, viens et parle... Ce que tu n'as pas osé dire à l'oreille de ta mère, dis-le; qui le saura jamais? »

Alors, alors, parmi les soupirs, du sein gonflé, soulevé, le mot fatal monte aux lèvres; il échappe et l'on se cache... Oh! celui qui l'a entendu, a pris un grand avantage, et le gardera. Dieu veuille qu'il n'en abuse point!... Ce qui a entendu, prenez garde, ce n'est pas le bois, le chêne noir du vieux confessionnal; c'est un homme de sang et de chair.

Et cet homme sait maintenant sur cette femme ce que le mari n'a pas su, dans les longs épanchements des nuits et des jours, ce que ne sait pas sa mère qui croit la voir tout entière, l'ayant eue tant de fois nue sur ses genoux.

Il sait, cet homme, il saura... N'ayez pas peur qu'il oublie. Si l'aveu est en bonne main, tant mieux, car c'est pour toujours... Elle aussi, elle sait bien qu'il y a un maître de sa pensée intime. Jamais elle ne passera devant cet homme sans baisser les yeux.

Le jour où ce mystère fut mis en commun, il était bien près d'elle, elle l'a senti... Assis plus haut, il pesait d'un ascendant invincible. Une force magnétique l'a soumise, car elle ne voulait pas dire, et elle a dit malgré elle. Elle s'est trouvée fascinée, comme l'oiseau sous le serpent.

Jusqu'ici pourtant, nul art du côté du prêtre. La force des choses a tout fait, celle de l'institution religieuse et celle de la nature. Prêtre, il l'a reçue à ses genoux, écoutée. Puis, maître de son secret, de sa pensée, de la pensée d'une femme, il s'est retrouvé homme, sans le vouloir ni le savoir peut-être, et il a mis sur elle, affaiblie et désarmée, la main pesante de l'homme.

Et la famille, maintenant? le mari?... Qui osera dire que sa situation est la même qu'auparavant?

Tout homme qui réfléchit sait trop bien que la pensée est dans la personne ce qu'elle a de plus personnel. Le maître de la pensée est celui à qui la personne appartient. Le prêtre tient l'âme, dès qu'il a le gage dangereux des premiers secrets, et il la tiendra de plus en plus. Voilà un partage tout fait entre les époux, car maintenant il y en aura deux, l'âme à l'un, à l'autre le corps.

Notez que dans ce partage vraiment l'un des deux a tout; l'autre, s'il garde quelque chose, le garde par grâce. La pensée, de sa nature, est dominante, absorbante; l'arbitre de la pensée, dans le progrès naturel de cette domination, ira réduisant toujours la part qui semblait rester à l'autre. Ce sera déjà beaucoup si le mari, veuf de l'âme, conserve l'involontaire, l'inerte et morte possession. Chose humiliante, de n'obtenir rien de ce qui fut à vous que sur autorisation et par indulgence[1], d'être vu, suivi dans l'intimité la plus

---

[1]. Saint François de Sales, le meilleur de tous, a lui-même compassion du pauvre mari. Il lève certain scrupule de la femme, etc. Cette bonté est ici singulièrement humiliante. (Voy. éd. 1833, t. VIII, p. 254, 312, 347-348). Le mariage, qui pourtant est un sacrement, apparaît ici comme à genoux devant la direction, il semble demander pardon et faire amende honorable.

intime par un témoin invisible qui vous règle et vous fait votre part, de rencontrer dans la rue un homme qui connaît mieux que vous vos plus secrètes faiblesses, qui salue humblement, se détourne et rit...

. . . .

Ce n'est rien d'être puissant, si l'on n'est pas seul puissant... Seul ! Dieu ne partage pas.

C'est la raison dont le prêtre se paye certainement lui-même, dans ses persévérants efforts pour isoler cette femme, affaiblir ses liens de famille, miner surtout l'autorité du mari. Le mari pèse fort au prêtre. S'il souffre, ce mari, d'être si bien connu, épié, vu, quand il est seul, celui qui voit souffre encore plus. Elle vient à chaque instant lui dire innocemment des choses qui le mettent hors de lui. Souvent il voudrait l'arrêter, il lui dirait volontiers : « Grâce, madame, en voilà trop ! » Et quoique ces détails le fassent souffrir en damné, il en veut encore davantage, il exige qu'elle descende, dans ces aveux, humiliants pour elle et cruels pour lui, aux plus tristes circonstances.

Le confesseur d'une jeune femme peut se définir hardiment l'envieux du mari, et son ennemi secret. S'il en est un qui fasse exception à ceci (et je veux bien le croire), c'est un héros, un saint, un martyr, un homme au-dessus de l'homme.

Tout le travail du confesseur, c'est d'isoler cette femme et il le fait en conscience. C'est un devoir pour celui qui la mène dans la voie du salut, de la dégager peu à peu de tous les liens de la terre. Il y faut du temps, de la patience, de l'adresse. Il ne s'agit pas de rompre d'un coup de si fortes chaînes ; mais de bien découvrir d'abord de quels fils se compose chaque chaîne, et, fil à fil, de limer, d'user.

Il use et lime à son aise, celui qui, chaque jour, éveillant de nouveaux scrupules, inquiète une âme timide sur la légitimité des plus saints attachements. S'il en est un d'innocent, c'est encore après tout une attache terrestre, un vol fait à Dieu ; Dieu veut tout... Plus de parenté, d'amitié, il faut qu'il ne reste rien. « Un frère ? » Non, c'est encore un homme. — Mais au moins ma sœur ? ma mère ?... — Non, il vous faut quitter tout... Quitter d'âme et d'intention ; vous les verrez toujours, ma fille, rien ne paraîtra changé ; seulement, fermez bien votre cœur. »

La solitude morale s'établit ainsi tout autour. Les amis s'en vont rebutés par une politesse glaciale. Il fait froid dans cette maison... Pourquoi cet étrange accueil ? Ils ne peuvent le deviner ; elle-même ne le sait pas toujours. La chose est commandée, n'est-ce pas assez ? L'obéissance consiste à obéir sans raison.

Il fait froid ici, c'est tout ce qu'on peut dire. Le mari trouve la maison plus grande et plus vide. Sa femme est devenue tout autre ; présente, elle a l'esprit absent ; elle agit comme n'agissant pas ; elle parle comme ne parlant pas. Tout est changé dans leurs habitudes intimes, toujours par bonne raison : « Aujourd'hui, c'est jeûne. » — Et demain ? — « C'est fête. » — Le mari respecte cette austérité ; il se ferait un scrupule de troubler une si haute dévotion, il se résigne tristement : « Cela devient embarrassant, dit-il, je ne l'avais pas prévu ; ma femme devient une sainte. »

Il y a dans cette triste maison des amis de moins, mais il y en a un de plus, et très assidu. Le confesseur habituel est maintenant directeur. Grand et considérable changement.

Comme confesseur, il la recevait à l'église, aux heures connues. Comme directeur, il la visite à son heure, la voit chez elle, parfois chez lui.

Confesseur, il était le plus souvent passif, écoutait beaucoup, parlait peu; s'il prescrivait, c'était en peu de mots. Directeur, il est actif, non seulement il prescrit des actes, mais ce qui est bien plus au fond, par la causerie intime, il influe sur les pensées.

Au confesseur on dit les péchés ; on ne lui doit rien de plus. Au directeur, on dit tout, on se dit soi-même et les siens, ses affaires, ses intérêts. Celui à qui l'on confie le plus grand intérêt, celui du salut éternel, comment ne lui confierait-on pas de petits intérêts temporels, le mariage de ses enfants, le testament qu'on projette, etc., etc. ?

Le confesseur est obligé au secret, il se tait (ou devrait se taire). Le directeur n'a point cette obligation. Il peut révéler ce qu'il sait, surtout à un prêtre, à un autre directeur. Supposons dans une maison une vingtaine de prêtres (ou un peu moins, par égard pour la loi d'association), qui soient les uns confesseurs, les autres directeurs des mêmes personnes; comme directeurs, ils peuvent échanger leurs renseignements, mettre en commun sur une table mille ou deux mille consciences, en combiner les rapports, comme les pièces d'un jeu d'échecs, en régler d'avance les mouvements, les intérêts, et se distribuer à eux-mêmes les rôles qu'ils doivent jouer pour mener le tout à leurs fins.

Les jésuites seuls autrefois travaillaient ainsi d'ensemble. Il ne tient pas aujourd'hui aux meneurs du clergé que ce corps tout entier, dans sa tremblante obéissance, ne joue à ce vilain jeu. Tous communiquant avec tous, il résulterait de ces secrets révélés une vaste et mystérieuse science, dont se trouverait armée la police ecclésiastique, cent fois plus forte alors que celle de l'État ne peut l'être.

Ce qui manquerait à la confession des maîtres, on le suppléerait aisément par celle des domestiques, valets et servantes. L'association des Blandines de Lyon, imitée en Bretagne, à Paris et ailleurs, suffirait seule pour éclairer tout l'intérieur des familles. On a beau les connaître, on ne les emploie pas moins; elles sont douces et dociles, servent très bien leurs maîtres, savent voir et écouter.

Heureux père de famille, qui a une telle femme, si vertueuse, de tels domestiques, doux et humbles, honnêtes, pieux..., Ce que souhaitait cet ancien, de vivre dans une maison de verre où chacun pût toujours le voir, il l'a sans l'avoir souhaité. Pas un mot de lui n'est perdu. Il parle plus bas, mais la fine oreille a tout entendu. S'il écrit sa pensée intime, ne voulant la dire, elle est lue, par qui? on l'ignore. Ce qu'il rêve sur l'oreiller, il est bien étonné le lendemain de l'entendre dans la rue.

CHAPITRE IV

Habitude. Sa puissance. Ses commencements insensibles; ses progrès. Seconde nature; souvent funeste. Un homme exploitant la puissance de l'habitude. Peut-on s'en dégager?

Si la domination spirituelle est vraiment spirituelle, si l'empire sur la pensée s'obtient par la pensée même, par la supériorité du caractère et de l'esprit, alors il faut la subir; il ne reste plus qu'à se résigner. La famille réclamera sans doute, mais réclamera en vain.

Il n'en est pas ainsi généralement. L'influence dont nous parlons ne suppose nullement, comme condition essentielle, les dons brillants de l'esprit. Ils servent sans doute celui qui les a, et néanmoins, s'il les a à un degré éminent, ils peuvent lui nuire. La supériorité éclatante, qui semble toujours une prétention de régner, met les esprits en défiance, avertit les moins prudents, et ferme la porte aux commencements qui font tout ici[1]. Les médiocres n'alarment

---

[1]. Les romanciers comprennent rarement cela. La plupart commencent par une aventure, une rencontre surprenante. Mais c'est ce qui surprend, met en

pas, ils ont l'entrée plus facile. Plus faibles sont-ils, moins ils sont suspects, plus ils sont forts en un sens... Le fer grince sur le roc, il s'y émousse et s'époiute. Mais l'eau, qui s'en défierait? Molle, incolore, insipide; si pourtant elle tombe toujours à la même place, elle creusera à la longue le roc et le caillou.

Tenez-vous à cette fenêtre tous les jours à certaine heure de l'après-midi. Vous verrez passer dans la rue un homme pâle qui regarde à terre, toujours par la même rue, toujours serrant les maisons sur la même ligne de pavé. Là où il mit le pied hier, il met le pied aujourd'hui, et il le mettra demain; il userait le grès, si on ne le renouvelait. Et par cette même rue il va à une même maison, il monte à un même étage, et, dans le même cabinet, il parle à la même personne. Il parle des mêmes choses, et semble parler de même. La personne qui l'écoute ne voit aucune différence entre hier et aujourd'hui. Douce uniformité, aussi douce qu'un sommeil d'enfant, dont la respiration soulève la poitrine, à temps égaux, avec le même léger bruit.

Vous croyez que rien ne change dans cette égalité monotone, que les jours valent les jours. Erreur; vous n'avez rien senti, et à chaque jour il y a un changement, léger, il est vrai, imperceptible, que la personne, changée peu à peu elle-même, ne remarque en rien.

---

garde, et empêche de rien commencer. Ils prodiguent les aventures, l'action, et justement rien ne serait plus propre à éveiller l'attention, à rendre la fascination impossible, etc.

C'est comme un rêve dans une barque. Combien de chemin avez-vous fait en rêvant? qui peut le savoir? Vous allez ainsi sans aller, immobile et pourtant rapide, Sorti du fleuve ou du canal, vous vous trouvez bientôt en mer; l'uniforme immensité où vous êtes maintenant, vous avertira moins encore du chemin que vous parcourez. Plus de lieu et plus de temps, nul point marqué auquel l'attention puisse se prendre; et il n'y a plus d'attention. Profonde est la rêverie, et de plus en plus profonde... un océan de rêves sur le mol océan des eaux.

Douce chose, où peu à peu tout devient insensible, la douceur elle-même. État de mort ou de vie? Pour le distinguer, il faudrait de l'attention, et nous sortirions du rêve... Non, qu'il aille, ce je ne sais quoi qui m'emporte, qu'il me mène à la vie ou qu'il me mène à la mort.

Habitude! habitude! Mol et formidable abîme où l'on glisse si doucement! on peut dire de toi tout le mal du monde, et tout le bien également; et ce sera toujours vrai.

Avouons-le : si l'action que nous fîmes d'abord en pleine connaissance et volontairement ne se faisait jamais qu'avec volonté et attention, si elle ne devenait habituelle et facile, nous agirions peu, lentement; la vie passerait en essais et en efforts. Si, par exemple, à chaque pas que nous faisons, nous délibérions notre direction et cherchions notre équilibre, nous ne marcherions guère plus que l'enfant qui travaille à marcher. Mais la marche est de bonne heure une habitude, une action qui s'accomplit sans avoir besoin d'invoquer l'intervention continue de la volonté. Il en est ainsi de bien d'autres actes, qui, moins volontaires encore, finissent par être en nous mécaniques, automatiques, étrangers en quelque sorte à notre personnalité. En avançant dans la vie, une partie notable de notre activité échappe à notre connaissance, sort de la sphère de la liberté pour entrer dans celle de l'habitude, elle devient comme fatale; le reste, soulagé de ce côté et dispensé en ceci d'attention et d'effort, se trouve en revanche plus libre d'agir ailleurs.

Chose utile, chose dangereuse. La partie fatale augmente en nous, sans que nous nous en mêlions, et s'accroît dans nos ténèbres intérieures. Ce qui frappait jadis l'attention, aujourd'hui passe inaperçu. Ce qui d'abord fut difficile, avec le temps devient facile, trop facile, puis on ne peut plus même dire que ce soit facile, car cela se fait tout seul, sans que nous l'ayons voulu; nous souffrons à ne point le faire. Ces actes étant, de tous, ceux qui coûtent le moins de peine, se renouvellent sans cesse. Il faut bien s'avouer à la longue qu'il en est résulté une seconde nature, qui, formée aux dépens de l'autre, la remplace en grande partie. Nous oublions les difficultés des premiers commencements, et nous nous figurons avoir toujours été ainsi. Cela favorise au moins notre paresse, et nous dispense de faire quelques efforts pour nous arrêter sur la pente. Au reste, la trace du changement s'efface en effet à la longue, le chemin a disparu ; nous voudrions le refaire que nous ne le pourrions pas. C'est comme un pont brisé derrière nous ; nous y avons passé, et nous n'y passerons plus.

Nous nous résignons donc, et nous disons en tâchant de sourire : « C'est pour moi une seconde nature », ou même encore : « *C'est ma nature.* » Tant nous avons oublié !

Mais entre cette nature, et notre vraie nature primordiale que nous apportâmes en naissant, il y a une grave différence [1]. C'est que celle-ci, tirée du sein de la mère, était comme la mère elle-même, une gardienne attentive de la vie, qui nous avertissait de tout ce qui peut la compromettre, qui cherchait, trouvait dans sa bienveillance remède à nos maux. Et cette seconde nature, l'habitude, sous ce nom perfide, n'est souvent autre chose que le grand chemin qui mène à la mort.

« C'est ma seconde nature, dit tristement le buveur d'opium, en voyant mourir à côté de lui celui qui l'a devancé de quelques mois dans l'habitude du sombre breuvage ; j'ai encore tant de mois à vivre. » — « C'est ma seconde nature », dit ce misérable enfant, victime dévouée des voluptés solitaires. Rien n'y fait, ni la raison, ni les châtiments, ni la douleur maternelle. Tous deux vont, iront jusqu'au bout par le chemin qu'on ne recommence pas.

Un proverbe vulgaire (ici cruellement vrai) nous

---

1. Cette différence n'est pas indiquée, que je sache, par Maine de Biran, ni par M. Félix Ravaisson, dans son ingénieuse et profonde dissertation *sur l'Habitude*.

dit : « Qui a bu, boira. » Il faut le généraliser : « *Qui a agi, agira; qui a pâti, pâtira.* » Seulement, cela est encore plus vrai pour les habitudes passives que pour celles d'action. Habitués à laisser faire, à pâtir, jouir, nous devenons incapables de reprendre l'activité. A la longue, il n'est plus même besoin de l'appât de la jouissance. Après qu'elle est tarie et que la douleur prend sa place, l'inexorable habitude verse toujours à la même coupe; elle ne prend plus alors la peine de se dissimuler; nous la reconnaissons trop tard, hideuse, invincible, et elle nous dit froidement : « Tu as bu le miel d'abord; maintenant tu boiras le fiel, et jusqu'à la dernière goutte. »

Si ce tyran est si fort quand il agit à l'aveugle, quand il n'est qu'une chose, comme l'opium ou le *gin*, qu'est-ce donc quand il a des yeux, une volonté, un art, en un mot quand il est homme?... un homme plein de calcul qui sait créer, fomenter l'habitude à son profit; un homme qui, pour premier moyen, a, contre vous, vos croyances; qui commence, dans l'autorité d'un caractère respecté, la fascination personnelle; qui, pour l'exercer sur vous et fonder habitude en vous, a l'occasion quotidienne, les jours, les mois, les années, le temps, l'irrésistible temps, le dompteur des choses humaines, le temps pour qui c'est un jeu de manger le fer et l'airain... Un cœur de femme est-il donc plus dur pour lui résister ?

Une femme, un enfant?... bien moins, une personne *qui veut être enfant*, qui emploie tout ce qu'elle a acquis de facultés depuis l'enfance pour retomber à l'état d'enfance, qui dirige sa volonté à ne plus vouloir, sa pensée à ne plus savoir, et qui se livre endormie.

Supposons qu'elle se réveille (c'est un cas qui n'arrive guère), qu'elle se réveille un moment, qu'elle surprenne le tyran sans masque, qu'elle le voie comme il est, et veuille échapper... Croyez-vous qu'elle le puisse[1]?... Pour cela, il faut agir, et elle ne sait plus ce que c'est, n'ayant agi de si longtemps; les membres sont roides; les jambes, paralysées, n'entendent rien au mouvement; la main pesante se soulève, retombe, et dit : Non.

Alors, on ne sent que trop ce que c'est que l'habitude, et comment, lié une fois de ses mille fils imperceptibles, vous restez joint malgré vous à ce que vous détestez. Ces fils, pour échapper aux yeux, n'en sont pas moins résistants; faibles et souples, à ce qu'il semble, vous en brisez un, et dessous vous en trouvez deux; c'est un filet double, triple... Qui en saura l'épaisseur?

J'ai lu autrefois dans un vieux conte une chose vraiment saisissante et bien significative. Il s'agissait d'une femme, d'une princesse errante, qui après des fatigues trouvait pour asile, au milieu des bois[2], un

---

1. Ceci fait penser à l'aventure de l'enchanteur Merlin, qui, à la prière de Viviane, s'est couché lui-même dans son tombeau; mais il ne sait plus les paroles qui pourraient le délivrer; il y reste, et restera jusqu'au jour du Jugement.

2. « Forêt touffue, âpre, sauvage! Le seul penser m'en renouvelle la peur. Comment y entrai-je? je ne puis le dire; tant j'étais plein de sommeil, quand j'abandonnai la vraie voie! » (Dante, *Inferno*).

palais désert. Elle était heureuse d'y reposer, d'y séjourner quelque temps; elle allait, venait, sans obstacle, dans les grandes chambres vides, elle se croyait seule et libre. Toutes les portes étaient ouvertes. Seulement, à la porte d'entrée, depuis qu'elle y avait passé, personne n'y passant après elle, l'araignée avait tendu sa toile au soleil, une toile fine, légère, presque invisible. Faible obstacle que la princesse, qui veut sortir à la longue, croit pouvoir écarter sans peine. Elle lève cette toile en effet; mais il y en a une derrière, qu'elle lève sans difficulté. La seconde couvre une troisième qu'il faut bien lever aussi... Chose étrange, il y en a quatre... Non, cinq! ou plutôt six... et d'autres encore. Ah! comment lever tant de toiles? Elle est déjà bien fatiguée... N'importe! elle persévère; en reprenant haleine, elle pourra continuer... Mais la toile aussi continue, et se renouvelle toujours avec une malice obstinée. Que fera-t-elle? Elle succombe à la fatigue, elle ruisselle de sueur, les bras lui tombent... Elle finit par s'asseoir épuisée par terre, sur cet infranchissable seuil; elle regarde tristement l'obstacle aérien, qui danse au vent, léger, vainqueur... Pauvre princesse, pauvre mouche, vous voilà donc prise! Pourquoi aussi vous arrêter dans cette maison de fée, et laisser à l'araignée le temps de faire son filet!

CHAPITRE V

Des couvents. Toute-puissance du directeur. État de la religieuse; délaissée, espionnée. Couvents qui sont en même temps maisons de force et maisons de fous. Captation. Disciplines barbares. Lutte de la supérieure et du directeur. Changements de directeur. Le magistrat.

J'occupais, il y a quinze ans, dans un quartier fort solitaire, une maison dont le jardin tenait à celui d'un couvent de femmes. Quoique mes croisées dominassent la plus grande partie de leur jardin, je n'avais jamais vu mes tristes voisines. Au mois de mai, le jour des Rogations, j'entendis des voix nombreuses, mais faibles, très faibles, qui chantaient des prières, en parcourant le jardin du couvent. Le chant était triste, sec, ingrat, de voix peu justes, comme faussées par la souffrance. J'y crus un moment reconnaître les prières des morts; en écoutant mieux, au contraire, je distinguai « *Te rogamus, audi nos* », le chant d'espérance qui appelle sur la nature féconde la bénédiction du Dieu de la vie. Ce chant de mai chanté par ces mortes, était d'un contraste amer. Voir sur la verdure en fleurs se traîner ces filles pâles, qui ne fleuriront jamais... La pensée du Moyen-âge qui d'abord m'avait saisi, s'éloigna bientôt : alors la vie monastique se liait à mille autres choses; mais dans notre harmonie moderne, qu'est-ce qu'un contre-sens barbare, une note fausse qui jure? Ce que j'avais sous les yeux, je ne pouvais le défendre ni par la nature ni par l'histoire. Je refermai ma croisée, et repris tristement mon livre. Cette vue m'avait été pénible, n'étant adoucie, relevée de nul sentiment poétique. Elle rappelait moins la virginité que la viduité stérile, l'état de vide, d'impuissance, d'ennui, de jeûne intellectuel et moral, où sont tenues ces infortunées par leurs maîtres absolus.

Nous parlions de l'habitude : c'est bien là qu'elle règne en tyran. Il n'est guère besoin d'art pour prendre ces pauvres femmes isolées, enfermées, dépendantes, près desquelles rien du dehors ne balance l'impression qu'une personne, la même personne vient leur donner tous les jours. Le moins habile doit fasciner sans peine une nature amoindrie et pliée à la plus servile, à la plus tremblante obéissance. Ah! il y a peu de courage et de mérite à dominer ainsi ce qui d'avance est brisé.

Pour ne parler d'abord que du pouvoir de l'habitude, rien de tout ce que nous voyons dans le monde des vivants ne peut donner idée de la force avec laquelle elle agit dans ce petit monde fermé. La société de la famille nous modifie sans doute, mais son influence est neutralisée par le mouvement extérieur. La régularité du journal favori qui vient chaque matin nous sonner le même son, ne laisse pas d'influer; mais enfin ce journal en a d'autres contre lui. Une influence qui est moins de ce temps, mais très forte encore sur les personnes isolées, c'est celle d'un grand livre dont la lecture attachante retient des mois, des années. Diderot avoue que *Clarisse*, lue, relue, fit pendant longtemps toute la vie pour lui, la joie, la tristesse, la pluie, le soleil. Le plus beau des livres cependant, c'est encore un livre, une chose muette, qui pour être animée tant qu'on voudra, n'entend pas, ne donne pas la réplique; il n'y a pas là de paroles pour répondre à vos paroles, d'yeux pour réfléchir vos yeux.

Arrière ces froides images de papier, de livres!
Imaginez dans une solitude où rien autre ne pénètre, l'unique chose vivante, la personne qui seule a droit d'y entrer, qui remplace toutes les influences dont nous venons de parler, qui est à elle seule la société, le journal, le roman et le sermon, une personne dont la venue rompt seule la mortelle durée d'une vie inoccupée. *Avant* qu'il ne vienne, *après* qu'il est venu, c'est, dans cet ennui profond, toute la division des heures.

Nous disions : une personne, il faut dire : un homme. Quiconque serait de bonne foi, avouera qu'une femme n'aurait nullement cette action, que la circonstance du sexe y fait beaucoup, même auprès des plus pures et de celles même à qui jamais le sexe n'est venu en pensée.

Être l'*unique*, sans comparaison, sans contradiction, être le monde d'une âme ; la sevrer à volonté de tout souvenir qui peut faire rivalité, effacer de ce cœur docile jusqu'à la pensée d'une mère qui pouvait y rester encore... Hériter de tout, rester seul, et fortifié dans ce cœur de tous les sentiments naturels que l'on a détruits !

L'*unique!* mais c'est le bon, le parfait, l'aimable, l'aimé... Énumérez toutes les qualités, toutes tiendront dans ce seul mot. Une chose, même (sans parler d'une personne), une chose si elle est *unique*, finira par prendre le cœur; Charlemagne, de son palais, voyant toujours la même vue, un lac et sa verte ceinture, finit par en être amoureux.

L'accoutumance y fait beaucoup, mais aussi cette grande nécessité du cœur de tout dire à ce qu'on voit toujours : homme ou chose il faut qu'on lui parle. Ce serait une pierre, on lui dirait tout. Il faut bien que nos pensées débordent, et que les chagrins s'écoulent d'un cœur trop rempli.

Dans cette vie si uniforme, croyez-vous qu'elle soit tranquille, cette pauvre religieuse? Ah! que de tristes aveux je pourrais consigner ici, aveux trop certains, transmis par des amies tendres qui recevaient les larmes dans leur sein... et revenaient elles-mêmes, le cœur percé, pleurer près de moi.

Ce qu'il faut souhaiter à la prisonnière, c'est qu'elle meure de cœur, et presque de corps. Si elle n'est point brisée, détruite au point d'oublier qu'elle fut, elle trouvera au couvent les souffrances réunies de la solitude et du monde. Seule, sans pouvoir être seule[1]! Délaissée, espionnée!

Délaissée. Cette religieuse, jeune encore, et déjà vieille d'abstinence et de chagrin, c'était hier une pensionnaire, une novice, que l'on caressait. Les amitiés de jeunes filles, les flatteries maternelles des grandes, l'attrait de telle religieuse, de tel confesseur, tout l'a trompée, et doucement acheminée vers la réclusion éternelle. Presque toujours on se croit appelé vers Dieu lorsqu'on suit telle ou telle personne, une personne aimable, d'une dévotion souriante et séduisante, qui se plaît à ce genre de conquête spirituelle. L'une gagnée, elle va à l'autre; de la pauvrette qui suivit, se croyant aimée, ne lui soucie guère.

Seule, d'une solitude sans recueillement, sans repos. Combien serait douce, en comparaison, la solitude des forêts! Les arbres encore auraient pitié. Ils ne sont pas si durs qu'ils semblent; ils entendent et ils écoutent.

Le cœur de femme, de mère, l'invincible instinct maternel, qui est le fond de la femme, cherche à se tromper. Il y a bientôt quelque jeune amie, quelque compagne naïve, une élève favorite... Hélas! cela sera ôté. Les jalouses, pour faire leur cour, ne manquent guère d'accuser les plus purs attachements. Le Diable

---

1. La confession préalable des religieuses à la supérieure, acceptée aisément dans la première ferveur, devient bientôt une vexation intolérable. Du vivant de madame de Chantal, on s'en plaint déjà. Voy. ses *Lettres;* et Fichet, 256. Cf. Ribadeneira, *Vie de sainte Thérèse.*

est jaloux, dans l'intérêt de Dieu, c'est pour Dieu seul qu'il réclame.

Quelle merveille si cette femme est triste, de plus en plus triste, si elle va seule dans les allées les plus sombres, et ne parle plus? C'est la solitude alors qui devient son crime. La voilà désignée, suspecte; toutes l'observent et l'épient... Le jour? ce n'est pas assez. La surveillance dure la nuit; on la regarde dormir, on l'écoute quand elle rêve et on note ses paroles.

L'affreux sentiment d'être jour et nuit observée ainsi doit troubler d'une étrange manière toutes les puissances de l'âme. Les plus sombres hallucinations arrivent, tous les mauvais rêves que peut faire, en plein jour et éveillée, la pauvre raison qui s'en va. Vous connaissez les visions qu'a gravées Piranesi, vastes prisons souterraines, puits profonds sans air, escaliers qu'on monte à l'infini sans arriver, des ponts qui mènent à l'abîme, de basses voûtes, d'étroits corridors de catacombes qui vont se serrant... Dans ces affreuses prisons qui sont des supplices, vous entrevoyez encore des instruments de supplice, des roues, des carcans, des fouets...

Quelle est, je vous prie, la limite qui sépare nos couvents d'aujourd'hui des maisons de force, et de celles où l'on enferme les fous [1]?... Plusieurs couvents semblent réunir les trois caractères.

---

[1]. Le IIIe volume du *Juif-Errant* contient l'histoire réelle de mademoiselle B. Elle s'est passée récemment, non dans une maison de santé, mais dans un couvent. Puisque j'ai cette occasion de dire un mot à notre admirable romancier, qu'il me soit permis de demander pourquoi il a cru devoir idéaliser

Je ne connais qu'une différence à établir ; — c'est que la justice surveille les maisons de force, la police celles des fous. Mais à la porte des couvents l'une et l'autre s'arrêtent ; la loi a peur, et n'ose en franchir le seuil.

La surveillance des couvents et l'assignation précise de leur caractère sont pourtant d'autant plus indispensables aujourd'hui, qu'ils diffèrent par un côté grave des couvents de l'ancien régime.

Ceux du dernier siècle étaient proprement des hospices où, pour une dot, une fois payée, chaque famille noble, vivant noblement ou de bourgeoisie aisée, plaçait une ou plusieurs filles pour faire un fils riche. Une fois enfermées là, c'était leur affaire de vivre ou de mourir : on ne s'en inquiétait plus. Aujourd'hui, *les religieuses héritent*, elles sont un but, une proie, pour les mille et mille tentatives de captation, une proie facile, dans leur situation de captivité et de dépendance. Une supérieure zélée, pour enrichir la communauté, a des moyens infaillibles de contraindre la religieuse à donner son bien ; elle peut cent fois le jour, sous prétexte de dévotion et de pénitence, l'humilier, la vexer, la maltraiter même, jusqu'à la jeter dans le désespoir. Qui pourra dire où finit l'ascétisme, où commence la captation, le *Compelle intrare* appliqué à la fortune ? Le côté financier et adminis-

---

à ce point les jésuites ; qui ne sait que tel et tel des dignitaires de l'ordre sont immortels par le ridicule ? Il est difficile de croire que des écrivains ineptes soient de fortes têtes, des machinateurs profonds. Je cherche des Rodin, et ne vois que des Loriquet.

tratif domine aujourd'hui tellement dans les couvents, que ce genre de capacité est celui qu'on exige avant tout d'une supérieure. Plusieurs de ces dames sont d'éminents hommes d'affaires. Telle est connue à Paris des notaires et gens de loi comme pouvant leur donner leçon sur la matière des donations, successions et testaments. Paris n'envie plus à Bologne cette savante jurisconsulte qui, parfois couverte d'un voile, professait dans la chaire de son père.

Nos lois modernes, les lois de la Révolution, qui dans leur équité ont voulu que la fille et le cadet héritassent, travaillent ici puissamment pour la contre-révolution. Cela aide à comprendre la multiplication rapide, inouïe, des maisons religieuses. Rien n'arrête le zèle des recruteurs monastiques pour le salut des âmes riches. Vous les voyez frétiller autour des héritiers, des héritières... Quelle prime pour les jeunes paysans qui peuplent nos séminaires, que cette perspective de pouvoir, une fois prêtres, gouverner les fortunes aussi bien que les consciences[1] ?

La captation, un peu surveillée dans le monde, ne l'est point dans les couvents, où elle est plus dangereuse, s'exerçant sur des personnes enfermées et

---

1. Tout ce monde achète, vend, brocante. Des prélats spéculent sur les terrains et les constructions, des lazaristes sur les agences de recrutement militaire, etc., etc. Ceux-ci, les successeurs de saint Vincent De Paul, les directeurs de nos Sœurs de charité, ont été, pour leur charité, tellement bénis de Dieu qu'ils ont maintenant un capital de vingt millions. Leur général actuel, M. Étienne, alors procureur de l'ordre, était naguère agent de lazaristes dans une compagnie de distillerie. Le procès si grave qu'ils ont en ce moment, va décider si une Société engagée par un général qui est son chef absolu, se trouve quitte de tout engagement en changeant de général.

dépendantes. Là, elle peut être impunément effrénée, terrible. Qui peut le savoir? Qui ose entrer là? Personne... Chose étrange, il y a en notre pays des maisons qui ne sont point France... Cette rue, c'est la France encore; enjambez ce seuil, c'est un pays étranger, qui se moque de vos lois.

Quelles sont donc les leurs? On l'ignore. Ce que nous savons certainement, ce qui n'est point dissimulé, c'est que les barbares disciplines du Moyen-âge y règnent toujours, et s'y perpétuent. Cruelle contradiction! ce système qui parle tant de la distinction de l'âme et du corps, et qui y croit puisqu'il approche hardiment le confesseur des tentations charnelles, eh bien! le même système croit que le corps, distinct de l'âme, la modifie par sa souffrance, que l'âme s'améliore et s'épure sous les coups de fouet[1]!... Spiritualiste pour s'enhardir à affronter les séductions de la chair, matérialiste quand il s'agit de briser la volonté!

Quoi! lorsque dans les bagnes même, sur des voleurs, des meurtriers, sur les plus féroces des hommes, la loi défend de frapper, — vous, les hommes de la Grâce, qui ne parlez que de charité, *de la bonne sainte Vierge et du doux Jésus*, vous frappez des femmes... que dis-je, des filles, des enfants, à qui l'on ne reproche après tout que quelques faiblesses.

---

1. N'a-t-il pas bien compté sur l'influence du corps, cet art effroyable qui ne réveille pas par la douleur l'énergie de l'homme, mais l'énerve par le régime et la misère des cachots? (Voy. le *Traité de Mabillon sur les prisons monastiques*.) Les révélations des prisonniers du Spielberg nous ont trop éclairés là-dessus.

Comment ces châtiments sont administrés? C'est une question plus grave encore peut-être... Quel genre de composition la peur y fait-elle faire? A quel prix l'autorité y vend-elle l'indulgence?...

Qui règle le nombre des coups? Est-ce vous, madame l'abbesse? ou bien le père supérieur?... Que doit être l'arbitraire passionné, capricieux, d'une femme sur une femme, si celle-ci lui déplaît, d'une laide sur une belle, d'une vieille sur une jeune! On n'ose y penser.

Là, s'engage souvent une étrange lutte entre la supérieure et le directeur. Celui-ci, quelque endurci qu'il puisse être, est encore un homme; il est bien difficile qu'à la longue la pauvre fille, qui lui dit tout, qui lui obéit en tout, n'en vienne pas à le fléchir. L'autorité féminine s'en aperçoit tout d'abord, l'observe et le suit de près. Il voit peu sa pénitente, très peu, et c'est toujours trop. La confession durera tant de minutes; on attend, montre à la main. Elle durerait beaucoup, toujours, sans cette précaution; pour la recluse, qui n'a d'ailleurs qu'insultes et mauvais traitements, un confesseur compatissant, c'est encore la liberté.

On a vu des supérieures demander et obtenir plusieurs fois des évêques le changement de confesseur, sans en trouver d'assez durs, à leur fantaisie. Il y a encore grande distance de la dureté d'un homme à la cruauté d'une femme. La plus fidèle incarnation du Diable en ce monde, quelle est-elle à votre avis?... Tel inquisiteur, tel jésuite? Non, c'est une jésuitesse, une grande dame convertie, qui se croit née pour le gouvernement, qui, parmi ce troupeau de femmes tremblantes, tranchant du Bonaparte, use à tourmenter des infortunées sans défense la rage des passions mal guéries.

Loin d'être opposé ici au confesseur, mes vœux sont pour lui. Prêtre, moine, jésuite, me voilà de son parti. Je le prie d'intervenir s'il peut. Il est encore, dans cet enfer où la loi ne pénètre pas, la seule personne qui puisse dire un mot d'humanité... Je sais bien que cette intervention va créer la plus forte, la plus dangereuse attache. Le cœur de la pauvre créature est d'avance tout donné à celui qui la défend.

On l'éloignera, ce prêtre, on le chassera, on le perdra s'il le faut. Rien n'est plus facile à une supérieure active, influente. Il ne s'y hasarde pas, il a peur du bruit, il se retire timidement. Vous ne trouverez ni prêtres ni prélats qui se souviennent ici de leur pouvoir de confesseur et de juge spirituel, et qui refusent l'absolution au tyran des religieuses, comme Las Casas la refusait à ceux des Indiens.

Il y a d'autres juges, heureusement. La loi dort[1], mais elle vit. De courageux magistrats ont voulu faire leur devoir[2]. Nul doute qu'on ne leur permette...

---

1. Les affaires d'Avignon, de Sens, de Poitiers, quoique les coupables aient été punies si légèrement, donnent espoir que la loi se réveillera.

2. La surveillance des couvents devrait se partager entre la magistrature judiciaire, la magistrature municipale, et les administrations de charité; le parquet est trop occupé pour s'en charger seul. — Si ces maisons sont nécessaires comme asiles de femmes pauvres qui gagnent trop peu dans une vie isolée, que ce soient de libres asiles, comme les béguinages de Flandre, avec une direction, bien entendu, tout autre que celle des béguinages.

Leurs nuits en sont troublées; ils savent que toute violence qui se fait là, chaque coup qui s'y donne, au mépris des lois, est une accusation contre eux, devant la terre et le ciel!... *Exsurge, Domine, et judica causam tuam!*

CHAPITRE VI

Absorption de la volonté. Domination des actes, des pensées, des volontés. Assimilation. *Transhumanation.* Devenir le dieu d'un autre. — Orgueil. Impuissance. Orgueil et concupiscence.

Si l'on en croit les politiques, le bonheur, c'est de régner. Ils le pensent sincèrement, puisqu'ils acceptent en échange tant de fatigues et de misères, tel martyre que peut-être n'eussent jamais accepté les saints.

Seulement, il faut régner vraiment. Est-il sûr que ce soit régner que de faire des ordonnances non exécutées, d'envoyer, avec grand effort et pour suprême victoire, une loi de plus dormir au *Bulletin des lois* près de ses trente mille sœurs ?

Ce n'est rien d'ordonner des actes, si préalablement on n'est maître des pensées ; pour gouverner le monde des corps, il faut dominer celui des esprits. Voilà ce que dit le penseur, l'écrivain puissant, et il croit régner. C'est en effet un roi, celui-ci, au moins pour l'avenir. S'il est vraiment original, il devance son temps, il est ajourné. Il ira régnant demain, après-demain, à travers les siècles, et toujours plus absolu. Pour aujourd'hui, il sera seul; chaque succès coûte un ami. Il acquiert des amis nouveaux, je veux le croire, ardents, innombrables; ceux qu'il perd valaient moins sans doute, mais c'étaient ceux qu'il aimait; il ne verra jamais les autres... Travaille, homme désintéressé, travaille, tu auras pour salaire un peu de bruit et de fumée. N'es-tu pas bien payé ainsi? Roi du temps qui n'est pas encore, tu vivras, mourras les mains vides. Au bord de cette mer inconnue des âges, tu as ramassé, enfant, une coquille que tu approches de l'oreille pour y surprendre un petit bruit où tu crois entendre ton nom.

Celui-ci! vois au contraire... Ce prêtre, tout en disant que son royaume est là-haut, il a surpris adroitement la réalité d'ici-bas. Il te laisse aller à ton aise chercher les mondes inconnus; lui, il a saisi celui-ci, ton monde à toi, pauvre rêveur! ce que tu aimais, le nid où tu comptais revenir et te réchauffer... N'accuse que toi, c'est ta faute. Les yeux tournés vers l'aurore, tu t'oubliais à épier le premier rayon de l'avenir. Tu te retournes un peu tard, un autre a maintenant la chère petite place où tu as laissé ton cœur.

La souveraineté des idées n'est pas celle des volontés. On ne s'empare de celles-ci que par la volonté même, non une volonté générale et vague, mais spéciale, personnelle, qui s'attache avec persévérance à une personne et la domine vraiment, parce qu'elle la fait à son image.

Régner, c'est régner sur une âme. Au prix d'une

telle royauté, que sont tous les trônes? Qu'est-ce que la domination de la foule inconnue?... Les vrais ambitieux n'ont eu garde de s'y méprendre. Ils n'ont pas dispersé leurs efforts dans l'extension d'un pouvoir vague et faible qui se perd en s'étendant; ils ont visé plutôt à la solidité du pouvoir, à son intensité, à son immuable possession,

Le but ainsi posé, le prêtre a un grand avantage, que personne n'a comme lui. Il a affaire à un sujet *qui se livre lui-même*. Le grand obstacle pour les autres puissances, c'est qu'elles ne connaissent pas bien celui sur qui elles agissent; elles le voient au dehors, le prêtre le voit au dedans. Habile ou médiocre, par la seule vertu des terreurs et des espérances, par la clef magique qui ouvre le monde à venir, il ouvre aussi le cœur, et ce cœur veut lui-même s'ouvrir; toute sa crainte est de cacher quelque chose. Il ne se voit pas tout entier; mais là où il s'ignore, le prêtre le voit encore et le pénètre par les révélations comparées des serviteurs, des amis, des parents. De toutes ces clartés il peut, s'il est habile, former un foyer lumineux qui, concentré sur l'objet, l'illumine de part en part, si bien qu'il en connaît non seulement l'existence actuelle, mais l'avenir, lisant dès aujourd'hui dans l'instinct et le sentiment ce qui demain sera la pensée. Il le sait donc vraiment, ce cœur, et le voit et le prévoit.

Science unique, qui resterait encore inexplicable sans un dernier mot : Si elle *sait* son sujet à ce point, c'est qu'elle-même le *fait*. Le directeur fait le dirigé;

celui-ci est son œuvre, et il devient le même homme à la longue. Comment le premier ne connaîtrait-il pas des idées, des volontés que lui-même a fait naître, qui sont les siennes? Une transfusion a lieu, sous cette action incessante, entre les deux personnes, où l'inférieure, recevant tout de l'autre, va toujours s'effaçant. Plus faible chaque jour et plus paresseuse, elle se fait un bonheur de ne plus même vouloir, de voir s'en aller et se perdre cette volonté importune dont elle a trop souffert. Ainsi, le blessé regarde couler son sang, sa vie, et se sent plus léger.

Cet écoulement de la personnalité morale, par lequel vous échappez à vous-même, qui le compense en vous? qui remplit le vide?... En trois lettres : *lui*.

Lui, l'homme patient et rusé, qui, jour par jour, ôtant de vous un peu de vous, substituant un peu de lui, a doucement subtilisé l'un, mis l'autre en son lieu. Les molles et faibles natures de femmes, presque aussi fluides que celles de l'enfant, se prêtent bien aisément à la transfusion. *La même*, qui voit toujours *le même*, prend, sans le savoir, son tour d'esprit, son accent, son langage, que dis-je? quelque chose de son allure et de sa physionomie. Il parle, et elle ainsi. Il marche, et ainsi elle marche. A la voir seulement passer, qui saurait voir verrait *qu'elle est lui*.

Mais ces conformités extérieures ne sont que de faibles signes du changement profond qui s'est fait au dedans. Ce qui s'est transformé, c'est l'intime et le plus intime. Un grand mystère s'est fait, ce que Dante appelle *transhumanation*, lorsqu'une personne humaine, fondant à son insu, a pris, substance pour substance, une autre humanité; lorsque le supérieur remplaçant l'inférieur, l'agent le patient, n'a plus même à le diriger, mais devient son être. *Lui*, il est, l'autre n'est pas, sinon comme un accident, une qualité de cet être, un pur phénomène, une ombre vaine, un rien...

Que parlions-nous tout à l'heure d'influence, de domination, de royauté! Ceci est bien autre chose que royauté, c'est divinité. C'est être le dieu d'un autre.

S'il y a au monde une occasion de devenir fou, c'est celle-ci. La pensée de l'homme qui est arrivé là, de quelque humilité qu'il s'enveloppe, c'est celle du païen : « *Deus factus sum!* » J'étais homme, et je suis Dieu!

Plus que Dieu. Il dira à sa créature : « Dieu t'avait créée telle; autre je t'ai faite, en sorte que, n'étant plus sienne, mais mienne, tu es *moi*, mon *moi* inférieur, qui ne se distingue plus de moi que pour m'adorer. »

« Créature dépendante, comment n'aurais-tu pas cédé?... Dieu cède bien à ma parole, quand je le fais descendre à l'autel. Le Christ s'humilie, et, docile, vient, à mon heure, à mon signe, prendre la place du pain qui n'est plus[1]. »

---

1. « C'est dans la pensée d'Origène que le prêtre *doit être un petit Dieu*, pour faire une fonction qui est par-dessus les anges. » Le P. Fichet (jésuite), *Vie de madame de Chantal*, page 615. — Si vous voulez un jésuite plus grave que Fichet, voici Bourdaloue : « Quoique le prêtre ne soit dans ce sacrifice que le substitut de Jésus-Christ, il est certain néanmoins que Jésus-Christ *se soumet* à lui, qu'il s'y *assujettit*, et lui rend tous les jours sur nos

Ne nous étonnons pas du furieux orgueil du prêtre, qui, dans sa royauté de Rome, l'a souvent emporté au delà de toutes les folies des empereurs, lui faisant mépriser non seulement les hommes et les choses, mais son propre serment et la parole même qu'il donnait pour infaillible. Tout prêtre, pouvant faire Dieu, peut tout aussi bien faire que l'impair soit pair, que ce qui est fait n'ait point été fait, que ce qui est dit n'ait point été dit... L'ange a peur d'une telle puissance et s'écarte avec respect devant cet homme pour le regarder passer[1].

Allez, vantez-moi maintenant vos privations, vos macérations! J'en suis bien touché!... Croyez-vous qu'à travers cette robe sèche, ce maigre corps, et dans ce cœur pâle, je ne voie pas la profonde, exquise et délirante jouissance d'orgueil qui fait l'être même du prêtre? Ce qu'il emporte dans sa robe et couve si jalousement, c'est ce trésor d'orgueil terrible... Ses mains en tremblent, un feu jaune en luit dans ses yeux baissés...

---

autels *la plus prompte et la plus exacte obéissance*. Si la foi ne nous enseignoit ces vérités, pourrions-nous penser qu'un homme pût jamais atteindre à une telle élévation, et être revêtu d'un caractère qui le mît en état, si je l'ose dire, de *commander* à son souverain seigneur et de le faire descendre du ciel? »

1. Un des nouveaux prêtres qu'ordonnait saint François de Sales, voyait souvent son bon ange. Arrivé à la porte de l'église, il s'arrête. On lui demande pourquoi. « Il répondit ingénuement qu'il avoit coustume de voir marcher devant son bon ange, et que lors, ce prince du ciel *s'estoit arrêté par respect de son caractère, lui cédant cette prééminence.* » (Maupas du Tour, *Vie de saint François de Sales*, p. 199.) — Molinos dit hardiment (*Guida*, lib. II, c. I.) : « Si Dieu avait donné des anges pour conduire les hommes, ils pourraient être aveuglés par les démons qui se transfigurent en anges de lumière. Heureusement, etc. »

Oh! combien il hait tout ce qui lui fait obstacle, tout ce qui empêche son infini d'être infini! Comme il en désire, d'un cœur infini, l'anéantissement... Oh! qu'il est diabolique de haïr en Dieu!

Une grande souffrance est attachée à cette grande jouissance d'être le dieu d'une autre âme; tout ce qui manque à cette divinité fait souffrir horriblement... Vous ne pouvez vous étonner si celui-ci poursuit d'une insatiable ardeur l'absorption de l'âme qu'il espère *assimiler*. Vous devez comprendre sans peine la cause réelle et profonde de cette étrange avidité qui veut tout voir et tout savoir, les grandes et les petites choses, le principal et l'accessoire, l'essentiel et l'indifférent, qui, nullement satisfaite d'envelopper l'extérieur, s'adresse au fond même, et, cherchant le fond par delà le fond, veut atteindre la substance... Qu'elle l'atteigne, elle dira : Plus loin! plus loin! — Encore! — Davantage et davantage!... Hélas! on acquiert davantage, et il y a toujours au delà... Qui peut mesurer une âme? Elle garde, dans des coins qu'elle ne sait (ni vous non plus), des espaces et des profondeurs... Cette âme qui vous semblait acquise et que vous pensiez tenir tout entière, elle recèle peut-être un monde de liberté que vous ne pouvez atteindre.

Cela est humiliant, cela est sombre, et tout près du désespoir... O souffrance! n'avoir pas tout, pour un dieu, c'est n'avoir rien!

Alors, alors dans l'orgueil même, une voix s'élève, ironique, pour se moquer de l'orgueil, la voix de la concupiscence qu'il faisait taire jusqu'ici : « Pauvre dieu, dit-elle, si tu n'es pas dieu, c'est ta faute, je te l'avais dit. Laisse-moi là ta scolastique, ton *distinguo* des deux natures, corporelle et spirituelle. Posséder, c'est avoir tout; celui-là a propriété, qui use et abuse. Pour que l'âme soit vraiment tienne, il te manque une chose... le corps. »

CHAPITRE VII

Concupiscence. Suite de l'absorption et de l'assimilation. Terreurs de l'autre monde. Le médecin et la malade. Alternatives, ajournements. Effets de la peur en amour. — Pouvoir tout, et s'abstenir. Dispute de l'esprit et de la chair. La morte emporte le vivant. Elle ne ressuscitera pas.

Au bord de l'abîme que nous venons d'entrevoir, avant d'y descendre, restons un moment au bord, reconnaissons bien où nous sommes.

La domination sans limites dont nous parlions tout à l'heure ne s'expliquerait jamais assez par la puissance de l'habitude, aidée de tous les arts de séduction et de captation ; il serait surtout impossible de comprendre comment tant d'hommes médiocres réussissent à l'obtenir. Il faut rappeler ici ce que nous avons dit ailleurs : *Si cette puissance de mort a tant de prise sur l'âme, c'est que, le plus souvent, elle l'attaque mourante*, brisée des passions mondaines, et que, la rebrisant au flux et reflux des passions religieuses, elle finit par n'y plus trouver ni force, ni nerf, rien qui puisse résister.

Qui de nous n'en eut, dans sa vie, de ces moments où l'action violente ayant froissé notre cœur, nous haïssons l'action, la liberté et nous-mêmes?... Quand la vague qui nous berça doucement, traîtreusement, se retire brusque et dure, et nous laisse sur la grève à sec... on reste là comme une pierre... Jamais l'âme, échouée ainsi, ne serait remise en mouvement si elle n'était, sans le vouloir, soulevée au flot du Léthé... Une voix basse dit alors : « Ne bougez pas, n'agissez plus, ne veuillez point, mourez à la volonté... » — « Oh! merci! veuillez pour moi! cette liberté embarrassante dont le poids me pèse tant, la voilà, je vous la remets... Un doux oreiller de foi, de docilité enfantine, c'est tout ce qu'il me faut maintenant... Ah! que j'y vais bien dormir! »

Et l'on ne dort pas, on rêve. Nerveux et tremblant de faiblesse, comment pourrait-on reposer? Pour être gisant, on n'en va pas moins nageant dans les songes. L'âme ne veut pas agir, mais l'imagination agit bien sans elle, et cette fluctuation involontaire n'en est que plus fatigante. Alors reviennent pour la malade toutes les terreurs d'enfance, et avec une fixité qu'elles n'eurent point pour l'enfant. La fantasmagorie du Moyen-âge que nous croyions oubliée, ressuscite alors; tout le noir monde d'enfer, exilé par nos risées, se dédommage ici et se venge cruellement; cette pauvre âme lui appartient... Que deviendrait-elle, hélas! si elle n'avait au chevet le médecin spirituel qui la soigne et la rassure... « Ne me quittez pas, j'ai trop peur! — Ne vous troublez pas;

vous n'êtes pas responsable de tout ceci ; Dieu vous pardonne ces mouvements désordonnés ; ils ne sont pas vôtres ; le Diable s'agite ainsi en nous... — Le Diable ! ah ! je le sentais ! il me semblait bien que ces mouvements brusques et bizarres m'étaient étrangers... Mais quelle chose horrible est-ce donc, d'être le jouet du malin esprit ! — Je suis là, ne craignez pas, tenez-moi bien, allez droit ; l'abîme, il est vrai, est béant à droite et à gauche ; mais en suivant le pont étroit, Dieu aidant, par ce tranchant de rasoir, nous irons au paradis. »

Grande puissance, d'être si nécessaire, toujours appelé, désiré ! de tenir les deux fils d'espoir et de terreur qui tirent l'âme à volonté. Troublée, on la calme, et calme, on l'agite ; elle faiblit peu à peu, et le médecin est plus fort ; il le sent, il en jouit... Il y a pour celui à qui toute jouissance naturelle est interdite, il y a un sombre bonheur, une sensualité maladive à exercer cette puissance, à faire le flux et le reflux, à désoler pour consoler, blesser, guérir et blesser encore... « Oh ! qu'elle soit malade toujours ! Je souffre, qu'elle souffre avec moi. C'est quelque chose au moins d'avoir en commun la douleur. »

Mais ce n'est pas impunément qu'on recueille ces soupirs, qu'on soutient cette tête languissante... Celui qui blessait est blessé. La plus simple, dans ces épanchements, dit souvent à son insu telle chose qui brûle au cœur. Devant ce fer rouge, qu'une main si douce applique sans le savoir, il recule, s'indigne, s'irrite ; il s'efforce pour faire de son trouble un pieux courroux; il tâche de haïr le péché, et il l'envie seulement.

Qu'il est sombre ce jour-là! Voyez-le monter en chaire. Qu'a-t-il donc, cet homme de Dieu? On ne le voit que trop; le zèle de la Loi le dévore; il porte tous les péchés du peuple... Quels éclairs il lance! quels foudres! est-ce le Jugement dernier? tout le monde baisse la tête... Une seule a reçu le coup, elle pâlit, ses genoux fléchissent; le trait n'a que trop porté; celui qui la sait jusqu'au fond de l'âme, a trouvé trop aisément le mot terrible, le mot unique qui frappait juste à cette place... Seule, elle a senti; elle se trouve seule dans l'église (la foule a disparu pour elle), et seule elle se voit aller aux ténèbres, au noir abîme. « Mon père, tendez-moi la main! je sens que j'enfonce! »

Pas encore, et pas encore!... Il faut qu'elle se débatte, qu'elle descende, remonte un peu, afin de descendre plus bas... Chaque jour, elle vient à lui, plus dolente, plus pressante. Comme elle prie, comme elle insiste! Mais elle n'obtiendra pas encore le mot qui peut la rassurer : « Aujourd'hui? — Non, samedi... » Et du samedi encore, il remet au mercredi[1]... Quoi! trois jours, trois nuits entières dans la même anxiété? Elle pleure alors, comme un enfant... N'importe, il résiste, il la laisse, mais il est

---

[1]. Cette tactique d'ajournement est surtout admirable pour tirer d'une femme un secret étranger à la confession, qu'elle ne veut pas dire, le secret de son mari, le *nom propre* de son amant, etc., etc. Elle finit toujours par dire ce qu'on veut savoir.

troublé tout en résistant. Avoir tant humilié cette belle Madame si fière, c'est un secret plaisir d'orgueil, et pourtant il trouve lui-même qu'il a été bien dur pour elle ; il l'aime, il l'a fait pleurer.

Barbare, ne voyez-vous pas que la pauvre femme succombe ? Qu'elle baisse à chaque accès ? Que voulez-vous donc ? sa chute ? Mais dans cette prostration de force, dans cette terreur éperdue, dans cet abandon de soi-même, n'y a-t-il pas déjà toutes les chutes ? — Non, ce qu'il veut jusqu'ici, c'est qu'elle souffre comme lui, qu'elle lui ressemble en douleurs, qu'elle lui soit associée dans son malheur et son orage. Il est seul : donc, qu'elle soit seule. Il n'a point de famille, elle n'aura point de famille. Il la hait épouse et mère, il la veut amante... amante de Dieu ; lui-même il s'y trompe en la trompant.

Et au milieu de tout cela, toute fascinée qu'elle est, elle n'est pourtant pas aveugle autant que vous pourriez croire. Les femmes, les enfants, sont pénétrants quand ils ont peur ; ils entrevoient bien vite ce qui peut les rassurer. Celle-ci, lorsque, suppliante, peureuse et flatteuse, elle se traînait à ses pieds, elle n'a pas été sans voir, à travers les larmes, le trouble qu'elle excitait... Ils se sont troublés ensemble, c'est une complicité... Tous deux savent (sans le savoir bien, d'instinct confus, de passion) qu'ils ont prise l'un sur l'autre, elle par le désir, et lui par la peur.

La peur fait beaucoup en amour. Le mari du Moyen-âge était aimé de la femme pour sa sévérité même. Son humble Grisélidis reconnaissait en lui le droit de la verge paternelle. La fiancée de Guillaume-le-Conquérant, ayant été battue par lui, le reconnut à ce signe pour son époux et son seigneur. Qui a ce droit aujourd'hui ? Le mari ne l'a pas gardé ; le prêtre l'a, il en use ; il a toujours sur la femme le bâton de l'autorité ; il la bat, soumise et docile, des verges spirituelles. Qui peut punir, peut gracier ; seul pouvant être sévère, il a seul aussi ce qui est, près d'une personne craintive, la grâce suprême, la clémence. Un mot de pardon lui vaut plus, en un moment, dans ce pauvre cœur effrayé, que ne vaudraient au plus digne des années de persévérance. La douceur agit, juste en proportion des sévérités, des terreurs qui ont précédé. Nulle séduction comparable. Comment lutter contre un homme qui, disposant du paradis, a encore, par-dessus, l'enfer pour se faire aimer ?

C'est un moment bien dangereux que ce retour imprévu de bonté pour celle qui, domptée par la peur, le front dans la cendre, n'attend que la foudre... Quoi ! ce juge redouté, cet ange du Jugement, il s'attendrit tout à coup... On sentait le froid du glaive, on sent la chaleur d'une douce main d'ami qui vous relève de terre... Le passage est trop fort pour elle ; elle résistait à la crainte, elle succombe à cette douceur. Brisée de tant d'alternatives, la faible personne faiblit tout à fait...

. . . .

Pouvoir tout, et s'abstenir... glissante situation ! qui se tiendra sur la pente ?

Ici se retrouve, dans la voie de concupiscence, le

point où la voie de l'orgueil nous a menés tout à l'heure.

La concupiscence, méprisée d'abord par l'orgueil, comme brutale et grossière, devient un sophiste ; elle lui pose le terrible problème devant lequel le désir, mêlé d'effroi, cligne et détourne la vue... Il regarde sans regarder, il met la main sur ses yeux, mais en écartant les doigts, comme la *vergognosa* du Campo-Santo :

« Est-il sûr qu'on ait le cœur tout entier, si l'on n'a le corps ? La possession physique ne livrera-t-elle pas des côtés de l'âme qui autrement resteraient inaccessibles ? Le domaine spirituel est-il complet s'il n'embrasse l'autre ?... Les grands papes semblent avoir résolu la question ; ils ont cru que la papauté impliquait l'empire, que le pape, par-dessus sa royauté des esprits, était roi du temporel. »

Contre ce sophisme de la chair, l'esprit lutte encore ; il ne manque pas de répondre : « Que la conquête spirituelle, dès qu'elle est ainsi complétée, cesse d'être spirituelle ; que ce vainqueur qui veut tout, l'esprit, ne peut avoir tout sans périr dans sa victoire. »

La chair n'est pas embarrassée ; elle se réfugie dans l'hypocrisie, elle s'annule et devient humble, pour regagner l'avantage : « Le corps, est-ce si grand'chose qu'il faille s'en inquiéter ? Simple dépendance de l'âme, il doit la suivre où elle va... » Les mystiques ne tarissent pas là-dessus en injures au corps, à la chair. La chair, c'est l'ânesse, dit l'un, sur laquelle on peut frapper. — Qu'elle passe, dit l'autre, tel ruisseau fangeux, qu'importe à l'âme qui chevauche, haute et pure, sans regarder seulement. — Puis, arrive le mauvais raffinement des quiétistes : « Si la partie inférieure ne pèche, la supérieure est orgueilleuse, ce qui est le plus grand péché; donc, il faut que la chair pèche, pour que l'âme se tienne humble; le péché, donnant l'humilité, est un degré pour monter au ciel. »

« Péché!... Mais y a-t-il péché? (La dévotion dépravée retrouve ici le sophisme antique) : *Le saint par essence*, étant la sainteté même, *sanctifie toujours*. De l'homme spirituel tout est esprit, même ce qui, d'un autre, est matière. Si, dans son vol supérieur, le saint a encore quelque obstacle qui le ramène contre terre, que la personne inférieure l'en délivre, elle fait œuvre méritoire et elle est sanctifiée.

Subtilité diabolique, que peu s'avouent nettement, mais qu'un grand nombre couvent et caressent, au plus secret de leur pensée. Molinos est oublié, mais non le molinosisme[1].

---

[1]. Ce nom de *molinosisme* donne l'idée d'un vieux système oublié. Dans la pratique, c'est une chose de tous les temps, un instinct, une croyance aveugle, qui est naturelle aux faibles et qu'on peut formuler ainsi : *Avec les forts, tout est bien; avec un saint, nul péché*. Voyez le malade, s'il est assez heureux pour faire dîner avec lui son médecin, le voilà rassuré, hardi, il mange de tout sans avoir peur. — Je crois au reste que le molinosisme réel est et sera toujours un moyen puissant près des simples. Un contemporain, Llorente, raconte (t. III, ch. XXVIII, article 2, éd. 1817) que lorsqu'il était secrétaire de l'Inquisition, on amena devant ce tribunal un capucin qui dirigeait une communauté de béguines, et qui les avait séduites presque toutes, en leur persuadant qu'elles ne quittaient point la voie de perfection. A chacune d'elles il disait au confessionnal qu'il avait reçu de Dieu une grâce singulière : « Notre-Seigneur, disait-il, a daigné se laisser voir à moi dans l'hostie, et il

Au reste, les faux raisonnements sont à peine nécessaires dans le misérable état de rêve où vit une âme dépouillée de volonté et de raison. Hors

m'a dit : Presque toutes les âmes que tu diriges ici me sont agréables, mais surtout une telle (*le capucin nommait celle à qui il parlait*). Elle est déjà si parfaite qu'elle a vaincu toute passion, sauf la sensualité qui la tourmente fort. C'est pourquoi, voulant que sa vertu ait sa récompense, et qu'elle me serve tranquillement, je te charge de lui donner dispense, mais pour en user avec toi ; elle n'en parlera à nul confesseur ; cela serait inutile, puisque avec une telle dispense elle ne peut pécher. » Sur dix-sept béguines dont se composait la communauté, l'intrépide capucin donna la dispense à treize, qui furent assez longtemps discrètes ; l'une d'elles, cependant, tomba malade, crut mourir et découvrit tout, déclarant qu'elle n'avait jamais pu croire à la dispense, mais qu'elle en avait profité. Si le coupable eût avoué simplement, il en eût été quitte pour une peine assez légère, l'Inquisition étant, dit Llorente, fort indulgente pour ce genre de délit. Mais, tout en avouant la chose, il soutint qu'il avait bien fait, ayant pouvoir de Jésus-Christ. « Quoi ! lui dit-on, est-il vraisemblable que Notre-Seigneur vous ait apparu pour vous dispenser d'un précepte du Décalogue? — Il a bien dispensé Abraham du cinquième précepte, en lui ordonnant de tuer son fils, les Hébreux du septième en leur ordonnant de voler les Égyptiens. — Oui, mais c'étaient là des mystères favorables à la religion. — Et quoi de plus favorable à la religion que de tranquilliser treize âmes vertueuses et de les conduire à la parfaite union avec l'essence divine? » Je me souviens, dit Llorente, de lui avoir dit : « Mais, mon père, n'est-il pas étonnant que cette vertu singulière se soit rencontrée justement dans les treize jeunes et belles, et nullement dans les quatre autres qui étaient laides ou vieilles? » Il répondit froidement : « Le Saint-Esprit souffle où il veut... »

Le même auteur, au même chapitre, tout en reprochant aux protestants d'avoir exagéré la corruption des confesseurs, avoue : « Qu'au seizième siècle, l'Inquisition avait imposé aux femmes l'obligation de dénoncer les confesseurs coupables, mais que les dénonciations se trouvèrent si nombreuses, qu'on déclara les pénitentes dispensées de dénoncer. » Les procès de ce genre étaient faits à huis clos, et les condamnations comme étouffées dans de petits auto-da-fé secrets. — D'après le nombre de procès que Llorente tire des registres, il compare la moralité des différents ordres religieux, et il trouve, par les chiffres mêmes, un résultat bien naturel qu'on pouvait deviner sans chiffres : ils abusaient de leurs pénitentes justement en proportion du plus ou moins d'argent et de liberté qu'ils avaient pour séduire d'autres femmes. Les moines pauvres et reclus étaient de dangereux confesseurs ; les religieux plus libres et les prêtres séculiers n'employaient guère le moyen hasardeux du confessionnal, parce qu'ils trouvaient ailleurs des occasions faciles. Ceux qui, comme directeurs, voient les femmes tête à tête chez elles ou chez eux, n'ont aucun besoin de les corrompre à l'autel.

d'elle-même et du bon sens, ayant perdu tout rapport avec la réalité, toujours plongée dans le miracle, ivre de Dieu, soûlée du Diable, elle est faible à en mourir; mais l'excès de cette faiblesse est une force pour donner la fièvre... Terrible contagion... Vous avez cru que cette morte traînerait toujours après vous, et c'est vous qui l'allez suivre, elle emportera le vivant.

Là expirent toutes les subtilités dont se payait le désir... Un jour livide pénètre. La sophistique ne trouve plus de nuage pour l'obscurcir. Vous voyez trop tard alors que vous avez fait plus que vous ne vouliez faire. Vous avez détruit justement ce qui vous aurait servi; chacune de ces puissances supprimées, cette volonté, cet esprit, ce cœur, qui aujourd'hui ne sont plus, s'ils fussent restés vivants, c'eût été pour vous... Non, brisés, fanés, éteints! L'être détruit ne sent plus, n'a prise sur rien et ne donne pas prise sur lui. Vous avez voulu serrer, mais vous avez étouffé. Celle en qui la vie est maintenant anéantie, vous la voudriez vivante, la ressusciter... On ne fait point de tels miracles. Ceci est et sera toujours une ombre froide, sans vie pour vous répondre; pressez, si vous le pouvez, vous ne sentirez rien qui batte... Ce sera votre désespoir. Vous pouvez tout feindre, tout dire, hors un mot qu'on vous défie de prononcer sans douleur, le nom sacré de l'amour.

L'amour! mais vous l'avez tué... Il faut une personne pour aimer. Et de ce qui fut une personne, vous avez fait une chose.

Homme orgueilleux qui, tous les jours, sommez votre Créateur de descendre sur l'autel, vous avez justement fait le contraire du Créateur : vous avez défait un être.

Vous qui d'un grain de froment savez faire un Dieu, répondez, n'était-ce pas un dieu aussi que vous teniez tout à l'heure dans cette âme crédule et docile; le dieu intérieur de l'homme, qu'on appelle la liberté, qu'en avez-vous fait? Vous vous êtes mis à la place : où elle fut, cette puissance par quoi l'homme est l'homme, je vois le néant.

Eh bien! ce néant, qu'il soit votre supplice. Vous aurez beau y pénétrer, quelque bas que vous descendiez, vous ne trouverez que le vide, rien qui *veuille*, et rien qui *puisse*. Ici tout a péri, de ce qui pouvait aimer.

TROISIÈME PARTIE

DE LA FAMILLE.

CHAPITRE PREMIER

La fille. Par qui la fille est élevée. Le schisme dans la famille. Importance de l'éducation, et avantage du premier occupant. Influence du prêtre sur le mariage, qu'il garde souvent après le mariage.

Le drame que j'ai essayé de suivre ne va pas toujours jusqu'au dernier acte, grâce à Dieu, jusqu'à l'anéantissement de la volonté, de la personnalité. On ne peut bien observer où il s'arrête, sous l'épais manteau de réserve, de discrétion, d'hypocrisie, dont tout ce monde noir est enveloppé. Le clergé doit redoubler d'ailleurs d'attention sur lui-même, au milieu de la lutte actuelle.

La principale lumière pour voir ce que cache l'Église, c'est hors de l'Église qu'il faut la chercher, dans la maison, dans la famille. Regardez bien. Il y a là un reflet, malheureusement trop clair, de ce qui se passe ailleurs.

Nous l'avons dit. Si vous entrez le soir dans une maison, si vous vous asseyez à la table de famille, une chose vous frappera presque toujours : la mère et la fille sont ensemble, d'un même avis, d'un côté ; le père est de l'autre, et seul.

Qu'est-ce à dire ? C'est qu'il y a encore à cette table quelqu'un que vous ne voyez point, pour contredire et démentir tout ce que dira le père. Il revient fatigué du présent, plein des soucis de l'avenir, et il trouve chez lui, pour repos et rafraîchissement d'esprit, la lutte avec le passé.

Il ne faut pas s'en étonner. Par qui nos filles, nos femmes sont-elles élevées ? Il faut le répéter encore : par nos ennemis, par les ennemis de la Révolution et de l'avenir.

Ne vous récriez pas ici, ne me citez pas tel de vos sermons. Que m'importe que vous fassiez en chaire telle parade démocratique, si par-dessous, par derrière, vos petits livres qui filent par milliers et par millions, votre enseignement qui se cache mal, votre confessionnal dont l'esprit transpire, nous montrent ce que vous êtes, les ennemis de la liberté... Sujets d'un prince étranger, qui reniez l'Église française, que parlez-vous de la France ?

SIX CENT VINGT MILLE[1] filles sont élevées par des religieuses, sous la direction des prêtres. — Ces filles seront bientôt des femmes, des mères qui

---

1. M. Louandre donne le chiffre de six cent vingt-deux mille filles dans sa consciencieuse statistique. (*Revue des Deux Mondes*, 1844.)

livreront aux prêtres, autant qu'elles pourront, leurs filles et leurs fils.

La mère a déjà réussi pour sa fille. C'est elle qui, par une obsession persévérante, a vaincu les répugnances du père. Un homme qui tous les soirs, après l'agitation des affaires et la guerre du monde, trouve encore la guerre chez lui, peut bien résister quelque temps, mais il faut qu'il cède... Autrement, il n'aura trêve ni cesse, repos ni refuge. La maison est inhabitable. La femme, n'ayant à attendre que rigueur au confessionnal tant qu'elle n'a pas réussi, vous fera chaque jour, chaque heure, la guerre qu'on lui fait, une guerre douce peut-être, doucement aigre, doucement implacable et acharnée. Murmure au coin du feu, tristesse à table, n'ouvrant la bouche souvent pour parler ni pour manger; puis au coucher, l'inévitable répétition de la leçon qu'elle a apprise, et jusque sur l'oreiller... Le même son d'une même cloche, toujours et toujours... qui y tiendrait? que faire? céder ou devenir fou!

Si l'homme était tellement ferme, obstiné, persévérant qu'il résistât à cette épreuve, la femme peut-être ne résisterait pas. « Comment la voir si malheureuse, languissante, inquiète, malade? elle maigrit visiblement... J'aime encore mieux sauver ma femme... » Voilà ce que dit l'homme; s'il n'est vaincu par sa femme, il l'est par son cœur. Le fils quitte le lendemain l'école pour l'*école chrétienne*, le collège pour le petit séminaire. La fille est menée par la mère triomphante à cette bonne pension voisine, où le bon abbé confesse et dirige. — Il ne se passe pas un an, que la pension ne vaut plus rien, elle est encore trop mondaine ; la petite est remise aux religieuses dont l'abbé est *supérieur*, dans tel couvent à lui, sous sa main et sous sa clef.

Bon père, soyez tranquille, dormez sur les deux oreilles. Votre fille est en bonnes mains ; la contradiction ne peut plus vous manquer jusqu'à la mort... Une fille d'esprit vraiment, et qui, sur toute chose, ayant été soigneusement armée contre vous, aura, quoi que vous disiez, l'argument contraire.

Ce qui est bizarre, c'est que généralement le père n'ignore pas qu'on élève son enfant contre lui. — Homme étonnant ! qu'espérez-vous donc ? — Oh ! elle désapprendra ; le temps, le mariage, le monde, effacent bien tout cela... — Oui, un moment, mais pour reparaître ; aux premiers désappointements du monde tout va revenir. Dès qu'elle vieillira un peu, elle se refera petite fille ; son maître d'aujourd'hui sera son maître d'alors, pour votre contradiction, bon homme, dans vos derniers jours, pour le désespoir et la damnation quotidienne de son père et de son mari. Vous savourerez alors les fruits de cette éducation.

L'éducation ! petite chose, faible puissance, il est vrai, que le père peut laisser prendre sans danger à ses ennemis !

Occuper l'esprit, avec tout l'avantage du premier occupant ! Dans ce livre, encore tout blanc, écrire ce qu'on veut !... écrire *à toujours*. Car, sachez-le bien, vous aurez beau plus tard récrire par-dessus, croiser en long ce qui fut tracé en large; vous brouillez, vous n'effacez pas. C'est le mystère de cette jeune mémoire, si molle pour recevoir, qu'elle est forte pour garder. La trace primitive qui semble effacée à vingt ans, elle reparaît à quarante, à soixante. C'est la dernière, la plus nette peut-être que gardera la vieillesse.

« Quoi! la lecture, la Presse, notre grande puissance moderne qui va passer là-dessus, n'est-elle pas une éducation plus forte que la première? » N'y comptez pas. L'action de la Presse s'annule en partie elle-même; elle a mille voix pour parler, mille voix pour se répondre et détruire ce qu'elle a dit. L'éducation ne fait pas tant de bruit; elle ne crie pas, elle règne. Voyez dans cette petite classe, sans témoin, sans contrôle, sans contradiction, un homme parle, un maître, et maître absolu, investi du pouvoir le plus ample de punir et de châtier... Sa voix, sans verge, en a la force; la petite créature, tremblante et croyante, qui sort de dessous la mère, reçoit ses paroles pesantes qui entrent dans la substance molle, et s'enfoncent comme autant de clous d'airain.

Cela est vrai de l'école; mais combien plus de l'Église! Pour la fille surtout, plus docile, plus craintive, plus fidèle certainement aux premières impressions. Ce qu'elle entendit la première fois dans cette grandiose église, sous ces voûtes retentissantes, par la voix de cet homme noir, qui lui fit alors grand'peur, les mots qu'il lui adressa alors *à elle-même*... ah! ne craignez pas qu'elle les oublie jamais. Si elle pouvait oublier, elle rapprendrait chaque semaine ; la femme est toute sa vie à l'école, retrouvant au confessionnal son banc d'école, son maître d'école, le seul homme qu'elle craigne, le seul, nous l'avons dit, qui, dans l'état de nos mœurs, puisse menacer une femme.

Quel avantage pour lui, au couvent où on l'a mise, de la prendre toute petite, d'avoir le premier affaire à cette jeune âme, d'avoir auprès d'elle les premières sévérités, les premières indulgences aussi, qui sont si près des tendresses [1], d'être père, ami d'une enfant tirée sitôt des bras maternels... Le confident de ses premières pensées sera longtemps mêlé aux rêveries de la jeune fille... Il a eu un privilège spécial, unique, que l'époux peut envier : quel? la virginité de l'âme, les prémices de la volonté.

C'est à cet homme, jeunes gens, qu'il vous faut demander la fille en mariage, avant d'en parler aux parents. N'allez pas vous y tromper, vous perdriez tout... Vous remuez la tête, fiers enfants du siècle, vous ne croyez point plier jamais le genou. Je désire alors que vous puissiez vivre seuls, épousant la philosophie. Autrement, je vous vois d'ici, avec tous vos beaux discours, aller furtivement, entre chien et loup, vous glisser dans une église et vous agenouiller devant le prêtre. On vous attendait là, l'on vous y

---

1. Qu'est-ce que la direction généralement? 1° *L'amour avant l'amour.* Elle cultive chez la petite fille cette puissance qui s'éveille, et si bien la cultive-t-elle, qu'en sortant du couvent il faut vite la soutenir sur un mari ; elle a hâte de tomber. 2° *L'amour après l'amour.* Une vieille femme, pour le laïque, est une vieille ; pour le prêtre, c'est une femme. Où le monde finit, le prêtre commence.

prend. Vous n'y aviez pas pensé. Vous voilà amoureux, pauvre homme, vous ferez ce qu'on voudra.

Je souhaite seulement que cette fille, achetée ainsi, vous l'ayez vraiment. Mais avec cette mère et ce prêtre, la même influence, un moment diminuée, reprendra bientôt sa force. Vous aurez une femme, moins l'âme et le cœur, et vous vous apercevrez que celui qui la donne ainsi, c'est celui qui sait la garder[1].

---

[1] Ajoutons à ce chapitre un fait, qui porte à croire que le clergé ne perd pas de vue les filles qui sont élevées dans les couvents sous sa direction. Un de mes amis, dont la haute position et le caractère rendent le témoignage très grave, me racontait dernièrement, qu'ayant placé une jeune parente dans un couvent, il avait appris des religieuses *qu'elles envoyaient à Rome* le nom des élèves qui se distinguaient le plus. La centralisation de tels renseignements sur les filles des familles importantes du monde catholique doit faciliter bien des combinaisons, et servir singulièrement la politique ultramontaine. Le *Gesù*, s'il en était ainsi, serait un vaste bureau de mariages.

CHAPITRE II

La femme. Le mari ne s'associe pas la femme; il sait rarement l'initier à sa pensée. Ce que serait l'initiation mutuelle. — La femme se console par son fils; on l'éloigne d'elle. — Isolement et ennui. Un pieux jeune homme. Le *spirituel*, le *mondain;* lequel des deux aujourd'hui est l'homme mortifié.

Le mariage donne au mari un moment unique pour acquérir vraiment la femme, la soustraire à l'influence étrangère et se l'assurer à toujours. En profite-t-il? Rarement.

Il faudrait que, dans ces commencements où il peut beaucoup sur elle, il l'associât à son mouvement d'esprit, à ses affaires, à ses idées, qu'il l'initiât à ses projets, qu'il lui créât, dans son activité, une activité à elle.

Qu'elle veuille et pense avec lui, agisse avec lui, souffre avec lui, voilà le mariage. Ce qui peut arriver de pis, ce n'est pas qu'elle souffre, mais qu'elle languisse, ennuyée, vivant à part, et comme veuve. Comment s'étonner alors si elle se détache de lui?... Ah! si dès ces premiers temps il la faisait sienne, en lui faisant partager ses ambitions, ses agitations, ses inquiétudes, s'ils avaient veillé ensemble, troublés des mêmes pensées, il aurait gardé son cœur. On s'attache par le chagrin même; souffrir ensemble, c'est encore aimer.

La Française, plus que l'Anglaise et l'Allemande, plus qu'aucune femme, se prête à seconder l'homme, et peut devenir pour lui, non la compagne seulement, mais le compagnon, l'ami, l'associé, l'*alter ego*. Ce n'est guère que dans les classes commerçantes qu'on s'avise d'en profiter. Voyez dans les quartiers marchands, dans ce sombre magasin de la rue des Lombards ou de la Verrerie, la jeune femme, souvent née fort riche, qui n'en reste pas moins là, dans ce cabinet vitré, à tenir les livres, qui enregistre ce qui entre et sort, dirige les garçons, les commis. Avec un tel associé, la maison prospérera. Et le ménage y gagne aussi. Le mari et la femme, séparés d'occupations pendant le jour, doivent se réunir d'autant mieux dans une pensée commune.

Sans pouvoir s'associer d'une manière aussi directe à l'activité du mari, la femme, dans les autres carrières, pourrait entrer en communication des affaires, au moins des idées. Ce qui rend cela difficile, je ne l'ai pas dissimulé (p. 64), c'est l'esprit de spécialité qui va croissant dans nos professions diverses, ainsi que dans nos sciences, et nous pousse de plus en plus au détail minutieux, tandis que la femme, moins persévérante et moins obligée d'ailleurs aux applications précises, en reste aux généralités. L'homme qui veut sérieusement initier une femme à sa vie le peut sûrement, si elle l'aime ; mais il a besoin de beaucoup de patience et de douceur. Ils sont venus l'un à l'autre, comme des deux pôles, et préparés par une éducation contraire. Dès lors, comment voudriez-vous que votre jeune femme, tout intelligente qu'elle est, vous entendît au premier mot? Si elle ne comprend pas, c'est le plus souvent votre faute ; cela tient presque toujours aux formes abstraites, sèches et scolastiques dont votre éducation vous a donné l'habitude. Elle, qui reste dans la sphère du sens commun et du sentiment, elle n'entend rien à vos formules, et rarement, très rarement, vous savez les traduire en langage humain. Cela demande de l'adresse, de la volonté, du cœur... Il y faudrait, monsieur, permettez-moi de le dire, plus d'esprit et plus d'amour.

Au premier mot non compris, le mari perd patience... « Elle est incapable, elle est trop légère ». Il s'éloigne, et c'en est fait... Ce jour-là, il perd beaucoup. S'il eût persisté, il l'eût entraînée peu à peu avec lui, elle eût vécu de sa vie, il y eût eu vraiment mariage... Ah! quel compagnon il perd! quel sûr confident! quel auxiliaire zélé!... dans cette personne qui, laissée à elle-même, lui semble peu sérieuse, il eût trouvé, aux moments difficiles, une lumière d'inspiration, souvent un sage conseil.

Je touche ici un grand sujet, où je voudrais m'arrêter. Je ne le puis. Un mot seulement.

L'homme moderne, victime de la division du travail, condamné souvent à une spécialité étroite où il perd le sentiment de la vie générale et où il s'atrophie lui-même, aurait besoin de trouver chez lui un esprit jeune et serein, moins spécialisé, mieux équilibré, qui le sortît du métier et lui rendît le sentiment de la grande et douce harmonie. Dans ce temps d'âpre concurrence où le jour est plein d'efforts, où l'on revient chez soi brisé, moins de travaux encore que de désappointements, il faudrait une femme au foyer pour rafraîchir le front brûlant de l'homme. Cet ouvrier (sommes-nous autre chose dans nos spécialités?), ce forgeron altéré d'avoir trop battu le fer, elle lui rouvrirait la source vive du beau et du bon, de Dieu et de la nature ; il boirait un moment aux eaux éternelles... Alors, *il oublierait*, il respirerait et reprendrait cœur... Relevé ainsi par elle, il la soulèverait à son tour de sa main puissante, la mènerait dans son monde, à lui, dans sa voie d'idées nouvelles et de progrès, la voie de l'avenir [1].

Il n'en est pas ainsi malheureusement. Ce bel échange qui seul réalise le mariage, je ne le trouve encore nulle part. On essaye bien un moment, dans les premiers temps, de communiquer ensemble; mais bientôt l'on se décourage; le mari devient muet; desséché au vent aride des intérêts, des affaires,

---

1. Ne croyez pas qu'il soit possible de rester au même point. On baisse ou l'on monte. S'il faut que toute la vie soit progrès, cela s'obtient bien mieux dans la famille naturelle que dans la famille artificielle des couvents, etc. La femme a-t-elle fini comme femme, elle commence comme mère, grand'mère. Elle a toujours de nouveaux motifs de recommencer sa propre éducation morale, et de la pousser plus loin. La femme veut monter toujours (c'est pour cela qu'elle s'attache à l'homme). Eh bien, la nature lui donne pour degrés, non la direction d'un seul homme, mais l'association successive à des générations meilleures, dont chacune reproduit la mère, renouvelée, améliorée.

il ne peut tirer un mot de son cœur. Elle s'en étonne d'abord, elle s'inquiète, elle l'interroge... Mais les questions l'irritent, on n'ose plus lui parler. Qu'il soit tranquille, le temps va venir où sa femme, rêveuse au foyer, absente d'esprit à son tour et faisant son roman à part, le laissera à son aise dans sa taciturnité.

Avant tout, elle a un fils. C'est vers lui, si on le lui laisse, qu'elle va se tourner tout entière. Qu'elle sorte, elle lui donne la main, et le bras bientôt; c'est comme un jeune frère, « un petit mari... » Comme il a grandi déjà! que nous passons vite!... Et c'est dommage qu'il grandisse, car voilà la séparation, voilà le latin, les larmes... Ne faut-il pas qu'il soit un savant? Ne faut-il pas qu'il entre au plus tôt dans les voies violentes de la concurrence, qu'il acquière de bonne heure les mauvaises passions qu'on cultive en nous avec tant de soin, l'orgueil, l'ambition, la haine, l'envie?... La mère voudrait attendre encore; qui presse tant? Il est si jeune! ces collèges sont si durs! Il apprendra bien mieux chez elle, si on veut le lui laisser; elle fera venir des maîtres, elle se fera maître d'études, elle n'ira plus au bal... « Impossible, madame, impossible! vous en feriez une femmelette... » Le fait est que le père, quoiqu'il aime fort l'enfant, trouve que, dans une maison réglée, ce mouvement, cette agitation bruyante, sont intolérables. Il est incapable de rien supporter de tel : fatigué, blasé, de mauvaise humeur, il veut le silence, il veut le repos.

Sage mari, qui traitez légèrement les résistances

d'une mère, ne sentez-vous pas que c'est peut-être aussi par un instinct de vertu que cette femme veut garder son fils, le pur et irréprochable témoin devant lequel elle eût toujours été sainte? Si vous saviez combien la présence de l'enfant est utile à la maison, c'est vous qui l'y retiendriez. Tant qu'il y restait, cet enfant, la maison en était bénie. Lui présent, le lien de la famille se serait difficilement relâché. Qui fait le mariage et la famille? l'enfant qu'on espère. Et qui la maintient? l'enfant qu'on possède. Il en est le but et la fin, le milieu, le médiateur, j'allais dire le tout.

On ne saurait trop le redire, rien n'est plus vrai, la femme est seule. Elle est seule, ayant un mari; avec un fils, elle est seule. Une fois au collège, elle ne le voit que par grâce, souvent à grands intervalles. Après le collège, d'autres prisons attendent le jeune homme, et d'autres exils.

Une soirée brillante se donne; entrez dans ces salons si bien éclairés, vous voyez les femmes assises en longues files, parées, parfaitement seules. Allez vers quatre heures aux Champs-Élysées, vous revoyez les mêmes femmes qui s'en vont tristement au Bois, chacune seule dans sa voiture... Celles-ci sont dans une calèche, d'autres au fond d'une boutique; mais les unes et les autres, seules.

Dans la vie des femmes qui ont le malheur d'avoir peu à faire, il n'est rien qui ne s'explique par un mot : l'isolement et l'ennui. L'ennui, qu'on croit une disposition d'esprit languissante et négative, est pour une femme nerveuse un mal positif, impossible à supporter. Il tient sa proie, il la ronge[1]... Qui suspend le mal un moment devient un sauveur.

L'ennui fait recevoir des amies qu'on sait ennemies, curieuses, envieuses, médisantes. L'ennui fait supporter des romans en feuilletons, dans cette forme coupée qui vous arrête à chaque instant, quand l'intérêt commençait[2]. L'ennui mène à ces concerts mêlés de toute musique, où la diversité des styles est une fatigue pour l'oreille. L'ennui traîne à tel sermon que deux mille personnes écoutent, et que pas une ne peut lire. Il n'est pas jusqu'aux douceâtres productions demi-mondaines, demi-dévotes, dont les néo-catholiques inondent le faubourg Saint-Germain, qui ne trouvent quelques lectrices chez ces pauvres ennuyées. Elles supportent, ces dames délicates et maladives, un nauséabond mélange de musc et d'encens, qui troublerait l'estomac de toute personne en santé.

Un de ces jeunes auteurs explique dans un roman tout l'avantage qu'il y a à commencer la galanterie par la dévotion galante. Le procédé n'est pas nou-

---

1. L'amour même y remédie bien moins qu'on ne croit. Nos beaux romans de ce temps ont eu un effet tout contraire à celui qu'on suppose. C'est d'abréger les passions. La passion réelle perd souvent beaucoup, quoi qu'on dise, en face de ces puissants tableaux ; elle souffre à la comparaison. La femme trouve bien vite son roman personnel faible et fade en présence d'Indiana et de Valentine. L'amour pâlit et *déteint* vite aux yeux d'une femme d'esprit dont l'expérience est éclairée par cette impitoyable lumière.

2. Ceci uniquement contre la forme coupée, et nullement contre le talent admirable que quelques écrivains y ont montré.

veau. Je voudrais seulement que ceux qui l'ont renouvelé de Tartufe, y missent un peu d'esprit.

Ils n'en ont pas grand besoin. Les femmes écoutent leurs déclarations voilées, leurs équivoques d'amour, par conscience, pour faire leur salut. Telle qui avec l'ami le plus grave se scandaliserait au premier mot d'amitié, souffre patiemment du jeune lévite ce langage à double entente. Une femme spirituelle, qui a du monde, de l'expérience, qui a lu et vu, ici elle ne veut pas voir. S'il a peu de talent, s'il est lourd, peu amusant, il a si bonne intention ! Le Père un tel en répond, c'est un bon sujet...

Le fait est que celui-ci, à propos de dévotion, parle d'amour, c'est son mérite ; même quand on en parle d'une manière faible et fade, c'est un mérite encore, près d'une femme qui mûrit. Le mari, fût-il distingué, a toujours le tort d'être un homme *positif*, tout occupé, dit-on, d'*intérêts matériels*. Et en effet, il s'occupe de l'intérêt de la famille, il assure l'avenir des enfants, il use sa vie pour entretenir le luxe où vit la dame, au delà de sa fortune.

Peut-être ce mari aurait-il à dire que tout cela, quelque matériel qu'en puisse être le résultat, est pour lui un intérêt moral, un *intérêt de cœur*. Peut-être ajouterait-il qu'en s'occupant d'intérêts matériels au profit des autres, dans nos assemblées, dans nos tribunaux, dans mille positions diverses, on peut se montrer plus *désintéressé*, et par conséquent plus spiritualiste que tous les brocanteurs de spiritualité, qui font de l'Église une Bourse.

Indiquons ici un contraste, qu'on ne remarque pas assez.

Au Moyen-âge, l'homme spirituel, l'*homme mortifié*, c'était le prêtre. Par les études auxquelles seul il se livrait, par les veilles et les offices de nuit, par l'excès des jeûnes, par les saignées monastiques, il mortifiait le corps. Aujourd'hui il reste peu de chose de cela : l'Église a tout adouci. Les prêtres vivent comme nous; si la vie est médiocre, mesquine pour un grand nombre d'entre eux, au moins leur est-elle généralement assurée. On le voit de reste à la liberté d'esprit avec laquelle ils remplissent le loisir des femmes d'interminables entretiens.

Quel est l'*homme mortifié* aujourd'hui, par ce temps d'âpre travail, d'ardents efforts, de brûlante concurrence? C'est le laïque, c'est le mondain. Ce mondain, plein de soucis, travaille tout le jour, la nuit, pour la famille ou pour l'État. Engagé souvent dans une spécialité d'affaires ou d'études trop épineuse pour que la femme et les enfants s'y intéressent, il ne peut leur communiquer ce qui remplit son esprit. A l'heure même du repos, il parle peu, il suit son idée. Le succès dans les affaires, l'invention dans la science, s'obtiennent à haut prix, au prix que dit Newton : *En y pensant toujours...* Solitaire parmi les siens, il risque, lui qui fait leur gloire ou leur fortune, de leur devenir étranger.

L'homme d'Église au contraire, qui aujourd'hui, à en juger par ce qu'il publie, étudie peu, n'invente rien, qui d'autre part ne se fait plus à lui-même cette guerre de mortifications que s'imposait le Moyen-âge, il peut, frais et reposé, suivre à la fois deux affaires. Par son assiduité et ses doucereuses paroles il gagne la famille de cet homme trop occupé, et cependant du haut de la chaire il accable le mondain des foudres de son éloquence.

CHAPITRE III

La mère. Seule, pendant longtemps, elle peut élever l'enfant. Allaitement intellectuel; gestation, incubation, éducation. L'enfant garantit la mère. La mère garantit l'enfant; elle protège son originalité native; l'éducation publique doit limiter cette originalité; le père même la limite; la mère la défend. Faiblesse maternelle. Mais la mère veut faire un héros. Désintéressement héroïque de l'amour maternel.

Nous l'avons dit : Si vous voulez que la famille soit forte contre l'influence étrangère qui la dissout, *laissez-y l'enfant*, autant qu'il est possible. Que *la mère* l'élève sous la direction du père, sauf le moment où le réclame pour l'éducation publique la grande mère, *la patrie*.

Si la mère élève l'enfant, il en résultera une chose, c'est qu'elle restera très près du mari, ayant besoin de ses conseils, et voulant toujours recevoir de lui des connaissances nouvelles. L'idée véritable de la famille se trouvera réalisée, qui est d'être une initiation de l'enfant par la femme, et de la femme par l'homme.

L'instinct de la mère est juste et vrai; il mérite

qu'on le respecte. Elle veut garder son enfant ; séparée de lui par le fer, au moment de la naissance, elle cherche toujours à rejoindre cette partie d'elle-même qu'une force cruelle en arracha, mais qui a sa racine au cœur... Quand on le lui ôte pour l'élever loin d'elle, c'est un autre arrachement... Il pleure, elle pleure, on passe outre... C'est à tort. Dans ces larmes où l'on ne voit que faiblesse, il y a une chose bien grave, où il faut faire attention. C'est qu'*il a besoin d'elle encore.*

L'allaitement n'est pas fini. La nourriture intellectuelle, comme l'autre, dans ses commencements, devait arriver à l'enfant, sous forme de lait, je veux dire fluide, tiède, douce, *vivante*[1]. La femme seule la donne ainsi. Les hommes veulent, tout d'abord, à ce nouveau-né, dont les dents, poussées à peine, sont endolories, ils veulent lui donner du pain, et on le bat s'il n'y mord. Donnez-lui encore du lait, au nom de Dieu, il boira bien volontiers[2].

Qui croira un jour que les hommes se soient ainsi chargés de porter, d'allaiter ces nourrissons ? Eh ! laissez-les donc aux femmes ! Chose aimable à voir, un enfant bercé par un homme ! Malheureux, prenez donc garde ! l'objet est fragile ; en le maniant de vos grosses mains, vous l'allez briser.

---

1. *Vivante*, ce qui exclut tout ce qui fait de la science un joujou, les mnémotechnies, etc., etc.
2. Le peintre des Sibylles et des Prophètes, Michel-Ange, qui lui-même était un prophète, a enseigné à sa manière comment l'initiation appartient surtout à la femme. Sous les pieds des vierges terribles dans la bouche desquelles tonne la parole de Dieu, il a mis l'initiation des enfants, des mères, dans les formes les plus naïves.

Entre le maître et l'enfant, la dispute est celle-ci. L'homme donne la science par les méthodes qui sont propres à l'homme, à l'état de règles fixes, par classifications bien délimitées, sous formes anguleuses et comme cristallisées. Eh bien! ces prismes de cristal, tout volumineux qu'ils peuvent être, blessent par leurs angles et leurs saillies. L'enfant, mol et fluide encore, ne peut longtemps rien recevoir qui n'ait la fluidité de la vie. Le maître s'indigne, s'aigrit de sa lenteur, il ne sait par où le prendre.

Une seule personne au monde a le sentiment délicat des ménagements dont l'enfant a besoin, une seule, celle qui l'a eu en soi, et qui, malgré l'arrachement, forme toujours avec lui un tout identique. Gestation, incubation, éducation, ces mots sont longtemps synonymes.

Bien plus longtemps qu'on ne croirait. L'influence de la femme sur l'enfant qui se développe est plus grande et plus décisive que celle qu'elle exerça sur le nourrisson. Je ne sais s'il est indispensable que la mère allaite de son sein; il l'est, j'en suis bien sûr, qu'elle allaite de son cœur. La chevalerie sentit très bien que le mobile le plus puissant de l'éducation, c'est l'amour. Cela seul a fait, pour avancer l'humanité au Moyen-âge, plus que n'ont pu pour la retarder les disputes de la Scolastique.

Nous aussi, nous avons notre scolastique, l'esprit d'abstractions creuses et de disputes verbales; nous n'en combattrons l'influence qu'en prolongeant l'influence de la mère, en associant la femme à l'éducation, en donnant à l'enfant un docteur aimé. L'amour, dit-on, est un grand maître. Cela est vrai surtout du plus grand, du plus profond, du plus pur de tous les amours.

Aveugles, imprudents que nous sommes ! nous ôtons l'enfant à la femme, lorsqu'il lui était le plus nécessaire. Nous lui enlevons la chère occupation pour laquelle Dieu l'avait faite. Et nous nous étonnons ensuite que cette femme cruellement sevrée, languissante maintenant, oisive, se livre aux vaines rêveries, qu'elle subisse de nouveau le joug qu'elle porta jadis, et que souvent, s'imaginant rester fidèle au devoir, elle écoute le Tentateur qui lui parle au nom de Dieu.

Soyez prudents, soyez sages : laissez-lui son fils. Il faut que la femme aime toujours. Laissez-lui plutôt l'amant que lui donne la nature, celui qu'elle eût préféré à tous les amants. Pendant que vous êtes tout entier à vos affaires (à vos passions peut-être?) laissez-lui au bras le frêle et grandelet jeune homme, elle sera fière et heureuse... Vous craignez que, gardé trop longtemps par une femme, il ne devienne une femme. Mais c'est elle qui se ferait homme, si vous lui laissiez son fils. Essayez, elle va changer, vous serez étonné vous-même. De petits voyages à pied, de longues courses à cheval, rien ne lui coûte, croyez-le. Elle commence de bon cœur les exercices du jeune homme, elle retourne à son âge, elle se renouvelle dans cette *vita nuova;* vous-même, de retour, en voyant votre Rosalinde[1], vous croirez avoir deux fils.

Règle générale, à laquelle du moins je n'ai guère vu d'exceptions, les hommes supérieurs sont tous *les fils de leur mère;* ils en reproduisent l'empreinte morale, aussi bien que les traits.

Je vais bien vous étonner. Eh bien! je vous dirai que sans elle, justement, il ne sera jamais homme. La mère seule est assez patiente pour développer la jeune créature, en ménageant sa liberté. Il faut prendre garde, bien garde, de placer l'enfant, faible encore et trop pliable, sous la main des étrangers. Les mieux intentionnés risquent, en pesant trop sur lui, de lui courber les épaules, en sorte que jamais il ne se redresse. Le monde est plein d'hommes qui, pour avoir porté trop tôt un joug pesant, restent serfs toute leur vie. Une trop forte, trop précoce éducation a brisé en eux quelque chose, l'originalité, le *genius,* l'*ingegno,* qui est la fine fleur de l'homme.

L'ingénuité originale et libre du caractère, le génie sacré qu'on apporte à la naissance, qui les respecte aujourd'hui? C'est presque toujours le côté qui blesse, et qu'on blâme, c'est le côté par lequel *celui-ci n'est pas comme tout le monde...* A peine la jeune nature s'éveille et fleurit dans sa liberté, tous s'étonnent, tous secouent la tête : « Qu'est-ce ceci? nous ne l'avions pas vu encore... Vite, qu'on la serre, qu'on l'étouffe, cette fleur vivante. Voici des cadres de fer...

---

1. Shakespeare, *As you like it.*

Ah! tu t'épanouissais, ah! tu jetais au soleil ta végétation luxuriante. Sois sage, ô fleur, sois sage, sèche et resserre-toi... »

Cette petite chose contre laquelle tous sont d'accord, qu'est-ce, je vous prie, sinon l'élément individuel, spécial, original, par lequel cet être allait se distinguer des autres, ajouter un caractère nouveau à la variété des caractères humains, un génie peut-être à la série des génies féconds. L'esprit stérile, c'est presque toujours la plante qui, trop bien liée au bois mort qui lui sert d'appui, a séché sur lui, et peu à peu s'est faite à sa ressemblance; la voilà bien contenue, bien régulière, n'en craignez rien d'excentrique; l'arbre n'est plus qu'un *arbre sec* qui jamais n'aura une feuille.

Que veux-je dire? que l'appui est inutile, qu'il faut abandonner la plante à elle-même? Rien n'est plus loin de ma pensée. Je crois au contraire à la nécessité des deux éducations, celle de la famille et celle de la patrie. Distinguons leurs influences.

La dernière, notre éducation publique, meilleure aujourd'hui certainement qu'elle ne fut jamais, que veut-elle? quel est son but? Elle veut harmoniser l'enfant avec la patrie, et avec la grande patrie, le monde. C'est là ce qui constitue sa légitimité, sa nécessité. Elle se propose surtout de lui donner un fonds d'idées communes à tous; elle veut le rendre raisonnable, empêcher qu'il ne soit en discordance avec ce qui l'entoure; elle l'empêche de détonner, dans ce grand concert où il vient faire sa partie. Elle règle ce qu'il peut y avoir de trop irrégulier dans ses vives saillies.

Ceci pour l'éducation publique. La famille, c'est la liberté. Là pourtant encore il y a obstacle, entrave, à l'élan original. Le père règle cet élan; sa prévoyance inquiète lui impose le devoir de faire entrer de bonne heure ce libre coursier dans le sillon où il doit labourer bientôt. Trop souvent, il arrive au père de se méprendre, de consulter avant tout les convenances extérieures, de chercher la carrière profitable, et toute tracée, plus que celle où la nature appelait son jeune et puissant nourrisson. Que de chevaux de race condamnés ainsi à tourner dans un manège!

Pauvre liberté! qui donc aura des yeux pour te voir, un cœur pour te ménager? Qui donc aura la patience, l'indulgence infinie pour supporter tes premiers écarts, pour encourager parfois ce qui fatigue l'étranger, l'indifférent, le père même?... Dieu seul qui a fait cette créature, et qui l'ayant faite, la sait assez bien pour y voir, pour y aimer le bien jusque dans le mal..., Dieu, dis-je, et la mère avec Dieu : ici, c'est la même chose.

Quand on songe que la vie moyenne est si courte, qu'un si grand nombre d'hommes meurent tout jeunes, on hésite d'abréger cette première, cette meilleure époque de la vie, où l'enfant, libre sous la mère, vit dans la Grâce, et non dans la Loi. Mais s'il est vrai, comme je pense, que ce temps qu'on croit perdu est justement l'époque unique, précieuse, irréparable, où parmi les jeux puérils le *genius* sacré essaye son premier essor, la saison où les ailes poussent, où l'aiglon s'essaye à voler..., ah! de grâce, ne l'abrégez pas. Ne chassez pas avant le temps cet homme nouveau du paradis maternel; encore un jour; demain, à la bonne heure, mon Dieu! il sera bien temps; demain, il se courbera au travail, il rampera sur son sillon... Aujourd'hui, laissez-le encore, qu'il prenne largement la force et la vie, qu'il aspire d'un grand cœur l'air vital de la liberté.

Une éducation trop exigeante, trop zélée, inquiète, est un danger pour les enfants. On augmente toujours la masse d'étude et de science, les acquisitions extérieures : l'intérieur succombe. Celui-ci n'est que latin, tel autre n'est que mathématiques. Où est l'homme, je vous prie?

Et c'était l'homme justement qu'aimait et ménageait la mère. C'est lui qu'elle respectait dans les écarts de l'enfant. Elle semblait retirer son action, sa surveillance même, afin qu'il agît, qu'il fût libre et fort. Mais, en même temps, elle l'entourait toujours comme d'un invisible embrassement.

Il y a un péril, je le sais bien, dans cette éducation de l'amour. Ce que l'amour veut et désire par-dessus tout, c'est de s'immoler, de sacrifier tout, intérêts, convenances, habitudes, la vie, s'il le faut. L'objet de cette immolation peut, dans son égoïsme enfantin, recevoir comme chose due tous les sacrifices; se laisser traiter en idole, inerte, immobile, et devenir d'autant plus incapable d'action qu'on agira plus pour lui.

Danger réel, mais balancé par l'ambition ardente du cœur maternel, qui presque toujours place sur l'enfant une espérance infinie et brûle de la réaliser. Toute mère de quelque valeur a une ferme foi, c'est que son fils doit être un héros, dans l'action ou dans la science, il n'importe. Tout ce qui lui a fait défaut dans sa triste expérience de ce monde, il va, lui, ce petit enfant, le réaliser. Les misères du présent sont rachetées d'avance par ce splendide avenir : tout est misérable aujourd'hui; qu'il grandisse et tout sera grand... O poésie, ô espérance! où sont les limites de la pensée maternelle?... « Moi, je ne suis qu'une femme; mais voici un homme... J'ai donné un homme au monde... » Une seule chose l'embarrasse : l'enfant sera-t-il un Bonaparte, un Voltaire ou un Newton?

S'il faut absolument pour cela qu'il la quitte, eh bien! qu'il aille, qu'il s'éloigne, elle y consent; s'il faut qu'elle s'arrache le cœur, elle s'arrachera le cœur... L'amour est capable de tout, et d'immoler l'amour même... Oui, qu'il parte, qu'il suive sa grande destinée, qu'il accomplisse le beau rêve qu'elle fit quand elle le portait dans son sein ou sur ses genoux... Et alors, chose incroyable, cette femme craintive, qui tout à l'heure n'osait le voir marcher seul, sans craindre qu'il ne tombât, elle est devenue si brave qu'elle l'envoie dans les carrières les plus hasardeuses, sur mer, ou bien encore dans cette rude guerre d'Afrique... Elle tremble, elle meurt d'inquiétude, et pourtant elle persiste... Qui peut la soutenir?

sa foi. L'enfant ne peut pas périr, puisqu'il doit être un héros.

Il revient... Qu'il est changé! Quoi! ce fier soldat, c'est mon fils! Parti enfant, il revient homme; il a hâte de se marier. Voilà un autre sacrifice, et qui n'est pas le moins grand. Il faut qu'il en aime une autre; il faut que la mère, pour qui il est et sera toujours le premier, n'ait en lui désormais que la seconde place, une place bien petite, hélas! aux moments de passion... Alors elle se cherche et se choisit sa rivale, elle l'aime à cause de lui, elle la pare, elle se met à sa suite et les conduit à l'autel, et tout ce qu'elle y demande, c'est de ne pas être oubliée.

CHAPITRE IV

L'amour. L'amour veut *élever*, non absorber. Fausse théorie de nos adversaires, et leur dangereuse pratique. L'amour veut se créer un égal, qui aime librement. L'amour dans le monde, et dans le monde civil. L'amour dans la famille ; peu compris du Moyen-âge. Religion du foyer.

Aurais-je, dans le chapitre précédent, séduit par un sujet plus doux, perdu de vue tout le débat que j'ai suivi dans mon livre ?

Je crois avoir, tout au contraire, fort éclairci la question. L'amour maternel (ce miracle de Dieu) et l'éducation maternelle aident à faire comprendre ce que doit être toute éducation, toute direction, toute initiation.

L'avantage singulier de la mère dans l'éducation, c'est qu'étant, par-dessus tout, dévouée et désintéressée, elle respecte dans la faible petite chose qui devient une personne la personnalité naissante. Elle est, pour l'enfant, le défenseur de l'individualité originale. Elle veut, aux dépens d'elle-même, qu'il agisse selon son génie, qu'il croisse et *s'élève*.

L'éducation, la vraie direction, que peuvent-elles

vouloir? Ce que veut l'amour, dans son idée la plus haute et la plus désintéressée : Que la jeune créature *s'élève*. Prenez ce mot dans les deux sens. Qu'elle s'élève au-dessus d'elle-même, au niveau de celui qui l'aide, au-dessus de lui, s'il se peut. Le fort, loin d'absorber le faible, veut le rendre fort, et l'amener à l'égalité. Il y tend en le développant non seulement dans ce qui les rapproche, mais même en ce qui les distingue, en suscitant ce qu'il a de libre originalité, en provoquant l'action dans cet être né pour agir, en faisant appel à la personne, à ce qu'elle a de plus personnel, à la volonté... Le vœu le plus cher de l'amour, c'est, dans la personne aimée, de susciter la volonté, la force morale, jusqu'à son degré le plus sublime, jusqu'à l'héroïsme.

L'idéal de toute mère, et c'est le véritable dans l'éducation, c'est de faire un héros, un homme puissant en actes et fécond en œuvres, qui veuille, et qui puisse, et qui crée.

Rapprochons de cet idéal celui de l'éducation et de la direction ecclésiastiques.

Elle veut faire un saint, non un héros; elle croit ces deux mots opposés. Elle se trompe sur l'idée de la sainteté, en la plaçant non dans l'harmonie avec Dieu, mais dans l'absorption en Dieu.

Toute leur théologie, dès qu'on la pousse un peu, dès qu'on ne lui permet pas de rester dans l'inconséquence, s'en va, par sa pente invincible, droit à cet abîme. C'est là qu'elle a fini comme elle devait finir, au dix-septième siècle. Les grands directeurs de ce temps, qui venant les derniers ont eu l'analyse de la chose, montrent parfaitement le fond, qui est l'*anéantissement*, l'art d'anéantir l'activité, la volonté, la personnalité. — « Anéantir, oui, mais en Dieu... » — Dieu le veut-il ? Actif et créateur, il doit vouloir qu'on lui ressemble, qu'on agisse, qu'on crée. Vous méconnaissez Dieu-le-Père.

Cette théorie est convaincue de fausseté dans la pratique. En la suivant de près, nous avons vu qu'elle atteint le contraire de son but. Elle promet d'absorber l'homme en Dieu, et le console de cette absorption en lui promettant de participer à l'infini où il entre. Elle ne fait en réalité qu'absorber l'homme en l'homme, dans l'infinie petitesse. Le dirigé s'anéantissant dans le directeur, de deux personnes il en reste une ; l'autre a péri comme personne, elle est devenue chose.

La direction dévote, observée dans notre première partie chez les plus loyaux directeurs, chez des femmes très pieuses, me donne deux résultats que je formule ainsi :

1° Un saint qui, pendant longtemps, parle à une sainte de l'amour de Dieu, la convertit infailliblement à l'amour.

2° Si cet amour reste pur, c'est un hasard tout personnel, c'est que l'homme est un saint ; car la personne dirigée perdant peu à peu toute volonté propre doit, à la longue, être à sa merci. — Reste à dire que celui qui peut tout, n'usera de rien, que ce miracle d'abstinence se renouvellera tous les jours.

Le prêtre s'est toujours cru, dans son for intérieur, un grand maître en amour. Habitué à se maîtriser, à ruser, à louvoyer, il croit avoir seul le vrai ménagement de la passion. Il avance à couvert par les chemins de l'équivoque : il avance avec sûreté, il est patient et prend pied dans les habitudes. Il rit sous cape de notre vivacité emportée, de notre franchise imprudente, des élans sans règle ni mesure qui nous font passer à côté du but.

Si l'amour était l'art de surprendre l'âme, de la subjuguer par autorité et insinuation, de la briser par la crainte pour la saisir par l'indulgence, en sorte que lasse, assoupie de fatigue, elle se laisse envelopper d'un invisible filet... si l'amour était cela, certes le prêtre serait le grand docteur en amour.

Beaux maîtres, apprenez des ignorants, des malhabiles, qu'avec tous vos petits arts vous n'avez jamais su ce que c'est que cette chose sacrée... Oh ! il y faut un cœur sincère, c'est la première condition, la loyauté dans les moyens ; la seconde, c'est la générosité qui ne veut point asservir, mais affranchir plutôt et fortifier ce qu'il aime, l'aimer dans la liberté, libre d'aimer ou n'aimer pas.

Venez, mes saints, écoutez là-dessus deux mondains, deux comédiens, Molière et Shakespeare. Ceux-ci en ont su plus que vous :

On demande à celui qui aime comment est l'objet aimé, de quel nom et de quelle figure... de quelle taille. — « *Juste aussi haut que mon cœur*[1]. »

---

1. Just as high as my heart. (Shakespeare, *As you like it*.)

Noble formule, qui est celle de l'amour, et aussi celle de l'éducation, de toute initiation : l'égalité voulue sincèrement, le désir d'élever à soi et de faire son égal, « juste aussi haut que son cœur ».

Shakespeare a dit, et Molière a fait. Il a été, au plus haut degré, « le génie éducateur[1] », celui qui veut élever, affranchir, qui aime dans l'égalité, la liberté et la lumière. Il a flétri comme un crime[2] l'indigne amour qui surprend l'âme en l'isolant dans l'ignorance, en la tenant serve et captive. Dans sa vie, conforme à son œuvre, il a donné le noble exemple de cet amour généreux, qui veut que l'objet aimé soit *son égal, autant que lui*, qui le fortifie et qui lui donne des armes même contre lui... C'est l'amour, et c'est la foi.

C'est la foi que, tôt ou tard, l'être émancipé doit revenir au plus digne. Et le plus digne, n'est-ce pas celui qui voulut être aimé librement?

Néanmoins, pesons bien les termes de ce mot grave : *Son égal*, et tout ce qu'il y a là de dangers... C'est comme si ce créateur disait à la créature, qu'il a faite et qu'il émancipe : « Tu es libre, le pouvoir sous lequel tu as grandi ne te retient plus. Hors de moi, et n'y tenant que par le cœur et le souvenir, tu peux agir, penser ailleurs... et contre moi, si tu veux! »

Voilà ce qu'il y a de sublime dans l'amour, et pourquoi Dieu lui pardonne beaucoup de choses! c'est que,

---

1. Remarque ingénieuse et très juste de Eugène Noël.
2. Dans l'*École des femmes*, et partout.

dans son désintéressement sans limites, voulant faire un être libre et en être aimé librement, il crée son propre péril... Le mot « pouvoir agir ailleurs » contient aussi « aimer ailleurs », et la chance de l'arrachement. Cette main, faible auparavant, devenue forte et hardie par tous les soins de l'amour, l'amour lui remet l'épée; qu'elle la tourne contre lui, elle le peut, nulle défense, il ne s'est rien réservé.

Élevons cette idée, je vous prie, étendons-la de l'amour de la femme à l'amour universel, à celui qui fait la vie du monde et du monde civil.

Dans le monde, il appelle incessamment de règne en règne, la vie de plus en plus vivante, qui s'allume et va montant. Il suscite des profondeurs inconnues des êtres qu'il émancipe, qu'il arme de liberté, du pouvoir d'agir bien ou mal, d'agir même contre celui qui les crée et les fait libres.

Dans le monde civil, l'amour (charité, patriotisme, qu'on l'appelle comme on voudra) fait-il autre chose? Son œuvre, c'est d'appeler à la vie sociale, à la puissance politique, tout ce qui n'a pas encore vie dans la cité. Le faible, le pauvre, dans leur rude sentier, où ils grimpent des pieds et des mains contre la fatalité, il les soulève, il les place dans l'égalité, dans la liberté.

Le degré inférieur de l'amour, c'est de vouloir absorber la vie. Son degré supérieur, c'est de vouloir susciter la vie, une vie énergique et féconde. Il trouve sa jouissance à élever, augmenter, créer ce qu'il aime. Son bonheur est de voir monter, sous son souffle, une nouvelle créature de Dieu, d'aider à la création, qu'elle lui serve ou qu'elle lui nuise.

« L'amour, dans ce désintéressement, n'est-ce pas un rare miracle ? un de ces instants si courts où la nuit de notre égoïsme s'illumine d'un éclair de Dieu ? »

Non, le miracle est permanent. Vous le voyez, vous l'avez sous les yeux, et vous détournez la tête.... Rare peut-être chez l'amant, il se voit partout chez la mère... Homme, tu cherches Dieu, du ciel à l'abîme, mais il est à ton foyer.

L'homme, la femme et l'enfant, l'unité des trois personnes, leur médiation mutuelle, voilà le mystère des mystères. L'idée divine du christianisme, la même que celle de l'Égypte, de plus d'une religion, c'est d'avoir mis la famille sur l'autel. Pendant quinze cents ans, le Moyen-âge, ce pauvre moine rêveur, l'y a contemplée en vain. Il n'a jamais pu deviner la mère [1], comme initiation. Il s'est épuisé au côté stérile, il a poursuivi la Vierge [2], et il a laissé Notre-Dame.

---

[1]. Le Moyen-âge va toujours trop haut ou trop bas, il n'a pas connu les milieux. Le triomphe de la femme est tout idéal dans Béatrix, et la *passion* de la femme tombe trop bas dans Grisélidis, qui se résigne même comme mère. Rien de pratique. — Cette ignorance des milieux est choquante, à plus forte raison, dans tous les sermons d'aujourd'hui. C'est toujours le ciel ou l'enfer; nul intervalle. La femme pour eux c'est une sainte, ou c'est une prostituée. Jamais ils ne parlent pour la sage épouse, pour la mère de famille. Cet esprit d'exagération rend leur parole singulièrement stérile.

[2]. Poésie de moines, de célibataires, on le sent partout. Ils font la Vierge de plus en plus jeune, de plus en plus fille, de moins en moins mère. Mille légendes vaines et indécentes; et ils passent à côté de la légende essentielle qui aurait fécondé le Moyen-âge : *l'éducation de Jésus par la Vierge.*

Ce qu'il n'a pu, tu le feras, homme moderne. Ce sera ton œuvre. Puisses-tu, seulement, dans la hauteur de ton génie abstrait, ne pas dédaigner les enfants et les femmes, qui t'enseigneraient la vie. Dis-leur la science et le monde; ils te diront Dieu.

Que le foyer se raffermisse; l'édifice ébranlé de la religion et de la religion politique va reprendre assiette. Cette humble pierre où nous ne voyons que le bon vieux Lare domestique, c'est, ne l'oublions jamais, la pierre angulaire du Temple et le fondement de la Cité.

UN MOT AUX PRÊTRES

J'ai fini, et mon cœur n'a pas fini. Un mot donc encore.

Un mot aux prêtres. Je les avais ménagés ; ils m'ont attaqué. Eh bien ! aujourd'hui même, ce n'est pas eux que j'attaque. Ce livre n'est pas contre eux.

Il n'attaque que leur esclavage, leur situation contre nature, les conditions bizarres qui les rendent à la fois malheureux et dangereux ; s'il avait quelque effet, il préparerait pour eux l'époque de la délivrance, l'affranchissement de la personne et l'affranchissement de l'esprit.

Ils ne sont pas libres d'être justes, ni d'aimer, ni de haïr ; ils reçoivent d'en haut les paroles qu'ils doivent dire, leurs sentiments, leurs pensées. Ceux qui les lancent contre nous sont les mêmes qui en ce moment organisent contre eux la plus cruelle inquisition[1].

1. Il résulte des détails que donne un journal sur les dernières retraites ecclésiastiques, que la plupart des évêques imposent à leurs prêtres la règle

Qu'ils soient de plus en plus isolés et malheureux, on exploitera d'autant mieux leur inquiète activité ; qu'ils n'aient ni foyer, ni famille, ni patrie, ni cœur, s'il se peut ; pour servir un système mort, il faut des morts, des morts errants, agités, sans sépulcre et sans repos.

Avec les mots d'unité et d'Église universelle, on leur a fait quitter les voies de l'Église de France. Ils jouissent maintenant des fruits de ce changement ! Ils savent ce que c'est que Rome, et ce que c'est qu'un évêque jésuite... L'universalité d'esprit (qui est la seule vraie), si Rome l'a jamais eue, elle l'a perdue depuis longtemps ; elle se retrouve quelque part, aux temps modernes, et c'est dans la France. Depuis deux siècles, moralement, on peut dire que la France est pape. L'autorité est ici, sous une forme ou sous une autre. Ici par Louis XIV, par Montesquieu, Voltaire et Rousseau, par la Constituante, le Code et Napoléon, l'Europe a toujours son centre ; tout autre peuple est excentrique.

Deux hommes m'ont souvent préoccupé, deux soli-

---

qu'on appelle *manifestation de conscience,* laquelle les oblige *à se confesser au confesseur délégué par l'évêque,* et *à se dénoncer les uns les autres.* L'obligation est étendue aux femmes que les fautes des prêtres ont compromises. Voir le *Bien social,* journal du clergé secondaire (nov. 1844) ; ce journal catholique, au bout d'un an d'existence, a déjà l'adhésion de trois mille prêtres. — Voy. aussi un excellent article du *Réveil de l'Ain* (17 nov. 1844) et les courageuses lettres de M. l'abbé Thions dans le *Bien public* de Mâcon. Pour parler encore, quand on a une telle montagne sur la poitrine, il faut avoir un cœur héroïque. — Nommons encore avec respect les Allignol. Mais que vont-ils faire, hélas ! sur cette route de Rome ? Que croient-ils trouver dans ce sépulcre vide ?

taires, deux moines, le soldat et le prêtre. J'ai vu souvent en pensée, et toujours avec tristesse, ces deux grandes armées stériles, à qui la nourriture intellectuelle est refusée ou mesurée d'une main si avare. Ceux dont on sèvre le cœur, auraient besoin d'être soutenus du pain vivifiant de l'esprit.

Quels seront, dans ces choses si graves, les améliorations et les remèdes? Nous n'essayerons pas ici de le dire. Les moyens, les ménagements, le temps les trouve, ou il sait s'en passer.

Ce qu'on peut augurer, c'est qu'un jour ces noms *prêtre*, *soldat*, indiqueront moins deux conditions que deux âges. Le mot *prêtre*, à l'origine, voulait dire *vieillard;* un jeune prêtre est un non-sens.

Le soldat, c'est le jeune homme, qui, après l'école d'enfance, après l'école du métier, vient s'éprouver à la grande école nationale de l'armée, s'y fortifier, avant de prendre l'assiette fixe du mariage et de la famille. La vie militaire, quand l'État en fera ce qu'elle doit être, sera la dernière éducation, mêlée d'études, de voyages, de périls, dont l'expérience doit profiter à la famille nouvelle que l'homme forme au retour.

Le prêtre, au contraire, dans sa plus haute idée, devrait être un vieillard, comme il le fut d'abord, ou tout au moins un homme mûr, qui eût traversé la vie, qui connût la famille, et qui de là aurait pris le sens de la grande famille. Siégeant parmi les vieillards, comme les Anciens d'Israël, il communiquerait aux jeunes le trésor de l'expérience; il serait l'homme de tous, l'homme qui appartient au pauvre, l'arbitre conciliant qui empêche les procès, le médecin hygiénique qui prévient les maux. Pour tout cela, il ne faut pas un jeune homme orageux et inquiet. Il faut un homme qui ait vu beaucoup, beaucoup appris, beaucoup souffert, et qui ait trouvé à la longue dans son propre cœur les douces paroles qui nous acheminent au monde à venir.

NOTES

———

Qu'on me permette de placer en tête de ces notes mon hommage de regret pour un courageux avocat, M. Tillard, de Bayeux, que nous avons perdu. Il a sauvé, défendu, soutenu de sa parole et de son bien la pauvre vieille religieuse sœur Lemonnier. Cette œuvre, et le beau livre qu'il a fait sur ce sujet (Caen, 1846), le recommanderont à jamais à l'admiration, à l'imitation du barreau. — Après ces choses, on peut mourir!

Je prends dans ce précieux livre quelques révélations de grande valeur :

C'est souvent par pur instinct de tyrannie que les supérieures se plaisent à briser les liens de parenté : « Le curé de ma paroisse m'exhorta à écrire à mon père, qui avait perdu ma mère. Je laissai passer l'Avent, pendant lequel il n'est pas permis aux religieuses d'écrire des lettres, et les derniers jours du mois qu'on passe en retraite, dans l'institut, pour se préparer à la rénovation des vœux, qui se fait le jour de l'an. Mais, après la cérémonie, je m'empressai de remplir mon devoir envers le meilleur des pères, en lui adressant mes vœux et mes souhaits et en tâchant de lui donner quelque consolation dans les afflictions et les épreuves par où il plaisait à Dieu de le faire passer. Je fus à la cellule de la Supérieure pour la prier de prendre lecture de ma lettre, d'y mettre le sceau du couvent et de l'envoyer; mais elle n'y était pas. Je la mis donc dans ma cellule sur la table et je m'en allai à l'office, pendant lequel la R. Mère Supérieure, qui savait que j'avais écrit parce qu'elle avait envoyé une des religieuses voir ce que je faisais, fit signe à une de mes sœurs et l'envoya prendre ma lettre. Elle me fit cela sept fois de suite que j'écrivis, de sorte que mon père mourut, cinq mois après, sans avoir pu obtenir une lettre qu'il désirait de moi, et qu'il m'avait fait demander de son lit de mort par le curé de la paroisse. » — *Note de la sœur Lemonnier*, dans le Mémoire de M. Tillard.

Cette sœur Marie Lemonnier était persécutée pour savoir trop bien écrire, dessiner des fleurs, etc. — « Mon confesseur me défendit de cueillir des fleurs et de dessiner... Par malheur, en me promenant dans le jardin avec les religieuses, il y avait sur le bord du gazon deux coquelicots que, sans aucune intention, j'étêtai entre mes doigts, en passant. Une de mes sœurs me vit, courut avertir la Supérieure, qui marchait devant, et qui rétrograda aussitôt vers moi, me fit ouvrir la main, et, voyant les coquelicots, elle me dit que mon compte était bon. Et le confesseur étant venu le soir, elle m'accusa devant lui de désobéissance pour avoir cueilli des fleurs. J'eus beau lui dire que c'était sans intention et que c'étaient des coquelicots, je ne pus obtenir la permission de me confesser. »

CHAPITRE IX, page 143. — On s'est donné le plaisir facile de réfuter tout ce que je n'ai pas dit, d'établir que Bossuet est un honnête homme, etc. Eh! qui a dit le contraire?... En même temps, comme on ne sait pas bien ce que c'est que le quiétisme, on cite, pour justifier Bossuet de quiétisme, un texte éminemment quiétiste : « *Ne faites aucun effort* de tête, ni même du cœur, pour vous unir à votre Époux » (26 octobre 1694). — Ce que j'ai dit, ce que je répète, c'est que le plus loyal directeur du monde est encore très dangereux ; que son langage, dicté sans doute par une intention pure, n'en est pas moins propre à troubler la chair. Même quand Bossuet blâme et défend, il le fait justement dans les termes les plus propres à réveiller ce qu'il défend ; je n'aime pas à regarder dans ces moments-là un grand homme qui a droit à nos respects par d'autres côtés. Si pourtant on veut absolument des preuves, qu'on lise (17 janvier 1692) : « Quand la douce plaie de l'amour », etc. — (4 juin 1695) : « Osez tout avec ce céleste Époux... Saisissez-vous de lui... Je vous permets les plus violents transports », etc. — (3 juillet 1695) : « Jésus veut qu'on soit avec lui ; il veut jouir, il veut qu'on jouisse de lui. Sa sainte chair est le milieu de cette union et de cette chaste jouissance », etc. — (14 mai 1695) : « C'est dans la sainte Eucharistie qu'on jouit virginalement du corps de l'Époux, et qu'il s'approprie le nôtre, » etc.

— (1er juin 1696) : « Baisez en liberté ce cher petit frère qui tous les jours s'apetisse pour s'unir à nous », etc.

Si vous voulez quelque chose de plus personnel, voyez la manière vraiment bien molle dont il repousse les tendresses de cette noble religieuse dont il avait décliné les sensuelles confidences : « *A la vérité, je ne voudrais pas exciter ces tendresses du cœur directement ; mais quand elles viennent* ou par elles-mêmes, ou à la suite d'autres dispositions », etc. « *Je ne suis pas insensible*, Dieu merci, à *une certaine correspondance* de sentiments, ou de goûts… Mais, *quoique je sente fort ces correspondances*, etc. « *Tout ce qu'on sent par rapport à moi*, en vérité, ne m'est rien de ce côté-là, et il ne faut pas craindre de me l'exposer », etc. — Il paraît que l'illustre pénitente s'effrayait de ses sentiments, et voulait prendre un directeur moins aimé : « *Je vous défends d'adhérer à la tentation de quitter*, ou de croire qu'on soit fatigué ou lassé de votre conduite » (26 décembre 1691).

FIN DU PRÊTRE.

LES JÉSUITES

AU LECTEUR

Jamais livre n'obtint plus de succès. Lors de son apparition, six éditions furent épuisées dans l'espace de huit mois, malgré les contrefaçons étrangères. L'ouvrage fut traduit dans toutes les langues.

Sauf quelques corrections dans le texte, cette nouvelle édition est entièrement conforme aux précédentes.

Le lecteur se rappelle dans quelles circonstances cet ouvrage fut publié. Michelet et Edgar Quinet, doublement unis par les idées et par l'amitié, étaient l'un et l'autre professeurs au Collège de France. Leurs cours furent troublés, au printemps de 1843, par des protestations bruyantes qui menaçaient de dégénérer en scandale. Ils s'étaient occupés de l'esprit et de l'influence des divers ordres religieux. Ils avaient traité de l'ordre des Templiers, et ils traitaient de la Société de Jésus, de sa constitution, de son origine, du rôle qu'elle a joué dans le passé, et qu'elle joue encore aujourd'hui, dans les affaires humaines. Les contradicteurs voulaient leur imposer silence; mais les deux professeurs triomphèrent de ces violences illibérales. Ils avaient le droit de parler selon leur conscience, et ils parlèrent.

Le volume *Les Jésuites* est donc le résumé du cours de Michelet accompagné de documents nouveaux. On y retrouve le texte même des leçons qui soulevèrent tant d'orages.

L'ÉDITEUR.

INTRODUCTION

Ce que l'avenir nous garde, Dieu le sait!... Seulement je le prie, s'il faut qu'il nous frappe encore, de nous frapper de l'épée.

Les blessures que fait l'épée sont des blessures nettes et franches, qui saignent, et qui guérissent. Mais que faire aux plaies honteuses, qu'on cache, qui s'envieillissent, et qui vont toujours gagnant?

De ces plaies la plus à craindre, c'est l'esprit de la police mis dans les choses de Dieu, l'esprit de pieuse intrigue, de sainte délation, l'esprit des jésuites.

Dieu nous donne dix fois la tyrannie politique, militaire, et toutes les tyrannies, plutôt qu'une telle police salisse jamais notre France!... La tyrannie a cela de bon qu'elle réveille souvent le sentiment national : on la brise ou elle se brise. Mais, le sentiment éteint, la gangrène une fois dans vos chairs et dans vos os, comment la chasserez-vous?

La tyrannie se contente de l'homme extérieur, elle ne contraint que les actes. Cette police atteindrait jusqu'aux pensées.

. Les habitudes même de la pensée changeant peu à peu, l'âme, altérée dans ses profondeurs, deviendrait d'autre nature à la longue.

Une âme menteuse et flatteuse, tremblante et méchante, qui se méprise elle-même, est-ce encore une âme?

Changement pire que la mort même... La mort ne tue que le corps; mais l'âme tuée, que reste-t-il?

La mort, en vous tuant, vous laisse vivre en vos fils. Ici, vous perdriez et vos fils et l'avenir.

Le jésuitisme, l'esprit de police et de délation, les basses habitudes de l'écolier *rapporteur*, une fois transportés du collège et du couvent dans la société entière, quel hideux spectacle!... Tout un peuple vivant comme une maison de jésuites, c'est-à-dire, du haut en bas, occupé à se dénoncer. La trahison au foyer même, la femme espion du mari, l'enfant de la mère... Nul bruit, mais un triste murmure, un bruissement de gens qui confessent les péchés d'autrui, qui se travaillent les uns les autres et se rongent tout doucement.

Ceci n'est pas, comme on peut croire, un tableau d'imagination. Je vois d'ici tel peuple que les jésuites enfoncent chaque jour d'un degré dans cet enfer des boues éternelles.

« Mais n'est-ce pas manquer à la France que de

craindre pour elle un tel danger? Pour un millier de jésuites que nous avons aujourd'hui[1]... »

Ces mille hommes ont fait en douze ans une chose prodigieuse... Abattus en 1830, écrasés et aplatis, ils se sont relevés, sans qu'on s'en doutât. Et non seulement relevés; mais, pendant qu'on demandait s'il y avait des jésuites, ils ont enlevé sans difficuté nos trente ou quarante mille prêtres, leur ont fait perdre terre, et les mènent Dieu sait où!

« Est-ce qu'il y a des jésuites? » Tel fait cette question, dont ils gouvernent déjà la femme par un confesseur à eux, la femme, la maison, la table, le foyer, le lit... Demain, ils auront son enfant[2].

Où donc est le clergé de France?

Où sont tous ces partis qui en faisaient la vie sous la Restauration? Éteints, morts, anéantis.

Qu'est devenu ce tout petit jansénisme, petit, mais si vigoureux? Je cherche, et je ne vois que la tombe de Lanjuinais.

1. Selon une personne qui croit être bien informée, il y en aurait aujourd'hui en France plus de 960; au moment de la Révolution de Juillet, il y en avait 423. A cette époque ils étaient concentrés dans quelques maisons; aujourd'hui, ils sont disséminés dans tous les diocèses. Ils se répandent partout en ce moment. Il vient d'en passer trois à Alger, plusieurs en Russie. Ils se font demander au pape par le Mexique et la Nouvelle-Grenade. Maîtres du Valais, ils viennent s'emparer de Lucerne et des petits Cantons, etc., etc.

2. Qu'on sache bien une fois, malgré les éternelles répétitions des jésuites qui se trompent à dessein sur tout cela, que la question de la liberté de l'enseignement et de ce qu'ils appellent le monopole de l'Université, n'a rien à faire ici. On ne trouvera pas un mot là-dessus dans ce volume. J'ai des amis bien chers dans l'Université, mais, depuis 1838, je n'ai plus l'honneur de lui appartenir.

Où est M. de Montlosier, où sont nos loyaux gallicans, qui voulaient l'harmonie de l'État et de l'Église? Disparus. Ils ont délaissé l'État qui les délaissait. Qu'est-ce qui oserait aujourd'hui en France se dire gallican, se réclamer du nom de l'Église de France?...

La timide opposition sulpicienne (peu gallicane pourtant et qui faisait bon marché des *Quatre articles*) s'est tue avec M. Frayssinous.

Saint-Sulpice s'est renfermé dans l'enseignement des prêtres, dans sa routine de séminaire, laissant le monde aux jésuites. C'est pour la joie de ceux-ci que Saint-Sulpice semble avoir été créé; tant que le prêtre est élevé là, ils n'ont rien à craindre. Que peuvent-ils désirer de mieux qu'une école qui n'enseigne pas et ne veut pas qu'on enseigne[1]? Les jésuites et Saint-Sulpice vivent maintenant bien ensemble; le pacte s'est fait tacitement entre la mort et le vide.

Ce qu'on fait dans ces séminaires, si bien fermés contre la loi, on ne le sait guère que par la nullité des résultats. Ce qu'on en connaît aussi, ce sont leurs livres d'enseignement, livres surannés, de rebut, abandonnés partout ailleurs, et qu'on inflige toujours aux malheureux jeunes prêtres[2]. Comment s'étonner s'ils sortent de là aussi étrangers à la science qu'au

---

1. M. l'archevêque de Paris les a invités en vain à envoyer leurs élèves aux cours de la Faculté de théologie.

2. Au grand péril de leur moralité; j'admire tout ce que ces jeunes prêtres, élevés dans cette casuistique, conservent encore d'honnêteté. — « Mais ne voyez-vous pas, dit un évêque, que ce sont des livres de médecine? » Il y a telle médecine qui est infâme, celle qui, sous prétexte d'une maladie, aujourd'hui

monde? Ils sentent dès le premier pas qu'ils n'apportent rien de ce qu'il faudrait; les plus judicieux se taisent; qu'il se présente une occasion de paraître, le jésuite arrive, ou l'envoyé des jésuites, il s'empare de la chaire; le prêtre se cache.

Et ce n'est pourtant pas le talent qui manque, ni le cœur... Mais que voulez-vous? tout est aujourd'hui contre eux.

Ils ne le sentent que trop, et ce sentiment contribue encore à les mettre au-dessous d'eux-mêmes... Mal voulu du monde, maltraité des siens, le prêtre de paroisse (regardez-le marcher dans la rue) chemine tristement, l'air souvent timide et plus que modeste, prenant volontiers le bas du pavé!

Mais voulez-vous voir un homme? Regardez passer le jésuite. Que dis-je un homme? Plusieurs en un seul. La voix est douce, mais le pas est ferme. Sa démarche dit, sans qu'il parle : « Je m'appelle *légion*... » Le courage est chose facile à celui qui sent avec soi une armée pour le soutenir, qui se voit défendu, poussé, et par ce grand corps des jésuites, et par tout un monde de gens titrés, de belles dames, qui au besoin remueront le monde pour lui.

Il a fait vœu d'obéissance... pour régner, pour être pape avec le pape, pour avoir sa part du grand royaume des jésuites, répandu dans tous les royau-

---

oubliée (ou même imaginaire et physiquement impossible), salit le malade et le médecin... L'assurance cynique qu'on met à défendre tout cela, doit faire sentir combien la loi devrait surveiller ces grandes maisons fermées, où personne ne sait ce qui se passe... Certains couvents se sont transformés en maisons de correction mes. Il en suit l'intérêt par correspondance intime, de Belgique en Italie, et de Bavière en Savoie. Le jésuite vit en Europe, hier à Fribourg, demain à Paris ; le prêtre vit dans une paroisse, dans la petite rue humide qui longe le mur de l'église ; il ne ressemble que trop à la triste giroflée maladive qu'il élève sur sa fenêtre.

Voyons ces deux hommes à l'œuvre... Et d'abord examinons de quel côté tournera cette personne rêveuse, qui arrive sur la grande place, et qui semble hésiter encore... A gauche, c'est la paroisse ; à droite, la maison des jésuites.

D'un côté, que trouverait-elle ? un homme honnête, homme de cœur peut-être, sous cette forme raide et gauche, qui travaille toute sa vie à étouffer ses passions, c'est-à-dire à ignorer de plus en plus les choses sur lesquelles on viendrait le consulter... Le jésuite, au contraire, sait d'avance ce dont il s'agit, il devine les précédents, trouve sans difficulté la circonstance atténuante, il arrange la chose du côté de Dieu, parfois du côté du monde.

Le prêtre porte la Loi et le Décalogue, comme un poids de plomb ; il est lent, plein d'objections, de difficultés ! Vous lui parlez de vos scrupules, et il lui en vient encore plus ; votre affaire vous semble mauvaise, il la trouve très mauvaise. Vous voilà bien avancé... C'est votre faute. Que n'allez-vous plutôt dans cette chapelle italienne ? chapelle parée, coquette ; quand même elle serait un peu sombre, n'ayez pas peur, entrez, vous serez rassuré bien vite, et bien soulagé... Votre cas est peu de chose; il y a là un homme d'esprit pour vous le prouver. Que parlait-on de la Loi? La Loi peut régner là-bas, mais ici règne la Grâce, ici le Sacré-Cœur de Jésus et de Marie... La bonne Vierge est si bonne[1]!

Il y a d'ailleurs une grande différence entre les deux hommes. Le prêtre est lié de bien des manières, par son église, par l'autorité locale; il est *en puissance* et comme mineur. Le prêtre a peur du curé, et le curé de l'évêque. Le jésuite n'a peur de rien. Son ordre ne lui demande que l'avancement de l'ordre. L'evêque n'a rien à lui dire. Et quel serait aujourd'hui l'évêque assez audacieux pour douter que le jésuite ne soit lui-même la règle et la loi?

L'évêque ne nuit pas, et il sert beaucoup. C'est par lui qu'on tient les prêtres; il a le bâton sur eux, lequel manié par un jeune vicaire général qui veut devenir évêque, sera la verge de fer...

« Donc, prêtre, prends bien garde. Malheur à toi, si tu bouges... Prêche peu, n'écris jamais; si tu écrivais une ligne!... sans autre forme, on peut te suspendre, t'interdire; nulle explication; si tu avais l'imprudence d'en demander, nous dirions : « Affaire de mœurs... » C'est la même chose pour un prêtre que d'être noyé, une pierre au cou!

---

1. Le jésuite n'est pas seulement confesseur, il est *directeur*, et comme tel, consulté sur tout; comme tel, il ne se croit nullement engagé au secret, en sorte que vingt directeurs qui vivent ensemble peuvent mettre en commun, examiner et *combiner* les milliers d'âmes qui leur sont ouvertes, et qu'ils voient *de part en part...* Mariages, testaments, tous les actes de leurs pénitents et pénitentes, peuvent être discutés, préparés dans ces conciliabules!

On dit qu'il n'y a plus de serfs en France... Il y en a quarante mille... Je leur conseille de se taire, de ravaler leurs larmes et de tâcher de sourire.

Beaucoup accepteraient le silence, et de végéter dans un coin... Mais on ne les tient pas quittes. Il faut qu'ils parlent, et qu'ils mordent, et qu'en chaire ils damnent Bossuet.

On en a vu de forcés de répéter tel sermon contre un auteur vivant qu'ils n'avaient pas lu... Ils étaient jetés, lancés, malheureux chiens de combat, aux jambes du passant étonné, qui leur demandait pourquoi...

O situation misérable! anti-chretienne, anti-humaine!... Ceux qui la leur font en rient... Mais leurs loyaux adversaires, ceux qu'ils attaquent, et qu'ils croient leurs ennemis, en pleureront!

Prenez un homme dans la rue, le premier qui passe, et demandez-lui : « Qu'est-ce que les jésuites ? » Il répondra sans hésiter : « *La Contre-Révolution.* »

Telle est la ferme foi du peuple; elle n'a jamais varié, et vous n'y changerez rien.

Si ce mot, prononcé au Collège de France, a surpris quelques personnes, il faut qu'à force d'esprit nous ayons perdu le sens.

Grands esprits, qui rougiriez d'écouter la voix populaire, adressez-vous à la science, étudiez, et je le prédis, au bout de dix années passées sur l'histoire et les livres des jésuites, vous n'y trouverez qu'un sens : *La mort de la liberté.*

Le jour où l'on a dit ce mot, la presse entière (chose nouvelle) s'est trouvée d'accord[1]. Partout où la presse atteint, et plus bas encore dans les masses, il a retenti.

Ils n'ont imaginé que cette étrange réponse : « Nous n'existons pas... » On s'en vantait en avril; en juin, l'on s'en cache.

Que sert de nier? ne voyez-vous pas que personne ne se payera de paroles? Criez *liberté!* à votre aise! dites-vous de tel ou tel parti. Cela ne nous importe guère... Si vous avez le cœur jésuite, passez là, c'est le côté de Fribourg; si vous êtes loyal et net, venez ici, c'est le côté de la France!

Dans l'affaiblissement des partis, dans le rapprochement plus ou moins désintéressé de beaucoup d'hommes d'opinions diverses, il semble que tout à l'heure il n'y ait plus que deux partis : *l'esprit de vie et l'esprit de mort.*

Situation bien autrement grande et dangereuse que celle des dernières années, quoique les secousses immédiates y soient moins à craindre. Que serait-ce si l'esprit de mort, ayant dominé la religion, allait gagnant la société dans la politique, la littérature et l'art, dans tout ce qu'elle a de vivant?

---

[1]. On peut parler ainsi, lorsqu'une cause, embrassée par le *Siècle*, le *Constitutionnel* et le *Courrier*, est défendue d'une part par les *Débats* et la *Revue des Deux Mondes*, de l'autre par le *National;* la *Gazette* même s'est déclarée contre les jésuites dans la question du probabilisme.

Le progrès des hommes de mort s'arrêtera, espérons-le... Le jour a lui dans le sépulcre... On sait, on va mieux savoir encore comment ces revenants ont cheminé dans la nuit...

Comment, pendant que nous dormions, ils avaient, à pas de loup, surpris les gens sans défense, les prêtres et les femmes, les maisons religieuses.

Il est à peine concevable combien de bonnes gens, de simples esprits, humbles frères, charitables sœurs, ont été ainsi abusés... Combien de couvents leur ont entr'ouvert la porte, trompés à cette voix doucereuse; et maintenant ils y parlent ferme, et l'on a peur, et l'on sourit en tremblant, et l'on fait tout ce qu'ils disent.

Qu'on nous trouve une *œuvre* riche où ils n'aient aujourd'hui la principale influence, où ils ne fassent donner comme ils veulent, à qui ils veulent. Il a bien fallu dès lors que toute corporation pauvre (missionnaires, picpus, lazaristes, bénédictins même) allât prendre chez eux le mot d'ordre. Et maintenant tout cela est comme une grande armée que les jésuites mènent bravement à la conquête du siècle.

Chose étonnante, qu'en si peu de temps on ait réuni de telles forces! Quelque haute opinion qu'on ait de l'habileté des jésuites, elle ne suffirait pas à expliquer un tel résultat. Il y a là une main mystérieuse... Celle qui, bien dirigée, dès le premier jour du monde, a docilement opéré les miracles de la ruse. Faible main, à laquelle rien ne résiste, la main de la femme. Les jésuites ont employé l'instrument dont parle saint

Jérôme : « De pauvres petites femmes, toutes couvertes de péchés! »

On montre une pomme à un enfant pour le faire venir à soi. Eh bien, on a montré aux femmes de gentilles petites dévotions féminines, de saints joujoux, inventés hier; on leur a arrangé un petit monde idolâtre... Quels signes de croix ferait saint Louis, s'il revenait et voyait... Il ne resterait pas deux jours. Il aimerait mieux retourner en captivité chez les Sarrasins.

Ces nouvelles modes étaient nécessaires pour gagner les femmes. Qui veut les prendre, il faut qu'il compatisse aux petites faiblesses, au petit manège, souvent aussi au goût du faux. Ce qui a fait près de quelques-unes la fortune de ceux-ci, dans le commencement surtout, c'est justement ce mensonge obligé et ce mystère; faux nom, demeure peu connue, visites en cachette, la nécessité piquante de mentir en revenant...

Telle qui a beaucoup senti, et qui à la longue trouve le monde uniforme et fade, cherche volontiers dans le mélange des idées contraires je ne sais quelle âcre saveur... J'ai vu à Vienne un tableau où, sur un riche tapis sombre, une belle rose se fanait près d'un crâne, et dans le crâne errait à plaisir une gracieuse vipère.

Ceci, c'est l'exception. Le moyen simple et naturel qui a généralement réussi, c'est de prendre les oiseaux sauvages au moyen des oiseaux privés. Je parle des jésuitesses[1], fines et douces, adroites et charmantes, qui marchant toujours devant les jésuites, ont mis partout l'huile et le miel, adouci la voie... Elles ont ravi les femmes en se faisant sœurs, amies, ce qu'on voulait, mères surtout, touchant le point sensible, le pauvre cœur maternel...

De bonne amitié, elles consentaient à prendre la jeune fille; et la mère, qui autrement ne s'en fût séparée jamais, la remettait de grand cœur dans ces douces mains... Elle s'en trouvait bien plus libre; car, enfin, l'aimable jeune témoin ne laissait pas d'embarrasser, surtout si, devenant moins jeune, on voyait fleurir près de soi la chère, l'adorée, mais trop éblouissante fleur. Tout cela s'est fait très bien, très vite, avec un secret, une discrétion admirables. Les jésuites ne sont pas loin d'avoir ainsi, dans les maisons de leurs dames, les filles de toutes les familles influentes du pays. Résultat immense... Seulement, il fallait savoir attendre. Ces petites filles, en peu d'années, seront des femmes, des mères... Qui a les femmes est sûr d'avoir les hommes à la longue.

Une génération suffisait. Ces mères auraient donné leurs fils. Les jésuites n'ont pas eu de patience. Quelques succès de chaire ou de salons les ont étourdis. Ils ont quitté ces prudentes allures qui avaient fait

---

[1]. Les dames du Sacré-Cœur sont, non seulement dirigées et gouvernées par les jésuites, mais elles ont, depuis 1823, les mêmes constitutions. Les intérêts pécuniaires de ces deux branches de l'ordre doivent être communs jusqu'à un certain point, puisque les jésuites de retour après la Révolution de Juillet ont été aidés par la caisse du Sacré-Cœur. — On a révoqué expressément la défense faite aux jésuites par Loyola de diriger des maisons de femmes.

leurs succès. Les mineurs habiles qui allaient si bien sous le sol, se sont mis à vouloir travailler à ciel ouvert. La taupe a quitté son trou, pour marcher en plein soleil.

Il est si difficile de s'isoler de son temps, que ceux qui avaient le plus à craindre le bruit, se sont mis eux-mêmes à crier...

Ah! vous étiez là... Merci, grand merci de nous avoir éveillés!... Mais que voulez-vous?

« Nous avons les filles; nous voulons les fils; au nom de la liberté, livrez vos enfants... »

La liberté! Ils l'aimaient tellement que, dans leur ardeur pour elle, ils voulaient commencer par l'étouffer dans le haut enseignement... Heureux présage de ce qu'ils feront dans l'enseignement secondaire!... Dès les premiers mois de l'année 1842, ils envoyaient leurs jeunes saints au Collège de France, pour troubler les cours.

Nous endurâmes patiemment ces attaques. Mais ce que nous supportions avec plus de peine, c'étaient les tentatives hardies qu'on faisait sous nos yeux pour corrompre les écoles.

De ce côté, il n'y avait plus ni précautions ni mystère, on travaillait en plein soleil, on embauchait sur la place. La concurrence excessive et l'inquiétude qu'elle entraîne[1], y donnaient beau jeu... Telle et telle fortune subite parlait assez haut, miracles de la nou-

---

1. La lassitude des âmes, après tant de désappointements politiques, eût amené un retour sérieux aux idées religieuses, si les spéculateurs en religion ne se fussent empressés d'exploiter cette situation.

velle Église bien puissants pour toucher les cœurs... Certains, jusque-là des plus fermes, commençaient à réfléchir, à comprendre le ridicule de la pauvreté, et ils marchaient tête basse...

Une fois ébranlés, il n'y avait pas à respirer; l'affaire était menée vivement, chaque jour avec plus d'audace. Les degrés successifs qu'on observait naguère étaient peu à peu négligés. Le stage néo-catholique allait s'abrégeant. Les jésuites ne voulaient plus qu'un jour pour une conversion complète. On ne traînait plus les adeptes sur les anciens préliminaires[1]. On montrait hardiment le but... Cette précipitation qu'on peut trouver imprudente, s'explique assez bien pourtant. Ces jeunes gens ne sont pas si jeunes qu'on puisse risquer d'attendre; ils ont un pied dans la vie, ils vont agir ou agissent; point de temps à perdre, le résultat est prochain. Gagnés aujourd'hui, ils livreraient demain la société tout entière, comme médecins le secret des familles, comme notaires celui des fortunes, comme parquet l'impunité.

Peu ont succombé... Les écoles ont résisté; le bon sens et la loyauté nationale les ont préservées. Nous les en félicitons... Jeunes gens, puissiez-vous rester semblables à vous-mêmes, et repousser toujours la corruption, comme vous l'avez fait ici, quand l'intrigue religieuse l'appelait pour auxiliaire, et venait vous trouver jusque sur les bancs, avec le séduisant cortège des tentations mondaines.

---

1. Art chrétien, démagogie catholique, etc.

Nul danger plus grand... Celui qui court en aveugle après le monde et ses joies, par entraînement de jeunesse, reviendra par lassitude... Mais celui qui de sang-froid, pour mieux surprendre le monde, a pu spéculer sur Dieu, qui a calculé combien Dieu rapporte, celui-là est mort de la mort dont on ne ressuscite pas.

Il n'y avait pas d'homme d'honneur qui ne vît avec tristesse de telles capitulations, et l'espérance du pays ainsi compromise. Combien plus ceux qui vivent au milieu des jeunes gens, leurs maîtres, qui sont leurs pères aussi!

Et entre leurs maîtres, celui qui devait y être le plus sensible, dois-je le dire? c'était moi.

Pourquoi? parce que, dans mon enseignement, j'avais mis ce que nul homme vivant n'y mit au même degré. — Il ne s'agit pas de talent, d'éloquence, en présence de tel de mes amis que tout le monde nomme ici. — Il ne s'agit pas de science, à côté de cette divination scientifique à laquelle l'Orient vient redemander ses langues oubliées.

Il s'agit d'une chose, imprudente peut-être, mais dont je ne puis me repentir, de ma confiance illimitée dans cette jeunesse, de ma foi dans l'ami inconnu... C'est justement cette imprudence qui a fait la force et la vie de mon enseignement, c'est ce qui le rend plus fécond pour l'avenir que tel autre, qui fut supérieur.

Arrivé tard dans cette chaire, et déjà connu, je n'en ai pas moins étudié, par-devant la foule. D'autres enseignaient leurs brillants résultats, moi mon étude elle-même, ma méthode et mes moyens. Je marchais sous les yeux de tous, ils pouvaient me suivre, voyant et mon but, et l'humble chemin par lequel j'avais marché.

Nous cherchions ensemble; je les associais sans réserve à ma grande affaire; nous y mettions l'intérêt passionné qu'on met dans les choses vraiment personnelles... Nulle gloriole, rien pour la vaine exhibition. L'affaire était trop sérieuse. Nous cherchions *pour la vie*, autant que pour la science, *pour le remède de l'âme*, comme dit le Moyen-âge. Nous le demandions, ce remède, à la philosophie et à l'histoire, à la voix du cœur, à la voix du monde.

La forme, parfois poétique, pouvait arrêter les faibles; mais les forts retrouvaient sans peine la critique sous la poésie, — non la critique qui détruit, mais bien celle qui produit[1], cette critique vivante qui demande à toute chose le secret de sa naissance, son idée créatrice, sa cause et sa raison d'être, laquelle étant retrouvée, la science peut tout refaire encore... C'est le haut caractère de la vraie science, d'être art et création, de renouveler toujours, de ne point croire à la mort, de n'abandonner jamais ce qui vécut une fois, mais de le reconstituer et le replacer dans la vie qui ne passe plus.

1. Je n'ai pas besoin de dire qu'il s'agit de la tendance et de la méthode, plus que des résultats obtenus.

Que faut-il pour cela? Aimer surtout, mettre dans sa science sa vie et son cœur.

J'aimais l'objet de ma science, le passé que je refaisais; — et le présent aussi, ce compagnon de mon étude, cette foule qui dès longtemps habituée à ma parole, comprenait ou devinait, qui souvent m'éclairait de son impression rapide.

Je n'ai voulu nulle autre société, pendant longues années, que cet auditoire sympathique, et ce qui surprendra peut-être, c'est que je m'y réfugiai dans les moments les plus graves où tout homme cherche un ami; c'est là que j'allai m'asseoir dans mes plus funèbres jours.

Grande et rare confiance! mais qui n'était pas un instinct aveugle. Elle était fondée en raison. J'avais droit de croire qu'il n'y avait pas un seul homme de sens parmi ceux qui m'écoutaient, qui me fût hostile. Ami du passé, ami du présent, je sentais en moi les deux principes, nullement opposés, qui se partagent le monde; je les vivifiais l'un par l'autre. Né de la Révolution, de la liberté, qui est ma foi, je n'en ai pas moins eu un cœur immense pour le Moyen-âge, une infinie tendresse; les choses les plus filiales qu'on ait dites sur notre vieille mère l'Église, c'est moi peut-être qui les ai dites... Qu'on les compare à la sécheresse de ses brillants défenseurs... Où puisais-je ces eaux vives? Aux sources communes où puisa le Moyen-âge, où la vie moderne s'abreuve, aux sources du libre esprit.

Un mot résume ma pensée sur le rapport des deux

principes : « L'histoire (c'est ma définition de 1830, et j'y tiens) est la victoire progressive de la liberté. Ce progrès doit se faire, non par destruction, mais par interprétation. L'interprétation suppose la *tradition* qu'on interprète, et la *liberté* qui interprète... Que d'autres choisissent entre elles ; moi il me les faut toutes deux ; je veux l'une et je veux l'autre... Comment ne me seraient-elles pas chères ? La tradition, c'est ma mère, et la liberté, c'est moi ! » (Leçon du 28 avril 1842.)

Nul enseignement n'a été plus animé du libre esprit chrétien qui fit la vie du Moyen-âge. Tout préoccupé des causes, et ne les cherchant que dans l'âme (l'âme divine et humaine), il fut au plus haut degré spiritualiste, et l'enseignement de l'esprit.

De là, les ailes qui le soulevèrent, et le firent passer par-dessus maint écueil, où d'autres, plus forts, ont heurté.

Un seul exemple, l'art gothique.

Le premier qui le remarqua, lequel n'était pas chrétien, et n'y vit rien de chrétien, le grand naturaliste Goethe, admira dans ces répétitions infinies des mêmes forces, une morte imitation de la nature, « une cristallisation colossale ».

Un des nôtres, un puissant poète, doué d'un sentiment moins noble, mais plus ardent de la vie, sentit ces pierres comme vivantes ; seulement, il se prit surtout au grotesque et au bizarre, c'est-à-dire que, dans la maison de Dieu, c'est le Diable qu'il vit d'abord.

L'un et l'autre regardèrent le dehors plus que le dedans, tel résultat plus que la cause.

Moi je partis de la cause, je m'en emparai et, la fécondant, j'en suivis l'effet. Je ne fis pas de l'église ma contemplation, mais mon œuvre; je ne la pris pas comme faite, mais je la refis... De quoi? de l'élément même qui la fit la première fois, du cœur et du sang de l'homme, des libres mouvements de l'âme qui ont remué ces pierres, et sous ces masses où l'autorité pèse impérieusement sur nous, je montrai quelque chose de plus ancien, de plus vivant, qui créa l'autorité même, je veux dire la liberté.

Ce dernier mot est le grand, le vrai titre du Moyen-âge; et lui retrouver ce titre, c'était lui faire sa paix avec l'âge moderne, qu'on le sache bien.

J'ai suivi la même recherche, porté la même préoccupation des causes morales, du libre génie humain, dans la littérature, dans le droit, dans toutes les formes de l'activité. Plus je creusais par l'étude, par l'érudition, par les chroniques et les chartes, plus je voyais au fond des choses, pour premier principe organique, le sentiment et l'idée, le cœur de l'homme, mon cœur.

Cette tendance spiritualiste était si invincible en moi que j'y suis resté fidèle dans l'histoire des époques matérielles, qui matérialisaient bon nombre de nos contemporains; je parle des époques troubles et sensuelles qui finissent le Moyen-âge, et commencent les temps modernes.

Au quatorzième siècle, qu'ai-je analysé, développé,

mis en lumière, aux dépens de tout le reste? La grande question religieuse, celle du Temple.

Au quinzième, sous Charles VI, la grande question morale : « Comment, d'ignorance en erreur, d'idées fausses en passions mauvaises, d'ivresse en frénésie, l'homme perd-il sa nature d'homme? (t. IV)... » Puis, ayant perdu la France par un fol, je la sauvai par la folie héroïque et sainte de la Pucelle d'Orléans[1].

Le sentiment de la vie morale, qui seul révèle les causes, éclaira, dans mes livres et dans mes cours, les temps de la Renaissance. Le vertige de ces temps ne me gagna pas, leur fantasmagorie ne m'éblouit point, l'orageuse et brillante fée ne put me changer, comme elle en a changé tant d'autres; elle fit en vain passer devant mes yeux son iris aux cent couleurs... D'autres voyaient tout cela comme costumes et blasons, drapeaux, armes curieuses, coffres, armoires, faïences, que sais-je?... Et moi, je ne vis que l'âme.

Je laissai ainsi de côté et les pittoresques avec leurs vaines exhibitions de figures de cire qu'ils ne peuvent mettre en mouvement, — et les turbulents dramaturges qui, prenant des membres quelconques, l'un d'ici, l'autre de là, mêlaient et galvanisaient tout, au grand effroi des passants... Tout cela est extérieur, c'est la mort ou la fausse vie.

Qu'est-ce que la vraie vie historique, et comment

---

1. Quand je raconte Charles VI ils me croient matérialiste, quand je raconte la Pucelle ils me croient spiritualiste; pauvres critiques, qui jugent sur la nature du sujet, et non sur la méthode, qui a toujours été la même.

l'homme sincère, qui compare le monde et son cœur, la retrouve et peut la refaire... Telle fut la haute et difficile question que je posai dans mes derniers cours[1]. Les efforts successifs de tous ceux qui vont venir, l'avanceront peu à peu.

Pour moi, le fruit de mon travail, le prix d'une vie laborieuse, serait d'avoir mis en pleine lumière la vraie nature du problème, et par là peut-être préparé les solutions. Qui ne sent quelle serait l'immensité des résultats spéculatifs, la gravité des résultats pratiques pour la politique et l'éducation ?

Je n'eus jamais un sentiment plus religieux de ma mission que dans ce cours de deux années ; jamais je ne compris mieux le sacerdoce, le pontificat de l'histoire ; je portais tout ce passé, comme j'aurais porté les cendres de mon père ou de mon fils.

C'est dans ce religieux travail que l'outrage m'est venu chercher[2]...

Cela eut lieu, il y a un an, le 7 avril 1842, après une leçon fort grave, où j'établissais contre les sophistes l'unité morale du genre humain.

Le mot d'ordre était donné pour troubler les cours. Mais l'indignation du public effraya ces braves ; peu organisés encore, ils crurent devoir attendre l'effet tout-puissant du libelle que le jésuite D... écrivait

---

1. Et que je vais mieux poser dans un livre spécial.
2. Nul autre professeur n'avait été encore troublé dans son enseignement. Les troubles de la Sorbonne n'ont eu lieu qu'un mois ou deux après, dans la même année 1842.

sur les notes de ses confrères, et que M. Desgarets, chanoine de Lyon, a signé, en avouant qu'il n'en était pas l'auteur.

Je n'aime guère la dispute. Je retombai toute une année dans mes préoccupations, dans mon travail solitaire, dans mon rêve du vieux temps... Ceux-ci, qui ne dormaient pas, se sont enhardis, ils ont cru qu'on pouvait impunément venir par derrière frapper le rêveur.

Il se trouvait cependant que, par le progrès de mon travail et le plan même de mon cours, je venais à eux. Occupé jusqu'ici d'expliquer et d'analyser la vie, je devais naturellement mettre en face la fausse vie, qui la contrefait ; je devais placer, en regard de l'organisme vivant, le machinisme stérile.

Mais quand même je pourrais expliquer la vie sans montrer la mort, j'aurais regardé comme un devoir du professeur de morale de ne point décliner la question qui venait s'imposer à lui.

Nos prédicateurs, dans les derniers temps, ont tout remué, questions sociales, politiques, historiques, littéraires, médicales ; l'un parlait sur l'anatomie, un autre sur Waterloo. Puis le courage venant, ils se sont mis à prêcher, comme au temps de la Ligue, contre telle ou telle personne. On a trouvé cela très bon.

Des personnes, qui s'en souciait ?... Et quant aux questions sociales, on aura jugé sans doute que dans ce temps de sommeil il n'y avait pas grand danger à les discuter en chaire.

Certes, ce n'est pas nous qui contredirons à cela, nous acceptons ce partage. L'Église s'occupe du monde, elle nous enseigne nos affaires, à la bonne heure. Nous lui enseignerons Dieu !

Que Dieu rentre dans la science. Comment a-t-elle pu s'en passer si longtemps... Revenez chez nous, Seigneur, tout indignes que nous sommes... Ah ! que vous serez bien reçu !

Est-ce que vous n'étiez pas notre légitime héritage ? Et tant que la science était éloignée de vous, était-elle donc une science ?... Elle vous a reconquis dans cette heureuse occasion, et elle a retrouvé en même temps son accord naturel avec le bon sens du peuple dont elle n'eût pas dû s'écarter.

26 juin 1843.

Je donne ici les notes qui me restent de mon cours. Je les donne à peu près, telles qu'elles furent écrites, le jour même de chaque leçon. — Je ne pouvais écrire plus tôt; d'une leçon à l'autre, la situation changeait, la question avançait, par la presse ou autrement, jusqu'au dernier jour.

On aura quelque indulgence pour un enseignement poursuivi malgré l'orage, et qui, modifié dans la forme, selon les phases de la polémique, n'en marcha pas moins d'un pied ferme vers le but indiqué d'abord.

Je supprime dans ces notes plusieurs choses qui se rapportaient à mes leçons antérieures, et qu'on ne pourrait comprendre sans avoir suivi mon cours.

J'écarte encore tel et tel point qui ne dut être qu'indiqué dans un cours dont l'objet était général, et qu'un autre cours, spécialement consacré à la littérature des jésuites, mettait en pleine lumière.

PREMIÈRE LEÇON

Machinisme moderne. Du machinisme moral. (27 avril 1843.)

Dans cette première leçon (de la seconde partie de mon cours), je posai d'abord un fait grave : c'est que depuis 1834, au milieu d'un immense accroissement de production matérielle, la production intellectuelle a considérablement diminué d'importance.

Ce fait, moins remarqué ici, l'est parfaitement de nos contrefacteurs étrangers, qui se plaignent de n'avoir presque rien à contrefaire.

De 1824 à 1834, la France les a richement alimentés. Elle a produit dans cette période les monuments littéraires qui font sa gloire devant l'Europe; et non seulement des monuments isolés, mais de grands ensembles d'ouvrages, des cycles d'histoires, de drames, de romans, etc.

Dans les dix années suivantes, on a imprimé tout autant et davantage, mais peu d'ouvrages importants. Les livres même de quelque étendue ont paru d'abord découpés en articles, en feuilletons; feuilletons ingénieux, découpures brillantes, mais peu de pensées d'ensemble, peu de grandes compositions.

Ce qui a le plus occupé la presse, ce sont les réimpressions, les publications de manuscrits, de documents historiques, les livres pittoresques à bon marché, sorte de daguerréotypes qui reproduisent en pâles images tout ce qu'on met devant eux.

La rapidité singulière avec laquelle tout cela passe sous nos yeux, se remplaçant, s'effaçant, laissant à peine une trace, ne permet pas de remarquer que, dans ces mille objets mobiles, la forme varie très peu.

Un observateur attentif, et curieux de comparer ses souvenirs, verrait ces prétendues nouveautés revenir périodiquement; il les ramènerait sans peine à un petit nombre de types, de formules, que l'on emploie tour à tour. Nos rapides improvisateurs sont obligés, le temps manquant, de recourir à ces formules; c'est comme une grande mécanique, dont ils jouent d'une main légère.

Le génie mécanique qui a simplifié, agrandi la vie moderne, dans l'ordre matériel, ne s'applique guère aux choses de l'esprit sans l'affaiblir et l'énerver. De toutes parts je vois des machines intellectuelles qui viennent à notre secours [1], pour nous dispenser d'étudier et de réfléchir, des Dictionnaires qui permettent d'apprendre chaque chose isolée, hors des rapports qui l'éclairent, des Encyclopédies où toute science,

1. Objection contre ces genres d'ouvrages, et non contre tel ouvrage où les auteurs ont montré un esprit original et profond.

scindée en menues parcelles, gît comme une poussière stérile, des Abrégés qui vous résument ce que vous n'avez point appris, vous font croire que vous savez, et ferment la porte à la science.

Vieilles méthodes, et fort inférieures à l'idée de Raymond Lulle. A la fin du Moyen-âge, il trouva les Scolastiques, qui, sur un thème tout fait, s'épuisaient en déductions. « Si le thème est fait, dit-il, si la philosophie est faite, la religion, la science, il suffit de bien ordonner; des principes aux conséquences, les déductions se tireront d'elles-mêmes. Ma science sera comme un arbre; on suivra des racines aux branches, des branches aux feuilles, allant du général à l'espèce, à l'individu, et de là, en sens inverse, on retournera aux profondes racines des principes généraux. »... Il le fit, comme il le disait; avec cet arbre si commode on ne cherchait plus, tout était devenu facile... Seulement, l'arbre fut un *arbre sec*, qui n'eut jamais ni fruit ni fleur.

Au seizième siècle, autre tentative de machinisme, et plus hardie. On se battait pour la religion; un vaillant homme, Ignace de Loyola, comprit la religion elle-même comme machine de guerre, la morale comme mécanique. Ses fameux *Exercices* sont un manuel de tactique religieuse, où la milice monastique se dresse à certains mouvements; il y donna des procédés matériels pour produire ces élans du cœur qu'on avait toujours laissés à la libre inspiration; ici, l'on prie; là, on rêve, puis l'on pleure, etc.

Admirable mécanique, où l'homme n'est plus qu'un

ressort qu'on fait jouer à volonté. Seulement, ne demandez rien que ce qu'une machine peut produire; une machine donne de l'action, mais nulle production vivante, à la grande différence de l'organisme animé, qui non seulement agit, mais produit des organismes animés tout comme lui. La mécanique des jésuites a été active et puissante; mais elle n'a rien fait de vivant; il lui a manqué constamment ce qui, pour toute société, est le plus haut signe de vie, il lui a manqué le grand homme... Pas un homme en trois cents ans!

Quelle est la nature du jésuite? Aucune; il est propre à tout : une machine, un simple instrument d'action, n'a pas de nature personnelle.

La machine a sa loi, la fatalité, comme la liberté est la loi de l'âme. Comment donc les jésuites parlent-ils de la liberté? En quoi les regardé-t-elle?

Remarquez le double langage qu'ils nous tiennent aujourd'hui. Ils sont le matin pour la liberté, le soir pour l'autorité.

Dans leurs journaux qu'ils donnent et sèment dans le peuple, ils ne parlent que de liberté, et ils voudraient persuader que la liberté politique est possible sous la tyrannie religieuse... Cela est dur à croire, difficile à faire croire à des gens qui, pour les chasser, ont chassé hier une dynastie (*Mouvements en sens divers*), et qui en chasseraient dix, s'il le fallait encore.

Dans les salons, avec les grandes dames qu'ils dirigent, ce n'est plus cela; ils redeviennent tout à coup les amis du passé, les vrais fils du Moyen-âge.

Et moi aussi, leur dirai-je, je suis un peu du Moyen-âge, j'y ai vécu de longues années, et je reconnais bien les quatre mots d'art chrétien que les nôtres viennent de vous apprendre... Mais permettez encore que je vous regarde au visage; si vous êtes vraiment les fils de ce temps-là, apparemment vous lui ressemblez.

Ce temps était fécond, et tout en se croyant, dans son humilité, inactif et impuissant, il créait toujours. Il a bâti, comme un rêve, je ne sais combien de poèmes, de légendes, d'églises, de systèmes... D'où vient donc, si vous en êtes, que vous ne produisez rien ?

Ce Moyen-âge, que vous nous montrez volontiers dans une immobilité idiote, ne fut que mouvement et transformation féconde, pendant quinze cents ans. (*Je supprime ici un long développement.*) La libre végétation qui lui fut particulière, n'a rien de commun avec l'action sèche et dure des mécaniques[1]. S'il n'avait eu d'autre action, il n'eût rien produit de vivant; il aurait été stérile... Et vous lui ressembleriez.

Non, vous n'êtes pas du passé! Non, vous n'êtes pas du présent!

Êtes-vous ? Non, vous avez l'air d'être... Pur accident, simple phénomène. Nulle existence. Ce qui *est* vraiment, produit.

---

[1] Le symbolisme vivant du Moyen-âge, qui toujours allait changeant sous une forme immobile en apparence, ressemblait en cela à toute chose vivante, à la plante par exemple qui change si doucement qu'on croit que rien n'a changé. Rien de plus étranger à la méthode artificielle, voulue, raisonnée, qui prémédite l'enthousiasme et mécanise la foi.

Si vous veniez, vous qui n'êtes point, qui ne faites rien, qui ne ferez rien, nous conseiller de ne rien faire, d'abdiquer notre activité et de nous remettre à vous, au néant, nous répondrions : « Il ne faut pas que le monde meure encore; qu'on soit mort, à la bonne heure; est-ce un droit pour exiger que le reste soit mort aussi?

Si l'on insiste, si l'on veut que vous soyez quelque chose, j'accorderai que vous êtes une vieille machine de guerre[1], un brûlot de Philippe II, de l'*invincible Armada*... Quiconque y monte, y périt, et Philippe II, et Charles X, et quiconque y montera.

Nés du combat, vous restez fidèles à votre naissance. Vos œuvres ne sont que des disputes, des discours scolastiques et polémiques, c'est-à-dire des négations... Nous travaillons, vous combattez; des deux voies, laquelle est chrétienne?

Milites (c'est votre nom), remettez votre épée dans le fourreau... *Beati pacifici!*

Faites comme nous faisions avant que vous vinssiez nous troubler, travaillez tranquillement. Alors

---

1. Trois ans après la Saint-Barthélemy, Grégoire XIII, qui avait remercié le ciel de cet heureux événement, accorda aux jésuites tous les privilèges que les papes avaient accordés ou accorderaient jamais (*concessis et concedendis*) à toutes personnes ecclésiastiques, séculières ou régulières. De là leur prétention de représenter toute l'Église, conformément à ce nom ambitieux de Société de Jésus. — Ils en sont la dangereuse contrefaçon. Ils prennent hardiment dans toutes les règles antérieures, copient saint Benoît, saint Dominique, saint François. Allez voir ensuite les originaux, vous trouvez que les textes empruntés avaient un autre sens, tout religieux et poétique, et qui n'a rien à voir avec la police de ceux-ci... Effet bizarre et ridicule, comme d'une ordonnance de police qui irait chercher ses motifs dans la *Divine Comédie*. Voir plus bas la note de la page 330.

seulement, vous comprendriez le christianisme et le Moyen-âge, dont vous vous doutez si peu.

A qui adressé-je ce conseil, qui n'est pas d'un ennemi? A la Société? Non, elle se vante de ne pas changer, de ne s'améliorer jamais [1]. Je parle à tel infortuné, que je vois d'ici en pensée, qui peut-être se sent, trop tard, entré dans la voie sans retour, et pleure en secret d'avoir épousé la mort.

La fin de cette leçon fut reproduite à mon insu par la *Patrie* le soir même, et le lendemain (28 avril) par le *Siècle*. — J'ignorais alors la part active que la presse allait prendre à cette lutte.

J'ignorais (ce qui peut sembler étrange, mais n'en est pas moins exact) que mon ami, M. Quinet, ayant conduit son cours jusqu'au milieu du seizième siècle, dût traiter de la littérature des jésuites. Encore moins avais-je connaissance de l'article que M. Libri inséra dans la *Revue des Deux Mondes*, trois jours après ma leçon (1ᵉʳ mai).

Ce qui peut-être surprendra davantage, c'est que je *n'avais pas lu une ligne de tout ce qu'on avait écrit contre moi.* C'est après ma deuxième leçon qu'un de mes anciens élèves m'apporta le *Monopole universitaire*.

---

1. On sait le mot du général : *Sint ut sunt, aut non sint.*

DEUXIÈME LEÇON

Réaction du passé. Des revenants. *Perinde ac cadaver.* (4 mai 1843.)

On a dit que je défendais, on a dit que j'attaquais. Ni l'un, ni l'autre... J'enseigne.

Le professeur d'histoire et de morale a droit d'examiner la plus grave question de la philosophie et de l'histoire : Ce que c'est qu'*organisme* et *mécanisme*, en quoi diffère l'organisme vivant du mécanisme stérile.

Question grave, en ce moment surtout où la vie semble faiblir, où la stérilité nous gagne, où l'Europe, tout occupée naguère d'imiter la France, de contrefaire ou traduire la France, s'étonne de voir que nous allons produisant de moins en moins.

J'ai cité un exemple illustre de mécanisme, puissant pour l'action, impuissant pour la production, l'ordre des jésuites, qui, dans une existence de trois siècles, n'a pu donner un seul homme, un seul livre de génie.

Les jésuites appartiennent, autant que les Templiers, au jugement de l'histoire. C'est mon droit et mon devoir de faire connaître ces grandes associations. J'ai commencé par les Templiers dont je publie le *Procès;* j'arrive aux jésuites.

Ils ont imprimé avant-hier, dans leur journal, *que j'attaquais le clergé;* c'est tout le contraire. Faire connaître les *tyrans du clergé,* qui sont les jésuites, c'est rendre au clergé le plus grand service, préparer sa délivrance. Nous ne confondons nullement les tyrans et les victimes. Qu'ils n'espèrent pas se cacher derrière ce grand corps qu'ils compromettent en le poussant dans la violence, lorsqu'il ne voudrait que la paix.

Les jésuites sont, je l'ai dit, une formidable machine de guerre, inventée dans le plus violent combat du seizième siècle, employée comme une ressource désespérée, dangereuse pour ceux qui s'en servent... Il y a un lieu où l'on sait cela parfaitement, c'est Rome, et voilà pourquoi les cardinaux ont dit[1] et diront toujours au conclave, quand on propose un jésuite : *Dignus, sed jesuita.* Ils savent que l'ordre, au fond, s'adore lui-même... C'est la foi des Templiers.

Le christianisme n'a pu améliorer le monde qu'en s'y mêlant. Dès lors il a dû en subir les tristes nécessités, la plus triste de toutes, la guerre. Il s'est fait guerrier par moments, lui qui est la paix; c'est-à-dire que dans ces moments il se faisait anti-chrétien.

Les machines de guerre, sorties ainsi, par un étrange miracle, de la religion de la paix, se trouvant en con-

---

1. Au sujet du cardinal jésuite Bellarmin.

tradiction flagrante avec leur principe, ont présenté dès leur naissance un caractère singulier de laideur et de mensonge; combien plus, à mesure qu'elles s'éloignaient des circonstances qui les avaient fait naître, des nécessités qui pouvaient en expliquer la naissance! De plus en plus en désaccord avec le monde qui les entourait, qui avait oublié leur origine et n'était frappé que de cette laideur, elles inspiraient une répugnance instinctive; le peuple en avait horreur, sans savoir pourquoi.

Toute apparition du monde trouble et violent des anciens âges dans notre monde moderne, inspire même répugnance. Les fils aînés du limon qui jadis possédaient seuls le globe, couvert d'eau et de brouillard, et qui aujourd'hui pétrissent de leurs membres équivoques la fange tiède du Nil, semblent une réclamation du chaos qui voudrait nous ressaisir[1].

Dieu, qui est la beauté, n'a pas créé de laideur absolue. La laideur est un passage inharmonique.

Il y a laideur et laideur. L'une qui veut être moins laide, s'harmoniser, s'ordonner, suivre le progrès, suivre Dieu... L'autre qui veut être plus laide, et qui, à mesure que le monde s'harmonise, aspire à l'ancien chaos.

De même, dans l'histoire et dans l'art, on sympa-

---

1. « Le serpent du vieux limon se présente aimable, luisant, écaillé, ailé : « Voyez mes belles écailles, et mes ailes, montez sur mon dos, volons ensemble à la lumière! » — « Quoi! avec ce ventre de reptile vous promettez de voler! c'est vous, chauve-souris, qui me menez au soleil?... Arrière! monstres chimériques, arrière, mensonges vivants!... Sainte lumière, viens à mon aide contre les fantômes du chaos, et l'engloutissement de la vieille nuit!

thise avec les formes laides qui voudraient leur changement. « *Expecto, Domine, donec veniat immutatio mea...* » Voyez, dans nos cathédrales, ces misérables figures accroupies, qui, sous le poids d'un pilier énorme, tâchent pourtant de lever la tête; c'est l'aspiration visible du triste peuple d'alors. Vous le retrouvez, au quinzième siècle, laid et grimaçant, mais intelligent, avisé[1]; à travers cette laideur, vous pressentez l'harmonie moderne.

La laideur odieuse, incurable, celle qui choque les yeux, encore plus le cœur, c'est celle qui accuse la volonté de rester telle, de ne pas se laisser améliorer aux mains du grand artiste qui va sculptant son œuvre à jamais.

Ainsi, quand le christianisme est vainqueur, les dieux païens aiment mieux fuir. Ils vont chercher les forêts; ils vivent là farouches et de plus en plus sauvages; les vieilles femmes cabalent pour eux sur la bruyère de Macbeth. Le Moyen-âge regarde cette tendance obstinée vers le passé, cet effort d'aller en arrière; lorsque Dieu mène en avant, il le regarde comme le mal suprême, et il l'appelle le Diable.

Même horreur pour les Albigeois, lorsque ceux-ci, qui se disaient chrétiens, renouvelèrent la dualité persane, manichéenne, comme si, en plein christianisme, Arimane était revenu s'asseoir à côté de Dieu.

Moins grossier, mais non moins impie, semble avoir été le mystère du Temple.

---

[1]. Voyez la statue de la fille de Jean Bureau à Versailles.

Étrange religion de soldats-moines, qui, dans leur mépris des prêtres, semblent avoir mêlé les superstitions des anciens gnostiques et des musulmans, ne voulant plus de Dieu que le Saint-Esprit, l'enfermant avec eux dans le secret du Temple, le gardant pour eux. « Leur vrai Dieu devient l'ordre même. Ils adorèrent le Temple et les Templiers, comme temples vivants... Leurs symboles exprimèrent le dévouement aveugle, l'abandon complet de la volonté. L'ordre, se serrant ainsi, tomba dans une farouche religion de soi-même, dans un satanique égoïsme. Ce qu'il y a de souverainement diabolique dans le Diable, c'est de s'adorer. »

Ainsi, cet instrument de guerre que l'Église s'était créé pour le besoin des Croisades, tourna si bien dans ses mains que, lorsqu'elle croyait le diriger, elle en sentit la pointe au cœur... Toutefois le péril fut moindre en ce que cette création bâtarde du moine-soldat avait peu de vitalité hors de la croisade, qui l'avait fait naître.

La bataille du seizième siècle créa une milice bien plus dangereuse. Au moment où Rome est attaquée dans Rome même par les livres de Luther et les armes de Frondsberg, il lui vient d'Espagne un vaillant soldat qui se voue à la servir, un homme d'enthousiasme et de ruse... Elle saisit ce glaive dans son péril, et si vivement, avec tant de confiance, qu'elle en jette le fourreau. Elle remet tout pouvoir au général des jésuites, s'interdisant de leur donner jamais, même sur leur demande, de privilèges contraires à leur institut (*Nullius momenti habenda sunt, etiamsi a Sede apostolica sint concessa*). Le pape ne changera rien, et le général, avec l'assemblée de l'ordre, changera ce qu'il voudra, selon les lieux et les temps.

Ce qui fit la force et la légitimité de l'ordre à son apparition, c'est qu'il soutint contre les protestants, qui exagéraient l'influence divine, que l'homme est libre pourtant.

Maintenant quel usage fera-t-il de cette liberté? Il la remettra aux jésuites; il l'emploiera à obéir, et *il croira juste* tout ce qui lui sera commandé[1] : il sera dans la main des supérieurs comme un bâton dans la main d'un vieil homme, qui en fait tout ce qu'il veut, il se laissera pousser à droite, à gauche, *comme un cadavre :* PERINDE AC CADAVER.

A l'appui de cette doctrine d'obéissance et de tyrannie, la *délation* est autorisée par le fondateur lui-même.

Ses successeurs organisent la grande scolastique morale, ou *casuistique*, qui trouve pour toute chose un *distinguo*, un *nisi*... Cet art de ruser avec la morale fut la force principale de leur Société, l'attrait tout-puissant de leur confessionnal. La prédication fut sévère, la direction indulgente. Là se conclurent d'étranges marchés entre la conscience malade des grands de ce monde et la direction toute politique de la Société.

---

1. ... Obedientia, tum in executione, tum in voluntate, tum in intellectu, sit in nobis semper ex omni parte perfecta... *omnia justa esse nobis persuadendo.* Constit., p. 123, in-12, Romæ, in collegio Societatis, 1583.

Le moyen le plus efficace de conversion et qui fut dès lors trouvé, appliqué, par les jésuites, *ce fut d'enlever les enfants*, pour forcer les parents à se convertir... Nouveau moyen, et bien ingénieux, auquel Néron et Dioclétien n'avaient pas pensé.

Un seul fait. Vers 1650, une grande dame du Piémont, très mondaine, très passionnée, se trouva au lit de mort; elle était assistée de ses confesseurs jésuites, et pourtant, peu rassurée. Dans ce grave moment, elle se souvint de son mari qu'elle n'avait pas vu depuis longtemps, elle le fit venir et lui dit : « J'ai beaucoup péché (peut-être envers vous), j'ai beaucoup à expier, je crois mon âme en péril. Aidez-moi, et jurez que vous emploierez tous les moyens, le fer et le feu, pour convertir les Vaudois. » Le mari, brave militaire, jura, et n'épargna aucun moyen militaire; mais rien n'y faisait. Les jésuites, plus habiles, imaginèrent alors d'enlever les enfants; on était sûr que les mères suivraient[1]...

Ce moyen, sous la même influence, fut largement appliqué, lors de la Révocation de l'Édit de Nantes. Louis XIV y répugnait; mais madame de Maintenon, qui n'avait pas d'enfant, lui fit entendre que rien n'était mieux imaginé, ni plus efficace... Les cris des mères ont monté au ciel!

Si nous répugnons, nous aussi, à mettre nos enfants dans les mains de ceux qui les premiers conseillèrent

---

[1]. L'édit de Turin, 1655, constate cette chose effroyable, par l'adoucissement même qu'il y met : Défense d'enlever les garçons avant douze ans, les filles avant dix.

ces enlèvements d'enfants, il faut peu s'en étonner. L'éducation mécanique que donnent les jésuites cultive peut-être l'esprit, mais en brisant l'âme. On peut savoir beaucoup et n'en pas moins être une âme morte : *Perinde ac cadaver.*

Il y a aussi une chose qui doit mettre en défiance. Ce que sont les jésuites aujourd'hui, et ce qu'ils font, qui le sait ? Ils ont plus que jamais une existence mystérieuse.

Nous aurions droit de leur dire : La partie n'est pas égale entre vous et nous. Nous livrons toutes nos pensées au public, nous vivons dans la lumière. — Vous, qui vous empêche de dire *oui* le matin, *non* le soir ?

On sait ce que nous faisons. Nous travaillons bien ou mal. Chaque jour, nous venons tout apporter ici, notre vie, notre propre cœur... Nos ennemis peuvent y mordre.

Et il y a déjà longtemps (simples que nous sommes et laborieux) que nous les nourrissons de notre substance. Nous pouvons leur dire, comme, dans le chant grec, le blessé dit au vautour : « Mange, oiseau, c'est la chair d'un brave ; ton bec croîtra d'une coudée. »

Car enfin, voyez vous-mêmes, de quoi vivez-vous dans votre grande pauvreté ?

La langue même que vous avez dans la bouche, avec laquelle vos avocats attaquent J.-J. Rousseau, c'est la langue de Rousseau, autant qu'ils peuvent...

Rhétorique, raisonnement, peu d'observation des faits.

Le spiritualisme chrétien, qui l'a relevé il y a vingt ans ? est-ce vous ? oseriez-vous le dire ?

La ferveur pour le Moyen-âge, qui l'a ramenée dans le public ? est-ce vous ? oseriez-vous le dire ?

Nous avons loué le passé, saint Louis, saint Thomas, même Ignace de Loyola... Et vous êtes venus dire : Je suis Loyola... Non, pas même Loyola... Un homme de génie n'eût pas fait aujourd'hui ce qu'il fit alors...

Cette église même, où vous prêchez, elle était là depuis des siècles et vous ne saviez pas la voir... Il a fallu qu'on vous la montrât, qu'on vous fît découvrir les tours de Notre-Dame, et alors vous vous y êtes glissés, que Notre-Dame le voulût ou non ; vous en avez fait une place de guerre, et vous avez mis vos batteries sur les tours, sur cette maison de paix...

Eh bien, qu'elle juge elle-même, cette maison, entre vous et nous, quels sont les vrais successeurs des hommes qui l'ont bâtie ?

Vous, vous dites que tout est fini, vous ne voulez pas qu'on ajoute. Vous trouvez les tours assez hautes... Elles le sont bien assez pour y asseoir vos machines.

Nous, nous disons qu'il faut toujours bâtir, mettre œuvre sur œuvre, et des œuvres vives, que Dieu créant toujours, nous devons suivre, comme nous pourrons, et créer aussi...

Vous vouliez qu'on s'arrêtât... et nous avons poursuivi... Malgré vous, nous avons, au dix-septième siècle, découvert le ciel (comme la terre au quinzième) : vous vous êtes indignés, mais il vous a bien fallu reconnaître cet immense accroisssement de la religion. — Avant le droit des gens, qui a mis la paix dans la guerre même, avant l'égalité civile, le christianisme lui-même était-il réalisé? — Qui a ouvert ces grandes voies? Le temps moderne que vous accusez. — L'égalité politique, dont vous commencez à savoir le nom, pour l'employer contre nous, ce sera encore une pièce que nous ajouterons à notre grande construction... Nous sommes des maçons, des ouvriers; laissez-nous bâtir, laissez-nous poursuivre de siècle en siècle l'édification de l'œuvre commune, et, sans nous lasser jamais, exhausser de plus en plus l'éternelle Église de Dieu!

Cette leçon fut troublée par quelques signes d'une insolente désapprobation. Les individus qui se les permirent soulevèrent l'indignation de tout l'auditoire; reconnus à la sortie du cours, ils furent poursuivis par les huées de la foule.

Le mercredi suivant, M. Quinet, dans une leçon qui restera, établit notre droit, le droit de la liberté du professeur. Les journaux se déclarèrent successivement pour nous (le *National* et le *Constitutionnel*, le 5 mai; les *Débats*, le 13; la *Revue des Deux Mondes*, le 15; le *Courrier*, le 17; la *Revue indépendante*, le 25). Le *Siècle* reproduisait les leçons de M. Quinet et les miennes.

Une nouvelle revue dont le premier numéro parut le 15 mai, en donna des extraits (*Journal de la Liberté religieuse*, dirigé par M. Goubault); des fragments considérables furent insérés par divers journaux des départements et de l'étranger : *Journal de Rouen, Écho de Vesone, Courrier de Lyon, Espérance, Helvétie, Courrier suisse,* etc., etc.

Le jeudi 11 mai, plusieurs de mes collègues et de mes plus illustres amis, français et étrangers, voulurent, en quelque sorte, protester par leur présence contre ces indignes attaques, et me firent l'honneur d'entourer ma chaire.

TROISIÈME LEÇON

Éducation, divine, humaine. Éducation contre nature. (11 mai 1843.)

Dans une vie déjà avancée, solitaire et laborieuse, je trouve, en regardant derrière moi, une compensation très douce à ce qui a pu me manquer.

C'est qu'il m'a été donné autant qu'à aucun homme de ce temps, de contempler dans l'histoire un mystère vraiment divin.

Je ne parle pas du spectacle des grandes crises dramatiques qui semblent les coups d'État de Dieu... Je parle de l'action douce, patiente, souvent à peine sensible, par laquelle la Providence prépare, suscite et développe la vie, la ménage et la nourrit et va la fortifiant. (*Rumeurs, interruption.*)

J'atteste mes illustres amis, historiens de l'humanité ou de la nature, que je vois dans cette enceinte, je leur demande si la plus haute récompense de leurs travaux, leur meilleure consolation dans les fortunes diverses, n'a pas été la contemplation de ce que nous pouvons appeler la maternité de la Providence.

Dieu est une mère... Cela est sensible pour qui voit avec quel ménagement il met les plus grandes forces à la portée des êtres les plus faibles... Pour qui ce travail immense, ce concours des éléments, ces eaux venues des mers lointaines, et cette lumière de trente millions de lieues? Quel est ce favori de Dieu devant lequel la nature s'empresse, se modère et retient son souffle?... C'est un brin d'herbe des champs.

A voir ces ménagements si habiles, si délicats, cette crainte de blesser, ce désir de conserver, ce tendre respect de l'existence, qui méconnaîtrait la main maternelle?

La grande mère, la grande nourrice est comme toutes les mères; elle craint d'être trop forte; elle entoure et ne serre pas; elle influe, ne force pas; elle donne toujours et toujours, mais doucement, peu à la fois... de sorte que le nourrisson, quel qu'il soit, ne reste pas longtemps passif, qu'il s'aide lui-même et que, selon son espèce, il ait aussi son action.

Le miracle éternel du monde, c'est que la force infinie, loin d'étouffer la faiblesse, veut qu'elle devienne une force. La Toute-Puissance semble trouver une félicité divine à créer, encourager la vie, l'action, la liberté. (*Rumeurs, violents dialogues, longue interruption.*)

L'éducation n'a pas d'autre but que d'imiter, dans la culture de l'homme, cette conduite de la Providence. Ce que l'éducation se propose, c'est de développer une créature libre, qui puisse elle-même agir et créer.

Dans l'éducation désintéressée et tendre qu'ils donnent à leur enfant, les parents ne veulent rien pour eux, mais tout pour lui, qu'il grandisse harmoniquement dans toutes ses facultés, dans la plénitude de ses puissances, que peu à peu il devienne fort, qu'il soit homme et les remplace.

Ils veulent avant tout que l'enfant développe son activité, quand même ils devraient en souffrir... Si le père fait de l'escrime avec lui, il lui donne avantage pour l'enhardir, il recule, se laisse toucher, ne trouve jamais qu'il frappe assez fort...

La pensée des parents, le but de leurs soins pendant tant d'années, c'est qu'à la longue l'enfant soit en état de se passer d'eux, qu'il puisse les quitter un jour... La mère même se résigne, elle le voit partir, elle l'envoie dans les carrières hasardeuses, dans la marine, à l'armée. Que veut-elle? Qu'il revienne homme, bruni du soleil d'Afrique, distingué et admiré, et qu'il se marie alors, qu'il aime une autre plus que sa mère...

Tel est le désintéressement de la famille; tout ce qu'elle demande, c'est de produire un homme libre et fort, qui puisse, s'il le faut, se détacher d'elle.

Les familles artificielles, ou confréries du Moyen-âge, avaient, dans leur commencement, quelque chose de ce caractère divin de la famille naturelle, le développement harmonique dans la liberté. Les grandes familles monastiques en eurent une ombre, à leur principe, et c'est alors qu'elles produisirent les grands hommes qui les représentent par-devant l'histoire. Elles n'ont été fécondes qu'autant qu'elles laissaient quelque chose au libre développement.

Les seuls jésuites, institués pour une action violente de politique et de guerre, ont entrepris de faire entrer l'homme tout entier dans cette action. Ils veulent se l'approprier sans réserve, l'employer et le garder, de la naissance à la mort. Ils le prennent par l'*éducation*, avant que la raison éveillée puisse se mettre en défense, ils le dominent par la *prédication*, et le gouvernent dans ses moindres actes par la *direction*.

Quelle est cette éducation ? Leur apologiste, le jésuite Cerutti, le dit assez nettement (*Apologie*, p. 330) : « De même qu'on emmaillote les membres de l'enfant dès le berceau, *pour leur donner une juste proportion*, il faut, dès sa première jeunesse, EMMAILLOTER, pour ainsi dire, *sa volonté*, pour qu'elle conserve, dans tout le reste de sa vie, une heureuse et salutaire souplesse. »

Si l'on pouvait croire qu'une faculté *emmaillotée* longtemps puisse jamais devenir active, il suffirait de rapprocher de cette expression doucereuse le mot plus franc qu'ils n'ont pas craint d'écrire dans leur règle, et qui indique fort bien le genre d'obéissance qu'ils demandent et ce que l'homme sera dans leurs mains : *Comme un bâton, comme un cadavre.*

Mais, diront-ils, « si la volonté seule est annulée,

et que les autres facultés y gagnent, n'y a-t-il pas compensation ? »

Prouvez qu'elles ont gagné; prouvez que l'esprit et l'intelligence peuvent vivre en l'homme, avec une volonté morte... Où sont vos illustres depuis trois cents ans ?...

Quand même un côté de l'homme devrait profiter de l'affaiblissement de l'autre côté, qui donc a droit de pratiquer de telles opérations, par exemple de crever l'œil gauche, sous prétexte que l'œil droit en aura la vue plus nette ?

Je sais que les éleveurs anglais ont trouvé l'art de faire d'étranges spécialités, des moutons qui ne sont que suif, des bœufs qui ne sont que viande, d'élégants squelettes de chevaux pour gagner des prix; et pour monter ces chevaux, il leur a fallu des nains, tristes créatures à qui on défend de grandir.

N'est-ce pas une chose impie d'appliquer à l'âme cet art choquant de faire des monstres, de lui dire : « Tu garderas telle faculté, et tu sacrifieras telle autre; nous te laisserons la mémoire, le sens des petites choses, telle pratique d'affaire et de ruse; nous t'ôterons ce qui fait ton essence, ce qui est toi-même, la volonté, la liberté !... en sorte qu'ainsi inutile, tu vives encore, comme instrument, et que tu ne t'appartiennes plus... »

Pour faire ces choses monstrueuses, il faut un art monstrueux.

L'art de tenir les hommes *ensemble* et pourtant dans *l'isolement*, unis pour l'action, désunis de cœur, concourant au même but, tout en se faisant la guerre.

Pour obtenir cet état d'isolement dans la Société même, il faut d'abord laisser les membres inférieurs dans l'ignorance parfaite de ce qu'on leur révélera aux degrés supérieurs (*Reg. comm.*, XXVII), de sorte qu'ils aillent à l'aveugle d'un degré à l'autre et comme s'ils montaient dans la nuit[1].

C'est le premier point. Le second, c'est de les mettre en défiance les uns à l'égard des autres, par la crainte des délations mutuelles (*Reg. comm.*, XX.)

Le troisième, de compléter ce système artificiel par des livres spéciaux qui leur montrent le monde sous un jour entièrement faux, de sorte que, n'ayant aucun moyen de contrôle, ils se trouvent à jamais enfermés, et comme murés dans le mensonge.

Je ne citerai qu'un de ces livres, leur *Abrégé d'histoire de France* (éd. de 1843[2]), livre, depuis vingt-cinq ans, répandu par millions, en France, en Belgique, en Savoie, en Piémont et en Suisse, livre si bien adopté par eux qu'ils l'ont modifié d'année en

---

1. Pour justifier la défense d'apprendre à lire qu'ils font à leurs domestiques, ils citent hardiment saint François d'Assise (*Reg. comment. Nigronus*, p. 303), qui, avec sa confiance parfaite dans l'illumination divine, dispense les siens d'étudier... Je crois voir Machiavel exploitant, pour sa politique, le mot qu'il aurait surpris sur les lèvres d'un enfant. — Il en est de même d'une foule de choses dont les jésuites ont pris la lettre dans les anciennes règles, mais qui ont chez eux un sens tout différent, et ne sont là que pour témoigner combien leur esprit est contraire à celui du Moyen-âge.

2. *Histoire de France à l'usage de la jeunesse*, t. II, p. 342; in-12, nouvelle édition, revue et corrigée, 1843; imprimée à Lyon, chez Louis Lesne, imprimeur-libraire, ancienne maison Rusand. Ce livre et tous ceux de la même main sont désignés dans les catalogues par le signe A. M. D. G. (*ad majorem Dei gloriam*), ou par L. N. N. (*lucet, non nocet*).

année¹, le purgeant des mots ridicules qui avaient rendu célèbre le nom de l'auteur; ils ont laissé les calomnies, les blasphèmes contre la France... Partout le cœur anglais, partout la gloire de Wellington². Mais les Anglais eux-mêmes se sont montrés moins Anglais; ils ont réfuté avec mépris les calomnies que les jésuites ont inventées ou reproduites contre nos morts de Waterloo, le passage entre autres où, racontant que les débris de la garde impériale refusèrent de se rendre, l'histoire des jésuites ajoute : « On vit *ces forcenés tirer les uns sur les autres et s'entre-tuer* sous les yeux des Anglais, que cet étrange spectacle tenait dans un saisissement mêlé d'horreur. »

Malheureux! que vous connaissez peu la génération héroïque que vous calomniez au hasard!... Ceux qui ont vu de près ces braves peuvent dire si leur calme courage fut jamais mêlé de fureur... Plus d'un que

---

1. Et de mois en mois. Dans l'édition qu'ils ont faite en juin, ils ont supprimé le passage que je citais au Collège de France, d'après une édition de janvier ou février, que j'ai encore sous les yeux en écrivant cette note, aujourd'hui 24 juin.

2. Il faut voir les discours qu'ils lui prêtent, absurdes, insultants pour nous (II, 312), les folies sanguinaires qu'ils font dire à Napoléon (II, 324), les inepties d'une haine idiote : Au 20 mars, on aurait mêlé au cri de *Vive l'Empereur*, le cri de *Vive l'Enfer! à bas le Paradis!* p. 337. — Que dire de la dissertation sur les perruques qui, dans ce petit livre, occupe deux pages entières (II, 168-169)? Le reste est à l'avenant; partout le même esprit, mondain et dévot, les choses les plus graves dites avec une légèreté déplorable, où l'on sent la mort du cœur... Voilà dans quel style l'auteur parle de la Saint-Barthélemy : « Le mariage eut lieu, et la joie de la fête eût été complète sans la catastrophe sanglante qui la termina (I, 294). » Ce qui est au-dessus de tout, c'est cet éloge audacieux des jésuites par les jésuites : « Par une distinction bien honorable pour cette Compagnie, *on lui comptait autant d'ennemis qu'à la religion elle-même* ». P. 103.

nous avons connu eut la douceur d'un enfant... Ah! ils ont été doux, les forts[1]!

Si peu que vous ayez de prudence, ne parlez jamais de ces hommes, jamais de ces temps. Taisez-vous sur tout cela!... On vous reconnaîtrait trop aisément pour ce que vous êtes, pour les ennemis de la France... Elle vous dirait elle-même : « Ne touchez point à mes morts! Prenez garde, ils ne sont pas aussi morts que vous pensez! »

On put reconnaître pendant cette leçon la main qui dirigeait les interrupteurs. Le moyen qu'on employa pour troubler le cours était tout à fait conforme à ce que nous venions d'enseigner sur la méthode des jésuites. Il consistait à étouffer la voix du professeur, non par des sifflets, *mais par des bravos!...* Cette manœuvre fut exécutée par une douzaine de personnes, qui n'étaient jamais venues à nos cours, et qui avaient été recrutées le matin même à cet effet dans un grand établissement public.

Une manœuvre si peu *française* révolta les jeunes gens, d'autant plus que les interrupteurs, peu expérimentés, avaient murmuré au hasard, et justement aux passages les plus religieux de

---

[1]. Que de faits je pourrais citer! en voici un qui mérite d'être sauvé de l'oubli. A la bataille de Wagram, une des batteries de la garde impériale se trouva établie pour quelques moments sur un champ couvert de blessés ennemis; l'un d'eux, qui souffrait horriblement de sa blessure, de la soif et de la chaleur, criait aux Français de l'achever; furieux de n'être pas compris (il parlait hongrois), il se traîne vers une arme chargée, et il essaye de la tirer sur les canonniers; l'officier français lui ôta l'arme des mains, et suspendit quelques habits à un faisceau de fusils pour lui faire de l'ombre. — Cet officier était M. Fourcy-Gaudin, capitaine dans l'artillerie de la garde, excellent historien de l'École polytechnique, qui a fait des poésies charmantes à travers ces guerres terribles et sur tous les champs de bataille de l'Europe. Il a cette simple épitaphe à notre cimetière du Midi : *Hinc surrecturus.* Et plus bas : *Stylo et gladio meruit.* Les deux premiers mots, si nobles et si chrétiens, sont ceux qu'il avait lui-même écrits sur la tombe de sa mère. (*Hinc surrectura!*)

cette leçon. Ils furent en péril, l'un d'eux surtout, que je vis avec plaisir protégé par un de mes amis, qui le couvrit de son corps.

Le 16 mai, au soir, plusieurs étudiants m'apportèrent une lettre, pleine de convenance, où ils exprimaient à la fois leur sympathie pour le professeur et leur indignation sur les attaques déloyales dont son cours était l'objet. Cette lettre avait été couverte en un moment de deux cent cinquante-huit signatures.

Les journaux, comme je l'ai dit, s'étaient déclarés pour nous. J'écrivis, le 15, la lettre suivante à M. le rédacteur des *Débats* :

« Monsieur,

« Dans un article obligeant où vous établissez la justice de notre cause, vous dites que nous usons du droit de *défense*. Quelques personnes en pourraient conclure que, pour aller au secours de notre réputation attaquée, nous sortons du sujet de notre enseignement, du cercle, dès longtemps tracé, de nos leçons.

« Non, nous ne nous défendons pas. Les passages tronqués, défigurés, se défendent eux-mêmes, dès qu'on les lit dans l'original. Quant aux commentaires qu'on ajoute, qui oserait les lire en public? Il en est où l'imagination monastique eût fait reculer l'Arétin. (V. le *Monopole universitaire*, p. 441.)

« Dès ma première leçon de cette année, j'ai posé mon sujet; c'est la plus haute question de la philosophie de l'histoire :

« Distinguer l'*organisme* vivant du *mécanisme*, du formalisme, de la vaine scolastique.

« I. Dans la première partie de mon cours, j'ai montré que le vrai Moyen-âge n'a pas été, comme on le croit, dominé par cet esprit stérile, j'ai étudié le mystère de sa vitalité féconde.

« II. Dans la seconde partie de mon cours, je montre ce qu'il faut penser du *faux Moyen-âge* qui veut s'imposer à nous. Je le signale extérieurement par son impuissance et la stérilité de ses résultats; je le pénètre au fond même, dans la déloyauté de son principe : s'emparer de l'homme par surprise, l'envelopper avant l'âge où il pourrait se défendre, *emmailloter la volonté*, comme ils disent eux-mêmes, dans l'*Apologie des Jésuites*.

« Tel a été, tel est, monsieur, le plan de mon cours. La polémique n'y vient qu'à l'appui des théories ; l'ordre des Jésuites y est un exemple comme l'ordre des Templiers, que j'ai eu aussi occasion de rappeler.

« Je ne suis pas un homme de bruit. La plus grande partie de ma vie s'est écoulée dans le silence. J'ai écrit fort tard, et depuis, je n'ai jamais disputé, jamais répondu. Depuis douze ans je suis enfermé dans une œuvre immense, qui doit consumer ma vie. Hier, j'écrivais *l'Histoire de France*, je l'écrirai demain, et toujours, tant que Dieu le permettra. Je lui demande seulement de me maintenir tel que j'ai été jusqu'ici, dans l'équilibre, maître de mon cœur..., de sorte que cette montagne de mensonges et de calomnies, longuement amassée pour m'en accabler d'un coup, ne fasse en rien fléchir l'impartiale balance qu'il a placée dans ma main. Je suis, etc. Lundi, 15 mai 1843. »

Nos adversaires purent voir, le 18 mai, à l'attitude de la foule taciturne qui avait rempli toutes les cours du Collège de France, qu'il y aurait péril à tenter plus longtemps la patience du public. Le silence fut complet; une personne soupçonnée (peut-être à tort) d'avoir essayé d'interrompre, fut passée de main en main, et en un moment déposée hors de la salle.

Depuis ce jour, la tranquillité n'a plus été troublée.

QUATRIÈME LEÇON

<small>Liberté, fécondité. Stérilité des jésuites. (18 mai 1843.)</small>

La liberté de la presse a sauvé la liberté de la parole.

Dès qu'une pensée, une voix libre s'élève, on ne peut plus l'étouffer ; elle perce les voûtes et les murs. Que servirait d'empêcher six cents personnes d'entendre ce qui demain sera lu de six cent mille ?

La liberté, c'est l'homme. — Même pour se soumettre, il faut être libre ; pour se donner, il faut être à soi. Celui qui se serait abdiqué d'avance, ne serait plus homme, il ne serait qu'une chose.... Dieu n'en voudrait pas !

La liberté est tellement le fonds du monde moderne, que pour la combattre ses ennemis n'ont d'autre arme qu'elle-même. Comment l'Europe a-t-elle pu lutter contre la Révolution ? Avec des libertés données ou promises, libertés communales, libertés civiles (en Prusse, Hongrie, Galicie, etc.).

Les violents adversaires de la liberté de penser y puisaient leurs forces. N'est-ce pas un curieux spectacle de voir M. de Maistre, dans sa vive allure, échapper à chaque instant au joug qu'il veut imposer, ici plus mystique que les mystiques condamnés par l'Église, là tout aussi révolutionnaire que la Révolution qu'il combat?

Vertu merveilleuse de la liberté! Le plus libre des siècles, le nôtre, s'est trouvé aussi le plus harmonique. Il s'est développé, non plus par écoles serviles, mais par cycles ou grandes familles d'hommes indépendants, qui, sans relever l'un de l'autre, vont pourtant se donnant la main; en Allemagne, le cycle des philosophes, des grands musiciens; en France, celui des historiens et des poètes, etc.[1].

Ainsi, c'est justement lorsqu'il n'y avait plus d'associations, plus d'ordres religieux, plus d'écoles, que pour la première fois a commencé ce grand concert où chaque nation en soi, et toutes les nations entre elles, sans s'être entendues d'avance, se sont accordées.

Le Moyen-âge, moins libre, n'eut pas cette noble harmonie; il en eut du moins l'espoir et comme l'ombre prophétique dans les grandes associations qui, bien que dépendantes encore, n'en furent pas moins des libertés par rapport aux temps antérieurs. Ainsi,

---

1. Même développement dans les sciences; dès le commencement du siècle, je vois travailler en face, à l'occasion de nos grandes luttes, et travailler néanmoins en parfait accord les chimistes de la France, les mécaniciens de l'Angleterre, tous tirant du sein de la nature des forces merveilleuses, qui, pour avoir été cherchées sous l'inspiration de la guerre, n'en restent pas moins pour toujours la pacifique possession de l'humanité.

quand saint Dominique et saint François, tirant le moine de sa reclusion, l'envoyèrent par tout le monde, comme prêcheur et pèlerin, cette liberté nouvelle versa la vie par torrents... Saint Dominique, malgré la part funeste qu'il prend à l'Inquisition, donne en foule les théologiens profonds, les orateurs, les poètes, les peintres, les hardis penseurs, jusqu'à ce qu'il se brûle lui-même, pour ne point renaître, sur le bûcher de Bruno.

Le Moyen-âge fut ainsi, non un système artificiel et mécanique, mais bien un être vivant, qui eut sa liberté, et par elle sa fécondité, qui vécut vraiment, travailla et produisit... Et maintenant qu'il repose, il a gagné son repos, le bon ouvrier... Nous qui travaillons aujourd'hui, nous irons volontiers reposer près de lui demain.

Mais auparavant, et lui, et nous, nous serons appelés à répondre de ce que nous avons fait. Les siècles sont responsables comme les hommes. Nous viendrons, nous autres modernes, avec ceux du Moyen-âge, portant nos œuvres dans les mains, et présentant nos grands ouvriers. Nous montrerons Leibniz et Kant, et lui saint Thomas ; nous Ampère ou Lavoisier, lui Roger Bacon ; lui l'auteur du *Dies iræ*, du *Stabat mater*, nous Beethoven et Mozart.

Oui, ce vieux temps aura de quoi répondre ; saint Benoît, saint François, saint Dominique arriveront chargés de grandes œuvres qui, toutes scolastiques qu'elles peuvent paraître, n'en furent pas moins des œuvres de vie.

Les jésuites qu'apporteront-ils? — Il ne s'agit pas ici, entre ces deux imposantes réunions des génies du Moyen-âge, des génies modernes, de montrer des érudits, des gens d'esprit, d'agréables poètes latins, un bon prédicateur, Bourdaloue, un philosophe ingénieux, Buffier[1]... Peu pour la littérature, rien pour l'art, et moins que rien. Voyez, sous leur influence, cette peinture fardée, vieille coquette et minaudière, qui, à partir de Mignard, s'en va toujours pâlissant[2].

Non, ce ne sont pas là vos œuvres. Vous en avez d'autres qu'il faut montrer.

Vos histoires d'abord[3], souvent savantes, toujours suspectes, toujours dominées par un intérêt de parti. Les Daniel, les Mariana, auraient voulu être véridiques qu'ils ne l'auraient pu. Il manque une chose aux vôtres, celle que vous travaillez le plus à détruire, celle justement qu'un grand homme déclare la première qualité de l'historien : « Un cœur de lion pour dire toujours vrai ! »

---

1. Voir la liste dans l'*Apologie* (par le jésuite Cerutti), p. 292-310 : *Historiens :* Bougeant, Du Halde, Strada, Charlevoix, Maimbourg, etc. *Érudits :* Pétau, Sirmond, Bollandus, Gaubil, Parennin, etc. *Littérateurs :* Bouhours, Rapin, La Rue, Jouvency, Vanière, Sanadon, etc. Beaucoup d'hommes de science et de mérite ; pas un homme de génie. — Ce qu'ils ont à dire, c'est qu'étant venus aux temps du combat, ayant mené généralement une vie d'action, ils ont plus agi que créé, et qu'il faut moins examiner leurs monuments que leurs actes... Eh bien, leur action a-t-elle été vraiment féconde? Nous répondrons non, sans hésiter, même pour les missions. Voyez la leçon de M. Quinet.

2. Le Poussin n'aimait ni les jésuites ni la peinture des jésuites. Il disait sèchement à ceux qui lui reprochaient de représenter Jésus-Christ sous une figure trop austère : « Que Notre-Seigneur n'avait pas été *un père Douillet*.

3. L'ordre tout entier est un historien, un biographe infatigable, un laborieux archiviste. Il raconte, jour par jour, à son général tout ce qui se passe au monde.

Au fond, vous n'avez qu'une œuvre à vous : c'est un code.

J'entends les règles et constitutions par lesquelles vous vous gouvernez ; ajoutons la dangereuse chicane à laquelle vous dressez vos confesseurs pour le gouvernement des âmes.

En parcourant le grand livre des *Constitutions des Jésuites*, on est effrayé de l'immensité des détails, de la prévoyance infiniment minutieuse dont il témoigne : édifice toutefois plus grand que grandiose [1], qui fatigue à voir, parce qu'il n'offre nulle part la simplicité de la vie, parce qu'on y sent avec effroi que les forces vivantes y figurent comme des pierres. On croirait voir une grande église, non pas comme celle du Moyen-âge, dans sa végétation naïve, — non ! une église dont les murs n'offriraient que têtes et visages d'hommes entendant et regardant, mais nul corps, nul membre, les membres et les corps étant cachés pour toujours, et scellés, hélas ! au mur immobile.

Tout bâti sur un principe : surveillance mutuelle, dénonciation mutuelle, mépris parfait de la nature humaine (mépris naturel peut-être à la terrible époque où fut fondé cet institut).

1. Tout ce qu'on trouve dans ce livre d'emprunté au Moyen-âge, y prend un caractère moderne, souvent très opposé à l'ancien esprit. Ce qui y règne, c'est un esprit scribe, une manie réglementaire infinie, une curiosité gouvernementale qui ne s'arrête jamais, qui voudrait voir, atteindre le fond par delà le fond. De là, les raffinements inouïs de leur casuistique, et ce triste courage de soulever et décomposer la boue, au risque d'embourber encore plus... — Au total : petit esprit, subtil et minutieux, mélange bâtard de bureaucratie et de scolastique... Plus de police que de politique.

Le supérieur est entouré de ses *consulteurs*, les profès, novices, élèves, de leurs confrères ou camarades, qui peuvent les dénoncer. De honteuses précautions sont prises contre les membres les plus graves, les plus éprouvés [1].

Sombre intérieur! combien je les plains!... Mais l'homme, si mal au dedans, ne doit-il pas être d'autant plus actif au dehors? n'y doit-il pas porter une dangereuse inquiétude? Ce terrible esprit de police, le seul moyen qu'il ait d'en moins souffrir, c'est de le mettre partout.

Une telle police, appliquée à l'éducation, n'est-ce pas une chose impie?... Quoi! cette pauvre âme qui n'a qu'un jour entre deux éternités, un jour pour devenir digne de l'éternité bienheureuse, vous mettez la main dessus pour rendre l'enfant délateur, c'est-à-dire semblable au Diable, qui fut, selon la Genèse, le premier délateur du monde!

Tous les services que les jésuites ont pu rendre [2], ne peuvent laver ceci. Leur méthode même d'enseignement et d'éducation, judicieuse en plusieurs choses,

---

[1]. Police et contre-police. *Le confesseur même espionné par sa pénitente*, qu'on lui envoie parfois pour lui faire des questions insidieuses! une femme servant tour à tour d'espion à deux hommes jaloux l'un de l'autre... Enfer sous l'enfer!... Où est le Dante qui aurait trouvé cela?... La réalité est bien plus vaste et plus terrible que toute imagination!... — Ce genre d'espionnage n'est pas dans la règle, mais *dans la pratique.*

[2]. Et ils en ont rendu certainement, dans cet entr'acte des études, l'éducation scolastique ayant fini, et l'éducation moderne n'ayant pas commencé. Néanmoins leur méthode, même en ce qu'elle a de judicieux, est gâtée par le petit esprit, par les divisions excessives de temps et d'études diverses; tout est coupé mesquinement : un quart d'heure pour quatre lignes de Cicéron, un autre quart d'heure pour Virgile, etc. Ajoutez leur manie d'arranger les auteurs, d'y mêler leur style, d'habiller les anciens en jésuites, etc.

n'en est pas moins partout empreinte d'un caractère mécanique, automatique. Nul esprit de vie. Elle règle l'extérieur; l'intérieur viendra, s'il peut. Elle enseigne entre autres choses *à porter décemment la tête, à regarder toujours plus bas que celui à qui l'on parle, à bien effacer les plis qui se forment au nez et au front*[1], signes en effet trop visibles de la duplicité et de la ruse... Les malheureux comédiens ne savent pas que la sérénité, l'air de candeur et la grâce morale doivent venir de l'intérieur, monter du cœur au visage, qu'on ne les imite jamais.

. . . .

Voilà, messieurs, les ennemis auxquels nous avons affaire. La liberté religieuse, sur laquelle ils voudraient porter les mains, est solidaire de toutes les autres, de la liberté politique, de celle de la presse, de celle de la parole, que je vous remercie d'avoir maintenue... Gardez bien ce grand héritage; vous le devez d'autant plus que vous l'avez reçu de vos pères, jeunes gens, et non fait vous-mêmes; c'est le prix de nos efforts, le fruit de leur sang. L'abandonner! autant vaudrait briser leurs tombeaux.

Qu'il vous souvienne toujours du mot d'un vieillard d'autrefois, d'un homme à la blanche barbe, comme il dit lui-même, du chancelier L'Hospital : « Perdre la liberté, ô bon Dieu ! Que reste-t-il à perdre après cela ? »

---

1. *Institutum Soc. Jes.*, II; 114, éd. Prag. in-folio. Rien n'a changé dans l'éducation des jésuites. Tout ce que j'avais lu dans l'*Intérieur de Saint-Acheul, par un de ses élèves*, m'a été confirmé par des élèves de Brugelette, de Brieg et de Fribourg.

CINQUIÈME LEÇON

Libre association, fécondité. Stérilité de l'église asservie. (26 mai 1843.)

Les attaques violentes, perfides, qu'on a dirigées contre moi, depuis notre dernière réunion, m'obligent à dire un mot de moi-même.

Un mot; le premier, et ce sera le dernier.

Messieurs, nous nous connaissons de longue date.

La plupart des jeunes gens qui sont ici ont été élevés, sinon par moi, au moins par mes livres et par mes élèves. Il n'est ici personne qui ignore la ligne que j'ai suivie.

Ligne à la fois libérale et religieuse. Elle part de 1827. En cette année je publiai deux ouvrages : l'un était la traduction d'un livre qui fonde la philosophie de l'histoire sur la base de la Providence, commune à toute religion; l'autre était un abrégé d'histoire moderne, où je condamnais avec plus de force que je ne l'ai jamais fait depuis le fanatisme et l'intolérance[1].

---

[1] Voir spécialement ce que j'ai dit sur la Saint-Barthélemy. (*Précis de l'Histoire moderne,* au bas de la page 141, édition de 1827.)

Donc, on me connaissait dès lors, et par mes livres et par mon enseignement de l'École normale, enseignement que mes élèves répandaient sur tous les points de la France. Depuis, je n'ai pas dit un mot qui ne fût d'accord avec mon point de départ.

Ma carrière n'a été nullement hâtée; j'ai franchi un à un tous les degrés, sans qu'on m'en ait épargné, abrégé un seul. L'examen, l'élection, l'ancienneté, telles ont été mes voies.

On me reproche mes humbles commencements... Mais je m'en fais gloire... (*Applaudissements.*)

On dit que *j'ai sollicité*[1]... Quand l'aurais-je fait? Celui qui, pendant tant d'années, tous les jours, et sans repos, a suffi au double travail du professeur et de l'écrivain, s'est réservé peu de temps pour les affaires et les intérêts.

J'ai mené longues années la vie des bénédictins de notre âge, des Sismondi, des Daunou... M. Daunou vivait dans un faubourg éloigné, au milieu des jardiniers; tous les matins, quand ils voyaient la lumière à sa fenêtre, ils se mettaient au travail et disaient : « Il est quatre heures. »

En commençant une œuvre immense, comme est l'histoire de ce pays, une œuvre sans proportion avec la durée de la vie humaine, on se condamne à mener une vie de reclus... Cette vie n'est pas sans danger.

---

[1]. Je n'ai point sollicité sous la Restauration, comme on l'a dit, mais j'ai été sollicité; dans quel moment? En 1828, sous le ministère Martignac, et par l'intermédiaire d'un de mes illustres amis à qui ce ministère rendait alors sa chaire, aux applaudissements de la France.

On s'y absorbe à la longue, au point de ne plus savoir ce qui se passe au dehors, et parfois l'on ne s'éveille que quand l'ennemi force la porte et qu'il est entré chez vous.

Hier encore, je l'avoue, j'étais tout entier dans mon travail, enfermé entre Louis XI et Charles-le-Téméraire, et fort occupé de les accorder, lorsque, entendant à mes vitres ce grand vol de chauves-souris, il m'a bien fallu mettre la tête à la fenêtre et regarder ce qui se passait.

Qu'ai-je vu? Le néant qui prend possession du monde... et le monde qui se laisse faire, le monde qui s'en va flottant, comme sur le radeau de *la Méduse*, et qui ne veut plus ramer, qui délie, détruit le radeau, qui fait signe... à l'avenir? à la voile de salut?... Non! mais à l'abîme, au vide...

L'abîme murmure doucement : Venez à moi, que craignez-vous? Ne voyez-vous pas que *je ne suis rien?*

Et c'est parce que *tu n'es rien*, justement, que j'ai peur de toi. Ce que je crains, c'est ton néant. Je n'ai pas peur de ce qui *est;* ce qui *est* vraiment est de Dieu.

Le Moyen-âge a dit dans son dernier livre (l'*Imitation*) : Que Dieu parle, et que les docteurs se taisent. — Nous n'avons pas ceci à dire, nos docteurs ne disent rien.

La théologie, la philosophie, ces deux maîtresses du monde, d'où l'esprit devrait descendre, disent-elles quelque chose encore?

La philosophie n'enseigne plus; elle s'est réduite à l'histoire, à l'érudition; elle traduit ou réimprime.

La théologie n'enseigne plus. Elle critique, elle injurie. Elle vit sur des noms propres, sur les livres et la réputation de M. tel, qu'elle attaque... Qu'importe M. tel ou tel? Parlez-nous plutôt de Dieu.

Il est grand temps, si l'on veut vivre, que chacun, laissant ces docteurs disputer tant qu'il leur plaît, cherche la vie en soi-même, fasse appel à la voix intérieure, aux travaux persévérants de la *solitude*, au secours de la libre *association*.

Nous n'entendons guère aujourd'hui ni la solitude ni l'association; encore moins sait-on comment le travail solitaire et les communications libres peuvent alterner et se féconder.

Là pourtant est le salut... Je vois, en pensée, tout un peuple qui souffre et languit, n'ayant ni association ni vraie solitude, quelque isolé qu'il puisse être. Ici, un peuple d'étudiants, éloignés de leurs familles (cette montagne des écoles est un quartier d'exilés); là-bas un peuple de prêtres dispersés dans les campagnes, entre la malveillance du monde et la tyrannie de leurs chefs, foule infortunée, sans voix pour se plaindre, qui, dans tout un demi-siècle, n'a poussé encore qu'un soupir [1].

Tous ces hommes isolés, ou associés de force pour maudire l'association, étaient groupés, au Moyen-âge, en libres confréries, en collèges, où, sous l'autorité

---

1. *De l'état actuel du clergé, et en particulier des curés ruraux appelés desservants*, par MM. Allignol, prêtres desservants, 1839.

même, il restait une part à la liberté. Plusieurs de ces collèges se gouvernaient, nommaient leurs chefs, leurs maîtres Et non seulement l'administration y était libre, mais l'étude en certains points. Dans cette grande école de Navarre, par exemple, à côté de l'enseignement obligé, les étudiants avaient le droit de se choisir eux-mêmes un livre pour expliquer ensemble, étudier et chercher ensemble. Ces libertés furent fécondes; le collège de Navarre donna une foule d'hommes éminents, des orateurs, des critiques, les Clémengis et les Launoy, les Gerson et les Bossuet [1].

Ce qu'il y avait de liberté dans les écoles du Moyen-âge disparut aux derniers siècles.

Dans ces écoles (trop mal jugées), on apprenait peu, il est vrai, mais on s'exerçait beaucoup. Au seizième

[1]. Voyez encore avec quelle fécondité le libre développement se produit dans ces aimables associations des grands peintres, du treizième ou seizième siècle !

Le maître, admettant ses élèves à peindre dans ses tableaux, n'en poursuit pas moins, à travers ce flot de peintures diverses, sa vigoureuse impulsion... Eux qui semblent s'immoler à lui, s'absorber en lui, se perdre dans sa gloire, plus ils s'oublient, plus ils gagnent. Ils vont libres et légers, sans intérêt ni orgueil, et la grâce vient sous leur pinceau, sans qu'ils sachent d'où elle vient... Un matin, voilà ce jeune homme qui broyait hier les couleurs, devenu lui-même maître et chef d'école.

Ce qui, dans l'association libre, est vraiment divin, c'est qu'en se proposant telle œuvre spéciale, elle développe ce qui est au-dessus de toute œuvre, la puissance qui peut les faire toutes : l'union, la *fraternité*... Dans tel tableau de Rubens où Van Dyck a mis la main, il y a quelque chose au-dessus de ce tableau, au-dessus même de l'art, leur glorieuse amitié !

Plus on comprendra la vertu de la libre association, plus on se plaira à voir surgir à la vie des forces nouvelles; plus on tendra la main au nouveau venu. Tout homme de génie différent, d'étude diverse, nous apporte un élément qu'il faut accueillir. Il arrive pour nous compléter. Avant lui, la grande lyre que nous formons entre nous, n'était pas encore harmonique; chaque corde n'est mise en valeur que par les cordes voisines... S'il en vient une de plus, réjouissons-nous, la lyre résonnera mieux.

siècle, le point de vue change; on veut *savoir*. La science s'accroît tout à coup de tout le monde ancien, qu'on vient de retrouver; par quels moyens mécaniques se mettre dans la mémoire cette masse de mots et de choses?

Cette science inharmonique n'avait produit que le doute; tout flottait, les idées, les mœurs. On imagina, pour tirer l'esprit humain d'une telle fluctuation, la forte machine de la Société des Jésuites, où, bien engagé une fois, et solidement rivé, il ne bougeât plus.

Qu'arriva-t-il? C'est que cette idée barbare de serrer ainsi dans des tenailles la vie palpitante, manqua ce qu'elle voulait. Lorsqu'on croyait tenir, on ne tenait pas; on se trouva n'avoir serré que la mort.

Et la mort gagna. Un esprit de défiance, d'inaction, se répandit dans l'Église. Le talent fut en suspicion. Les bons sujets furent ceux qui se turent. On se résigna au silence de plus en plus aisément; on s'habitua à faire le mort. Quand on le fait si bien, c'est qu'on est mort en effet.

De nos jours, les champions éminents du clergé sont étrangers au clergé (les Bonald, les De Maistre). Un prêtre s'est mis en avant, un seul[1]. Est-il prêtre encore?

Stérilité profonde, et qui explique bien peu le bruit qu'on fait maintenant...

1. L'illustre M. de La Mennais.

« Mais quoi! dira-t-on peut-être, ne suffit-il pas de redire et répéter un dogme éternel? »

Et justement, parce qu'il est éternel, parce qu'il est divin, le Christ, dans ses puissants réveils, n'a jamais manqué d'une robe neuve, d'un vêtement de jeunesse... De siècle en siècle il a incessamment renouvelé sa tunique, et par saint Bernard, et par saint François, et par Gerson, et par Bossuet!

N'excusez pas votre impuissance. Si la foule a rempli l'église, n'essayez pas de nous faire croire qu'elle y vienne pour entendre ce ressassement de vieilles controverses. Nous analyserons tôt ou tard les motifs divers qui l'ont amenée. Aujourd'hui une question seulement : Est-ce pour quitter le monde que ces gens-ci viennent à l'église, ou pour y entrer plus vite?... Dans ce temps de concurrence, plus d'un a fait comme le passant trop pressé, qui, voyant la rue encombrée, profite d'une église ouverte, la traverse, sort par l'autre porte, et se trouve avoir devancé les simples qui travaillent encore à faire leur voie dans la foule.

. . . .

Maintenir le clergé stérile, lui continuer la desséchante éducation du seizième siècle, lui imposer toujours les livres qui témoignent de l'état hideux des mœurs de ce temps, c'est faire ce que ne feraient pas ses plus cruels ennemis.

Quoi! ce grand corps vivant, l'énerver, le paralyser! le tenir inerte, immobile! lui tout défendre, excepté l'injure!

Mais l'injure, mais la critique, la meilleure critique n'est encore qu'une critique, c'est-à-dire une négation. Devenir de plus en plus négatif, c'est vivre de moins en moins.

Nous qu'ils croient leurs ennemis, nous voulons qu'ils agissent, qu'ils vivent. Et leurs chefs, disons mieux, leurs maîtres, ne leur permettent pas de donner signe de vie... Quelle est, je vous prie, des deux mères du jugement de Salomon, quelle est la vraie, la bonne mère ? *Celle qui veut que l'enfant vive.*

Pauvre Église ! il faut que ce soient ses adversaires qui l'invitent à se reconnaître, à partager avec eux le travail de l'interprétation, à se souvenir de ses libertés et des grandes voix prophétiques qui sont sorties de son sein !

Ne vous souvient-il donc plus, ô Église ! des paroles éternelles qu'un de vos prophètes, Joachim de Flores, écouté avec respect des papes et des empereurs, dictait, l'an 1200, au pied de l'Etna. Son disciple nous dit : « Il dicta trois nuits, trois jours, sans dormir,
« manger ni boire ; moi j'écrivais... Et il était pâle
« comme la feuille des bois :

« Il y a eu trois âges, trois sortes de personnes
« parmi les croyants : les premiers appelés au travail
« d'accomplir la loi, les seconds au travail de la pas-
« sion, les derniers élus pour la liberté de la contem-
« plation. C'est ce qu'atteste l'Écriture lorsqu'elle dit :
« Où est l'esprit du Seigneur là est la liberté. — Le
« premier âge fut un âge d'esclaves, le second
« d'hommes libres, le troisième d'amis ; le premier,

« âge de vieillards, le second d'hommes, le troisième
« d'enfants; au premier les orties, au second les roses,
« au dernier les lis. — Le mystère du royaume de
« Dieu apparut d'abord comme dans une nuit pro-
« fonde; puis il est venu à poindre comme l'aurore;
« un jour il rayonnera dans son plein midi... Car à
« chaque âge du monde la science croît et devient
« multiple; il est écrit : Beaucoup passeront, et la
« science ira se multipliant ».

Ainsi, du fond du treizième siècle, le prophète voyait la lumière du monde moderne, le progrès, la liberté, que ceux-ci ne reconnaissent plus. De trente lieues on distingue le mont Blanc, et on ne le voit pas quand on habite dans son ombre.

C'est la liberté aujourd'hui, la liberté annoncée par ces vieux prophètes, qui vient prier l'Église, en leur nom, de ne pas mourir, de ne pas se laisser étouffer sous cette lourde chape de plomb, de se soulever plutôt, en s'appuyant sur la jeune et puissante main qu'elle lui tend.

Ces prophètes, et nous, leurs enfants (sous forme diverse, n'importe), nous avons senti Dieu de même comme le vivant et libre esprit, qui veut que le monde l'imite dans la liberté.

Jetez donc là ces armes inutiles, abjurez la folle guerre qu'on vous fait faire malgré vous. Voulez-vous que nous restions là, comme les mauvais ouvriers qui passent toute la journée, dans les carrefours, à nous quereller?

Que ne venez-vous plutôt, vous et les autres, travailler avec nous, pendant qu'il reste quelques heures de jour, en sorte qu'associant nos œuvres et nos cœurs, nous soyons tous de plus en plus, comme disait le Moyen-âge : Des frères dans le libre esprit.

SIXIÈME LEÇON

L'esprit de vie, l'esprit de mort. Avions-nous le droit de signaler l'esprit de mort? (1ᵉʳ juin 1843.)

Quels que soient l'accablement des affaires, l'entraînement des passions, il n'est personne qui n'ait un moment dans sa vie pour rêver une vie plus haute.

Personne qui, seul à son foyer, rentrant fatigué le soir, ou bien encore renouvelé aux heures sereines du matin, ne se soit demandé s'il resterait toujours dans le monde des petites choses, s'il ne prendrait jamais l'essor!

Dans ce moment grave, qui peut-être ne reviendra pas, quel homme va-t-on rencontrer?

On rencontrera deux hommes, deux langages et deux esprits.

L'un vous dit de vivre, et d'une grande vie, de ne plus vous disperser au dehors, mais d'en appeler à vous-même, à vos puissances intérieures... d'embrasser votre destinée, votre science, votre art, d'une volonté héroïque; de ne rien prendre, ni science, ni croyance, comme une leçon morte, mais comme une chose vivante, comme une vie commencée qu'il vous faut continuer et vivifier encore, en créant, selon vos forces, à l'imitation de Celui qui crée toujours... C'est là la grande voie, et, pour être celle du mouvement fécond, elle n'éloigne pas de celle de la sainteté. Est-ce que nous n'avons pas vu les aînés de Dieu, à qui il donnait de le suivre dans sa voie de création, les Newton, les Virgile et les Corneille, marcher dans leur simplicité, rester purs et mourir enfants?

Ainsi parle l'esprit de vie. Que dirait l'esprit de mort? Que, si l'on vit, il faut vivre peu, de moins en moins, et surtout ne rien créer.

« Garde-toi bien, dirait-il, de développer ta force intérieure; ne t'interroge pas toi-même, n'en crois pas les voix de dedans; cherche dehors, jamais en toi... Que sert de se fatiguer à se faire sa vie et sa science? Eh! les voilà toutes faites, et si courtes, si faciles; il ne s'agit que d'apprendre... Bien sot qui prendrait le grand vol; il est plus sûr de ramper, on n'arrive que plus vite.

« Laisse-moi là ta Bible et ton Dante. Prends la *Fleur des Saints*, le *Petit Traité des petites vertus*. Passe au col cette annulette; fais les *Cent mortifications*, et puis par-dessus un petit cantique sur un air mondain... Choisis bien ta place à l'église; bien vu et connu pour un bon sujet, on te fera ton chemin, on te mariera bien, tu feras une bonne maison.

« Mais tout cela à une condition, c'est que tu sois raisonnable, c'est-à-dire que tu étouffes parfaitement ta raison. Tu n'en es pas bien corrigé, tu en as encore des échappées, cela ne vaut rien... Vois-tu là-bas cet automate, voilà un modèle; on dirait un homme, il parle et écrit, mais jamais rien de lui-même, toujours des choses apprises; s'il remue, c'est qu'un fil le tire.

« Si l'on savait combien la machine est supérieure à la vie, on ne voudrait plus vivre, et tout irait mieux. Cette fiévreuse circulation du sang, ce jeu variable de muscles et de fibres, avec combien d'avantages vous les remplaceriez par ces belles machines de cuivre, qui font plaisir à voir, dans leur jeu si régulier de ressorts, de rouages et de pistons. »

Beaucoup font ce qu'ils peuvent pour approcher de cet idéal. S'ils y parvenaient, si la métamorphose s'opérait, on voit assez ce que deviendrait la vie.

Et la science, que deviendrait-elle?

D'abord, il y aurait des sciences suspectes, d'autres moins suspectes qu'on garderait pour soi, et comme instruments secrets. Les sciences mathématiques et physiques trouveraient grâce, comme machinisme et thaumaturgie; grâce pour un temps. Car, après tout, ce sont des sciences; on leur ferait leur procès. L'astronomie, déjà condamnée avec Galilée, ne pourrait guère se défendre. L'Anti-Copernik, qu'on vend à la sortie du sermon, tuerait Copernik. On garderait peut-être les quatre règles ! Et encore !

Il faudrait, pour les offices, conserver un peu de latin, mais point de littérature latine, sinon dans les éditions arrangées par les jésuites. La littérature et la philosophie modernes, à peu de chose près, ne sont qu'hérésies; elles seraient bannies en masse. Combien plus cet Orient, qui s'avise aujourd'hui d'apparaître au christianisme comme frère et sous formes chrétiennes ! Hâtons-nous d'enfouir une telle science, et qu'on n'en parle jamais.

Plus de science. Un peu d'art suffit, un art dévot. Lequel pourtant et de quelle époque?... Le Moyen-âge est trop sévère. — Raphaël est trop païen. — Le Poussin est un philosophe. — Champagne est un janséniste. Heureusement, voici Mignard, et à sa suite une école d'aimables peintres pour peindre galamment les allégories, emblèmes et dévotions coquettes, nouvellement inventées... Un tel fond dispense de forme; il suffirait des peintres ambulants qui décorent de tableaux burlesques les petites chapelles de Bavière et de Tyrol.

Que parlez-vous d'art, de peinture et de sculpture? il y a un bien autre art, qui ne reste pas à la surface, mais va au dedans... Un art qui prend la molle argile, une âme amollie, gâtée, corrompue, et qui, au lieu de la raffermir, la manie et la pétrit, lui ôtant le peu qui restait d'élasticité, et fait de l'argile une boue... Art merveilleux qui rend la pénitence si douce aux âmes malades, qu'elles veulent toujours avouer, parce qu'avouer ainsi, c'est pécher encore.

Cette douce casuistique, si elle n'était un peu louche, aurait quelque air de la jurisprudence, dont elle est la petite sœur bâtarde; mais, en récompense, combien elle est plus aimable! Celle-ci, refrognée comme elle est, gagnerait fort à s'humaniser aux douceurs de l'autre! Qui n'aimerait un Papinien mitigé par Escobar? La justice finirait par avoir le cœur si bon qu'elle ne voudrait plus de son glaive; elle le remettrait à ces pacifiques mains. Heureux changement, du droit à la grâce! Le droit juge selon les mérites; la grâce choisit, elle distingue et favorise; il y aurait la loi pour les uns, et la grâce pour les autres, c'est juste le contraire du droit.

Nous voilà délivrés du droit, comme de l'art et de la science. Que reste-t-il? La religion!

Hélas! c'est elle justement qui est morte la première... Si elle eût vécu, tout pouvait encore se refaire, ou plutôt rien n'aurait péri. — Ce qui reste, c'est une machine qui joue la religion, qui contrefait l'adoration, à peu près comme en certains pays de l'Orient les dévots ont des instruments qui prient à leur place, imitant par un certain bruit monotone le marmottement des prières.

Nous voilà descendus bien bas, bien loin dans la mort... Il se fait de grandes ténèbres...

Où donc est, dans la nuit qui s'étend, celle qui avait promis de nous éclairer encore, sur les ruines des empires et des religions, où est la philosophie? Pâle lumière sans chaleur, au sommet glacé de l'abstraction, sa lampe est éteinte... Et elle croit vivre encore, et, sans voix ni souffle, elle demande pardon de vivre à la théologie qui n'est plus.

Réveillons-nous, tout ceci n'était qu'un rêve... Grâces soient rendues à Dieu!

Je revois le monde; il vit. Le génie moderne est toujours ce qu'il était. Ralenti peut-être un moment, il n'en est pas moins vivant, puissant, immense. C'est sa colossale hauteur qui l'a empêché jusqu'ici de faire attention aux clameurs d'en bas.

Il avait autre chose à faire lorsque d'une main il exhumait vingt religions, et de l'autre mesurait le ciel, lorsque chaque jour, comme autant d'étincelles, jaillissaient de son front des arts inconnus... Oui, il pensait à autre chose, et il est fort excusable de n'avoir pas compris que ceux-ci arrangeaient je ne sais quelle petite boîte pour y mettre le géant.

La sagesse du vieil Orient, profonde sous sa forme enfantine, nous conte qu'un malheureux génie fut mis dans un vase de bronze. Lui, rapide, immense, qui d'un tour d'aile atteignait les pôles, serré dans ce vase, et scellé d'un sceau de plomb, et le vase plongé au fond de la mer!

Au premier siècle, le captif jura que quiconque lui ouvrirait, il lui donnerait un empire. — Au second siècle, il jura qu'il donnerait ce qu'il y a de trésors au fond de la terre. — Au troisième siècle, il jura que si jamais il sortait, il sortirait comme une flamme, et qu'il dévorerait tout.

Qui donc êtes-vous, pour croire que vous allez sceller le vase, pour vous imaginer que vous tiendrez là le vivant génie de la France? Est-ce que vous auriez pour cela, comme dans le conte oriental, le sceau du grand Salomon? Ce sceau avait en lui une puissance, il portait écrit un nom ineffable que vous ne saurez jamais.

Il n'y a nulle main assez forte pour comprimer, non pas trois siècles, mais un instant, l'élasticité terrible d'un esprit qui soulève tout. Trouvez-moi à mettre dessus un roc assez lourd, une masse de plomb, d'airain... Mettez-y le globe plutôt, et il se trouvera léger. Si le globe pesait assez, si vous aviez clos toute issue et bien regardé autour, par telle fente que vous n'auriez pas vue, la flamme flamberait au ciel!

Terminons ici. Nous avons atteint le but de ce cours, étudié d'abord l'organisme vivant du vrai Moyen-âge, puis le machinisme stérile du faux Moyen-âge qui veut s'imposer à nous; nous avons caractérisé, signalé, l'*esprit de mort* et l'*esprit de vie*.

Le professeur de morale et d'histoire avait-il le droit de traiter la plus haute question de l'histoire et de la morale?

C'était non seulement son droit, mais son devoir. Si quelqu'un en doutait, c'est qu'apparemment il ne saurait pas qu'ici, au plus haut degré de l'enseignement, la science n'est pas la science de ceci ou de cela, mais tout simplement la *science* absolue, complète, vivante; elle domine les intérêts de la vie, elle en repousse la passion, mais elle en prend la lumière; toute lumière lui appartient.

« Les questions du présent n'en sont-elles pas exceptées? » Mais qu'est-ce que le présent? Est-il si facile d'en isoler le passé? — Nul temps n'est hors de la science; l'avenir même lui appartient dans les études assez avancées pour qu'on puisse prédire le retour des phénomènes comme on le peut dans les sciences physiques, comme on le pourra un jour (d'une manière conjecturale) dans les sciences historiques.

Ce droit, dont la chaire ecclésiastique s'est emparée si violemment pour l'attaque personnelle, la chaire laïque l'exercera ici pacifiquement, et avec la mesure que la diversité des temps pourrait demander.

S'il est au monde une chaire qui ait ce droit, c'est celle-ci; c'est là le droit de sa naissance, et ceux qui savent comment elle l'a payé ne le lui disputeront pas.

Dans le terrible déchirement du seizième siècle, quand la liberté se hasarda à venir au monde, quand la nouvelle venue, froissée, sanglante, semblait à peine viable, nos rois, quoi qu'on pût dire contre elle, l'abritèrent ici.

Mais l'orage vint des quatre vents. La scolastique réclama, l'ignorance s'indigna, le mensonge souffla de la chaire de vérité; bientôt le fanatisme en armes assiégea ces portes; il s'imaginait sans doute, le furieux fou! égorger la pensée, poignarder l'esprit!

Ramus enseignait ici. Le roi, c'était Charles IX, eut

pourtant un noble mouvement, et lui fit dire qu'il avait un asile au Louvre. Ramus persista. Il n'y avait plus de libre en France que cette petite place, les six pieds carrés de la chaire.... Assez pour une chaire, assez pour un tombeau!

Il défendit cette place et ce droit, et il sauva l'avenir... Il mit ici son sang, sa vie, son libre cœur... en sorte que cette chaire transformée ne fut jamais pierre ni bois, mais chose vivante.

Aussi ne vous étonnez pas si les ennemis de la liberté ne peuvent voir cette chaire en face ; ils se troublent en la regardant, s'agitent sans le vouloir, et se trahissent par des cris inarticulés, des bruits sauvages qui n'ont rien de l'homme.

Ils savent qu'elle a gardé un don, c'est que, s'ils prévalaient un jour, si toute voix se taisait, elle parlerait d'elle-même... Nulle terreur du dehors ne lui imposa silence, ni 1572, ni 1793 ; elle parlait naguère pendant les émeutes, et continuait au bruit des fusillades son ferme et paisible enseignement.

Comment donc se serait-elle tue, cette chaire de morale, lorsque la plus grave question de morale publique lui venait vivante, et forçait pour ainsi dire les portes de cette école?

J'aurais été bien indigne d'y parler jamais, si j'avais gardé le silence, lorsqu'on menaçait mes amis, sur tous les points de la France, et qu'on leur reprochait ma tradition et mon amitié. Pour être sorti de l'Université en entrant ici, je n'y reste pas moins de cœur. J'y suis par mon enseignement philosophique, historique, par tant d'années laborieuses que j'ai passées avec mes élèves, et qui seront toujours pour eux, pour moi, un cher souvenir...

Je leur devais, dans ce péril commun, de leur faire entendre encore une voix connue, de leur dire que, quoi qu'il arrive, il y aura toujours ici une protestation pour l'indépendance de l'histoire, qui est le juge des temps, et pour la plus haute des libertés de l'esprit humain, la philosophie.

Je sais qu'il est des gens qui, ne se souciant ni de philosophie ni de liberté, ne nous sauront nullement gré d'avoir rompu le silence... Gens paisibles, amis de l'ordre, qui n'en veulent point à ceux qu'on égorge, mais à ceux qui crient; ils disent de leur fenêtre, quand on appelle au secours : Pourquoi ce bruit à heure indue? Laissez dormir les honnêtes gens!

Ces dormeurs systématiques, cherchant un narcotique puissant, ont fait cet honneur à la religion de croire qu'elle était bonne à cela... Elle qui, si le monde était mort, pourrait le réveiller des morts, c'est elle justement qu'ils ont prise pour un moyen d'endormir.

Gens habiles en d'autres choses, mais fort excusables de ne rien connaître en religion, parce qu'ils n'en ont rien dans le cœur... Il n'a pas manqué de gens pour venir sur-le-champ leur dire : Nous sommes la religion!

La religion! il est heureux que vous la rapportiez ici... Mais qui êtes-vous, bonnes gens? et d'où venez-vous? par où avez-vous passé? La sentinelle de France ne veillait pas bien cette nuit à la frontière, car elle ne vous a pas vus.

Des pays qui font des livres, il nous était venu des livres, des littératures étrangères, des philosophies étrangères, que nous avions acceptés. Les pays qui ne font pas de livres, ne voulant pas être en reste, nous ont envoyé des hommes, une invasion de gens qui ont passé un à un.

Gens qui voyagez de nuit, je vous avais vus le jour ; je ne m'en souviens que trop, et de ceux qui vous amenèrent : c'était en 1815 ; votre nom, c'est... *l'étranger.*

Vous avez pris soin heureusement de le prouver tout d'abord. Au lieu de vous observer et de parler bas, comme on fait quand on est entré par surprise, vous avez fait grand bruit, injurié et menacé. Et comme on ne répondait point, vous avez levé la main, sur qui, malheureux?... sur la loi!

Comment voulez-vous que cette loi, souffletée par vous, puisse faire encore semblant de ne pas vous voir!

Le cri d'alarme est poussé... Et qui osera dire que c'est trop tôt?

C'était trop tôt quand, renouvelant ce qui ne s'était pas vu depuis trois cents ans, on employait la chaire sacrée à diffamer telle personne, à calomnier par-devant l'autel.

C'était trop tôt lorsque, dans la province où il y

a le plus de protestants, on touchait aux morts protestants !

C'était trop tôt lorsqu'on formait des associations immenses, dont une seule à Paris compte cinquante mille personnes !

Vous parlez de liberté ? Parlez donc d'égalité ! Est-ce qu'il y a égalité entre vous et nous ?... Vous êtes les meneurs d'associations formidables ; nous, des hommes isolés.

Vous avez quarante mille chaires que vous faites parler de gré ou de force ; vous avez cent mille confessionnaux d'où vous remuez la famille ; vous tenez dans la main ce qui est la base de la famille (et du monde !), vous tenez la MÈRE : l'enfant n'est qu'un accessoire... Eh ! que ferait le père quand elle rentre éperdue, qu'elle se jette dans ses bras en criant : « Je suis damnée ! » Vous êtes sûr que le lendemain il vous livrera son fils.... Vingt mille enfants dans vos petits séminaires ! deux cent mille tout à l'heure dans les écoles que vous gouvernez ! des millions de femmes qui n'agissent que par vous.

Et nous, qu'est-ce que nous sommes, en face de ces grandes forces ? une voix et rien de plus... une voix pour crier à la France... Elle est avertie maintenant, qu'elle fasse ce qu'elle voudra. Elle voit et sent le réseau où l'on croyait la prendre endormie.

A tous les cœurs loyaux une dernière parole ! A tous, laïques ou prêtres (et puissent ceux-ci entendre une voix libre du fond de leur servage !) : qu'ils nous aident de leur courageuse parole ou de leur sympathie silencieuse, et que tous ensemble bénissent, de leurs cœurs et de leurs autels, la sainte croisade que nous commençons pour Dieu et la liberté !

Depuis le jour où ces paroles furent prononcées (1ᵉʳ juin), la situation a changé. Les jésuites ont publié à Lyon leur second pamphlet[1]. Pour comprendre la portée de celui-ci, il faut reprendre de plus haut.

Il y aurait tout un livre à faire sur leurs manœuvres depuis quelques mois, sur leur stratégie en Suisse et en France.

Le point de départ, c'est leur grand succès d'hiver, d'avoir si vivement emporté les petits Cantons, saisi Lucerne, occupé le Saint-Gothard, comme ils ont fait dès longtemps pour le Valais et le Simplon.

Grandes positions militaires. Mais gare au vertige !... La France, vue du haut de ces Alpes, leur aura semblé petite, plus petite apparemment que le lac des Quatre-Cantons.

Des Alpes à Fourvières, et de Fourvières à Paris, les signaux se sont répondu. Le moment semblait heureux... La bonne France dormait, où elle avait l'air de dormir. Ils s'écrivaient les uns aux autres (comme autrefois les Juifs de Portugal) : « Venez vite, la terre est bonne, la gent est sotte, tout sera à nous. »

[1]. Cette fois, ce n'est plus un chanoine, c'est un curé qui signe. L'appel de la presse au clergé inférieur avait fort alarmé; dans le nouveau pamphlet, on se hâte de composer avec lui; des deux choses que les curés desservants demandent (l'*inamovibilité* et les *tribunaux*), on accorde l'inamovibilité qui isolerait les curés de l'évêché; mais on craint les tribunaux, qui, tout en limitant le pouvoir de l'évêque, le fortifieraient en effet, et feraient de l'évêché un gouvernement régulier, au lieu d'une tyrannie faible, violente, odieuse au clergé, et partant obligée de s'appuyer sur les jésuites et sur Rome. Voy. *Simple coup d'œil*, p. 170-178. Partout la main des jésuites est reconnaissable; personne ne s'y trompera, j'en donnerais au besoin une foule de preuves. On vient de voir avec quelle facilité ils font la paix avec les curés aux dépens de l'évêque; ils conviennent qu'après tout « l'évêque est homme, etc. ». — Ils parlent de tous les États de l'Europe, excepté de ceux qui sont gouvernés par les jésuites; ceux-là, ils les nomment à peine, et il en est qu'ils ne nomment point. — « Ce terme de jésuite, *si honorable* partout, p. 85. » Personne en France, pas même un jésuite, n'eût écrit cela; il faut que le livre ait été fait en Savoie ou à Fribourg.

Depuis un an, ils nous tâtaient, et ils ne trouvaient point la limite de notre patience... Provocations aux individus, injures au gouvernement. Et rien ne bougeait... Ils frappaient, mais pas un mot... Ils en étaient à chercher sur l'épiderme endurci quelque point sensible encore.

Alors, alors, ils ont pris un courage extraordinaire ; ils ont jeté le bâton, pris l'épée, la grande épée à deux mains, et de cette arme gothique ils ont déchargé un coup, le grand coup du *Monopole*.

La dignité de l'Université ne lui a pas permis de répondre... D'autres ont fait face, la presse aidant, et devant l'acier, la fameuse épée à deux mains s'est trouvée n'être qu'un sabre de bois...

Grand effroi alors, vive reculade, et ce mot d'une peur naïve : « Hélas ! comment nous tueriez-vous ? nous n'existons pas ! »

« Mais alors, qui donc aura fait votre gros libelle ? » — Ah ! monsieur, *c'est la police* qui nous a joué ce tour... Non, *c'est l'Université*, qui, pour nous perdre, a eu la noirceur de se diffamer elle-même[1] ».

Cependant, revenant peu à peu de la première peur, sentant bien qu'ils n'étaient pas morts, et tournant la tête, ils virent que personne ne courait après eux... Alors, ils se sont arrêtés, ils ont tenu ferme, ils ont de nouveau dégainé...

Donc, nouveau libelle, mais tout autre que le premier, plein d'aveux étranges que personne n'attendait... Il peut se résumer ainsi :

« Apprenez à nous connaître, et sachez d'abord que dans notre premier livre nous avions menti... Nous parlions de *liberté d'enseignement*... Cela voulait dire que le clergé doit seul enseigner[2]. Nous parlions de *liberté de la presse*... pour nous seuls. « C'est un levier dont le prêtre doit s'emparer[3]. » Quant à la *liberté industrielle*, « S'emparer des divers genres d'industrie, c'est un devoir de l'Église[4]. — *La liberté des cultes !* n'en parlons pas !

---

1. Il est certain (tout étrange que cela pourra paraître) qu'ils faisaient dire ces sottises dans la première alarme ; c'était une vieille femme, un bedeau, un donneur d'eau bénite, qui disait cela à l'oreille.

2. L'enseignement appartient au clergé de droit divin... l'Université a usurpé... Il faut que l'Université ou le catholicisme cède la place, etc., p. 104.

3. *S'emparer de la presse*, ne veut pas dire simplement *user de la presse*, puisque les auteurs avouent leurs efforts pour *empêcher* la vente des livres protestants (p. 81, note).

4. *Ibid.*, p. 191. Si l'on veut savoir ce que l'industrie deviendrait sous une telle influence, il faut voir la misère de la plupart des pays où elle domine ; celui où elle règne sans partage, l'État romain, c'est le désert.

C'est une invention de Julien l'Apostat... Nous ne souffrirons plus de mariages mixtes! On faisait de tels mariages, à la cour de Catherine de Médicis, la veille de la Saint-Barthélemy [1]! »

« Qu'on y prenne garde! Nous sommes les plus forts. Nous en donnons une preuve surprenante, mais sans réplique, c'est que toutes les puissances de l'Europe sont contre nous [2]... Sauf deux ou trois petits États, le monde entier nous condamne! »

Chose étrange que de tels aveux leur soient échappés! Nous n'avons rien dit de si fort...! Nous remarquions bien dans le premier pamphlet des signes d'un esprit égaré; mais de tels aveux, un tel démenti donné par eux-mêmes aujourd'hui à leurs paroles d'hier!... Il y a là un terrible jugement de Dieu... Humilions-nous.

Voilà ce que c'est d'avoir pris en vain le saint nom de la Liberté. Vous avez cru que c'était un mot qu'on pouvait dire impunément, quand on ne l'a pas dans le cœur... Vous avez fait de furieux efforts pour arracher ce nom de votre poitrine; et il vous est advenu comme au faux prophète Balaam, qui maudit, croyant bénir; vous vouliez mentir encore, vous vouliez dire *Liberté!* comme dans le premier pamphlet, et vous dites : *Meure la liberté!* Tout ce que vous avez nié, vous le criez aujourd'hui devant les passants.

---

1. Le jésuite qui a écrit les pages 82-85, et surtout la note de la page 83, est un homme d'avenir; il est encore jeune et ignorant, cela est visible, mais il y a en lui du Jacques Clément et du Marat.

Ces pages, plus violentes que tout ce qu'on a condamné dans les plus violents pamphlets politiques, semblent combinées pour exaspérer le fanatisme des paysans du Midi. C'est pour le Midi seul que le livre est écrit; on n'en a pas envoyé un exemplaire à Paris. — Dans la note, le belliqueux jésuite passe la revue de ses forces, et il finit par cette phrase sinistre : « Au xvie siècle, a la cour de Catherine de Médicis, on fit aussi des mariages huguenots... et ils aboutirent à la guerre civile. » (*Simple coup d'œil, etc.*, p. 83.)

2. Ils emploient un bon tiers du livre à le prouver.

1er juillet 1843.

FIN DES JÉSUITES.

TABLE DES MATIÈRES

LE PRÊTRE

	Pages
Avant-Propos	3
Préface de 1845	11
Préface de 1861	35
Division de l'ouvrage	45

PREMIÈRE PARTIE

DE LA DIRECTION AU DIX-SEPTIÈME SIÈCLE.

CHAPITRE Iᵉʳ.

Réaction dévote de 1600	47
Influence des jésuites sur les femmes et les enfants	49
La Savoie, les Vaudois; violence et douceur	52
Saint François de Sales	54

CHAPITRE II.

Saint François de Sales et madame de Chantal	58
Visitation	66
Quiétisme	69
Résultats de la direction dévote	72

CHAPITRE III.

Isolement de la femme	74
Dévotion aisée	77
Théologie mondaine des jésuites et de Rome	*ibid.*
La femme et l'enfant exploités	81

TABLE DES MATIÈRES

	Pages
Guerre de Trente-Ans (1618-1648)	83
Dévotion galante	84
Romans dévots	86
Casuistes	88

CHAPITRE IV.

Les couvents. Quartier des couvents à Paris	90
Couvents du dix-septième siècle	92
Contraste du Moyen-Âge	93
Le directeur	94
On se dispute la direction des religieuses	95
Les jésuites vainqueurs par la calomnie	98

CHAPITRE V.

Réaction de la moralité	100
Arnauld (1643) ; Pascal (1657)	101
Avilissement des jésuites	102
Comment ils s'assurent du roi et du pape, et font taire leurs ennemis	103
— Découragement des jésuites	*ibid.*
Leur corruption	105
Ils protègent les premiers quiétistes	108
Immoralité du quiétisme. Desmarets de Saint-Sorlin	109
Morin brûlé (1663)	*ibid.*

CHAPITRE VI.

Suite de la réaction morale	112
Tartufe (1664-1669)	113
Pourquoi *Tartufe* n'est pas encore quiétiste	114
Des Tartufes réels	115

CHAPITRE VII.

Apparition de Molinos (1675)	121
Son succès à Rome	123
Quiétistes français	124
Madame Guyon	*ibid.*
Son directeur	125
Les *Torrents*	126
La mort mystique	128
En revient-on ?	130

CHAPITRE VIII.

Fénelon, comme directeur	132
Son quiétisme : *Maximes des Saints* (1697)	135
Fénelon et madame de La Maisonfort	139

CHAPITRE IX.

	Pages
Bossuet, comme directeur	143
Bossuet et la sœur Cornuau	144
Sa loyauté et son imprudence	148
Il est quiétiste en pratique	149
La direction dévote incline au quiétisme	150
Paralysie morale	151

CHAPITRE X.

Le *Guide* de Molinos	153
Rôle qu'y joue le directeur	154
Austérité hypocrite; doctrine immorale	156
Molinos approuvé à Rome (1675)	157
Molinos condamné à Rome (1687)	158
Ses mœurs conformes à sa doctrine	159
Les Molinosistes espagnols. La mère Agueda	160

CHAPITRE XI.

Plus de systèmes; un emblème	162
Le sang	164
Le sexe; l'Immaculée	165
Le Sacré-Cœur	166
Marie Alacoque	*ibid.*
Équivoque du Sacré-Cœur	167
Le dix-septième siècle est le siècle de l'équivoque	168
Politique chimérique des jésuites	170
Le P. La Colombière et Marie Alacoque (1675)	171
L'Angleterre, conspiration papiste	*ibid.*
Premier autel du Sacré-Cœur (1685)	172
Ruine des gallicans (1693); des quiétistes (1698); du Port-Royal (1709)	173
La théologie anéantie au dix-huitième siècle	174
Matérialité du Sacré-Cœur	175
L'art jésuite	177

DEUXIÈME PARTIE

DE LA DIRECTION EN GÉNÉRAL ET SPÉCIALEMENT AU DIX-NEUVIÈME SIÈCLE.

CHAPITRE Ier.

Ressemblances et différences entre le dix-septième et le dix-neuvième siècle	179
Art chrétien. C'est nous qui avons relevé l'Église	184

	Pages
Ce que l'Église ajoute à la puissance du prêtre	185
Le confessionnal	187

CHAPITRE II.

La confession. Éducation actuelle du jeune confesseur	188
Le confesseur du Moyen-âge : 1° croyait; 2° se mortifiait	190
3° était supérieur par la culture; 4° devait moins interroger.	191
Les casuistes ont écrit pour leur temps	193
Écueils du jeune confesseur	194
Comment il raffermit sa position ébranlée	195

CHAPITRE III.

La confession	196
Le confesseur et le mari	198
Comment on isole la femme	199
Le directeur	201
Les directeurs réunis	ibid.
Police ecclésiastique	202

CHAPITRE IV.

Habitude. Sa puissance	203
Ses commencements insensibles	204
Ses progrès	ibid.
Seconde nature	207
Souvent funeste	ibid.
Un homme exploitant la puissance de l'habitude	208
Peut-on s'en dégager ?	209

CHAPITRE V.

Des couvents	211
Toute-puissance du directeur	212
État de la religieuse	214
Délaissée et espionnée	215
Couvents qui sont en même temps maisons de force et maisons de fous	216
Captation	217
Disciplines barbares	219
Lutte de la supérieure et du directeur	220
Changements de directeur	221
Le magistrat	ibid.

CHAPITRE VI.

Absorption de la volonté. Domination des actes, des pensées, des volontés	223
Assimilation	224

TABLE DES MATIÈRES

Pages

Transhumanation 227
Devenir le dieu d'un autre.. *ibid.*
Orgueil. Impuissance.. 228
Orgueil et concupiscence.. 229

CHAPITRE VII.

Concupiscence. Suite de l'absorption et de l'assimilation.......... 231
Terreurs de l'autre monde 232
Le médecin et la malade... 233
Alternatives, ajournements.. 234
Effets de la peur en amour.. 235
Pouvoir tout et s'abstenir.. 236
Dispute de l'esprit et de la chair................................ 237
La morte emporte le vivant.. 240
Elle ne ressuscitera pas.. 241

TROISIÈME PARTIE

DE LA FAMILLE.

CHAPITRE Ier.

La fille. Par qui la fille est élevée. Le schisme dans la famille 243
Importance de l'éducation, et avantage du premier occupant........ 246
Influence du prêtre sur le mariage, qu'il garde souvent après le mariage. 248

CHAPITRE II.

La femme. Le mari ne s'associe pas la femme 250
Il sait rarement l'initier à sa pensée 251
Ce que serait l'initiation mutuelle............................... 253
La femme se console par son fils 254
On l'éloigne d'elle... *ibid.*
Isolement et ennui.. 255
Un pieux jeune homme 256
Le spirituel, le mondain; lequel des deux aujourd'hui est l'homme mortifié ?.. 258

CHAPITRE III.

La mère. Seule, pendant longtemps, elle peut élever l'enfant 260
Allaitement intellectuel 261
Gestation, incubation, éducation.................................. 262

L'enfant garantit la mère 263
La mère garantit l'enfant 264
Elle protège son originalité native. 265
L'éducation publique doit limiter cette originalité . . . . ibid.
Le père même la limite 266
La mère la défend . . . . ibid.
Faiblesse maternelle 267
Mais la mère veut faire un héros 268
Désintéressement héroïque de l'amour maternel 269

CHAPITRE IV.

L'amour. L'amour veut *élever*, non absorber 270
Fausse théorie de nos adversaires. 271
Et leur dangereuse pratique 272
L'amour veut se créer un égal, qui aime librement. 274
L'amour dans le monde . . . . ibid.
Et dans le monde civil. . . . . ibid.
L'amour dans la famille; peu compris du Moyen-âge. 276
Religion du foyer. 277

UN MOT AUX PRÊTRES.

Ce n'est pas le prêtre que nous attaquons. 279
Mais sa situation malheureuse et dangereuse . . . . ibid.
La papauté n'est plus à Rome . . . . ibid.
Du prêtre et du soldat 280
Prêtre veut dire *vieillard*. 281

NOTES. 283

LES JÉSUITES

	Pages
Au lecteur	289
Introduction	291
I. Le jésuitisme, l'esprit de la police mis dans la religion	*ibid.*
Le prêtre et le jésuite	295
Qu'est-ce que les jésuites ? la Contre-Révolution	298
Comment ils ont gagné les mères, les filles; des jésuitesses	302
Tentatives des jésuites pour gagner les écoles	303
II. Mon enseignement; son caractère spirituel	305
Comment il a été troublé, et ce qu'il sera désormais	311

PREMIÈRE LEÇON.

Machinisme moderne. Du machinisme moral (27 avril 1843) 315

DEUXIÈME LEÇON.

Réaction du passé. Des revenants. Perinde ac cadaver (4 mai) 322

TROISIÈME LEÇON.

Éducation, divine, humaine. Éducation contre nature (11 mai) 335
Troubles. — Lettre au principal rédacteur du *Journal des Débats* (15 mai) 343

QUATRIÈME LEÇON.

Liberté, fécondité. Stérilité des jésuites (18 mai) 345

CINQUIÈME LEÇON.

Libre association, fécondité. Stérilité de l'Église asservie (26 mai) . . . 352

SIXIÈME LEÇON.

Pages

L'esprit de vie, l'esprit de mort. Avions-nous le droit de signaler l'esprit de mort ? (1ᵉʳ juin) 362

Stratégie des jésuites, dans l'année 1843, en Suisse et en France. Leurs libelles. 1. *Monopole universitaire;* 2. *Simple coup d'œil* 374

FIN DE LA TABLE DES MATIÈRES.

IMPRIMERIE E. FLAMMARION, 26, RUE RACINE, PARIS.

ŒUVRES COMPLÈTES

DE

J. MICHELET

ÉDITION DÉFINITIVE, REVUE ET CORRIGÉE

DÉTAIL DE L'ŒUVRE COMPLÈTE

Histoire de France (Moyen âge, Temps modernes, Révolution, XIXe siècle).	26 vol.
Vico.	1 vol.
Histoire romaine.	1 vol.
L'Oiseau. — La Mer.	1 vol.
Luther (Mémoires).	1 vol.
Le Peuple. — Nos Fils.	1 vol.
Le Prêtre. — Les Jésuites.	1 vol.
La Montagne. — L'Insecte.	1 vol.
L'Amour. — La Femme.	1 vol.
Précis d'histoire moderne. — Introduction à l'Histoire universelle.	1 vol.
La Bible de l'Humanité. — Une année du Collège de France (1848).	1 vol.
Les Origines du Droit. — La Sorcière.	1 vol.
Les Légendes du Nord. — La France devant l'Europe.	1 vol.
Les Femmes de la Révolution. — Les Soldats de la Révolution.	1 vol.
Lettres inédites adressées à Mlle Mialaret (Mme Michelet).	1 vol.
TOTAL.	40 vol.

Prix de chaque volume 7 fr. 50.
(Envoi franco contre mandat ou timbres).

IMPRIMERIE E. FLAMMARION, 26, RUE RACINE, PARIS.

www.ingramcontent.com/pod-product-compliance
Lightning Source LLC
Chambersburg PA
CBHW060610170426
43201CB00009B/969